G 585.
B.1.

10900

# VIAGE
## FUERA
# DE ESPAÑA

*POR D. ANTONIO PONZ,*

SECRETARIO DE S. M.
Y CONSILIARIO DE LA REAL ACADEMIA
DE SAN FERNANDO, &c. &c.

DEDICADO
AL REY N.ᵗʳᵒ SEÑOR.

TOMO PRIMERO.

*SEGUNDA EDICION.*

MADRID MDCCLXXXXI.
EN LA IMPRENTA DE LA VIUDA DE IBARRA.
CON LAS LICENCIAS NECESARIAS.

# PRÓLOGO.

A no tener el Autor de este nuevo Viage fuera del Reyno fundadas esperanzas de sacar algun provecho para su Nacion, es bien cierto que ni lo hubiera emprendido, ni lo hubiera escrito. Sabe que sus exhortaciones en el que hasta ahora ha publicado de España no han sido del todo inútiles, ni infructuosas.

Animado de esto, y de las gracias que muchos sugetos de todas clases le han dado por dicho trabajo, se determinó á emprender otro mayor, qual ha sido salir de España; recorrer los Reynos, y Provincias, de que se trata en esta nueva obra; proponer los exemplos que le parecen dignos de imitarse, como tambien los que se deben huir; mencionar las obras de las nobles Artes; dar alguna idea de las bellezas naturales de los territorios, y del mejor cultivo de los mismos, sin lo qual no se persuade que las Artes podrán hacer grandes progresos; y últimamente manifestar, que el perfecto cultivo, especialmente de los árboles, tan descuidado antes por nuestra desgracia en la mayor parte de España, es cabalmente un punto que han mirado con particular vigilancia los Gobiernos de dichos Reynos, y Provincias.

Muy lejos de pasarle por la imaginacion el insultar con ficciones, ni bufonadas á las Naciones, cuyas tierras ha recorrido, las trata con el debido miramiento, y respeto; y si por incidencia critica algunas obras, algunas prácticas, ó costumbres, es refiriendo lo que sobre ello han escrito y publicado otros Escritores de las propias naciones; y no con desprecios, mentiras, é insolencias, como han hecho diferentes Viageros de veinte años á esta parte, que han venido á España, y despues han publicado sus obras.

Echarle en cara á toda una Nacion sus vicios, ó errores con el fin de que los corrija, podrá ser en el Nacional efecto de verdadero zelo, y amor á su patria; pero en un extrangero, que se propone ridiculizarla, burlarse de ella atribuyéndole defectos que no tiene, y tal vez imputándole por vicios sus virtudes, es un atrevimiento abominable, que se vé iniquamente divulgado en algunos de los tales Viageros, que en dicho tiempo han caminado por España.

Del P. Noberto Caimo, que estuvo e
Es

# PRÓLOGO.

España por los años de 1755, y publicó sus Cartas en 1764 con el nombre de *un Vago Italiano*, se ha hecho mencion repetidas veces en la obra del Viage de España, impugnándole muchas de sus aserciones, haciendo ver sus errores, y su falta de consideracion sobre diferentes puntos, y últimamente su corto conocimiento en materia de bellas Artes, cuyas luces mendigó de Palomino. Sin embargo, y á pesar de sus ficciones, y chocarrerías pueriles, como en algunos pasages sus críticas son graciosas sin ofender, bien fundadas y justas, no solamente no las contradice el Autor, antes se pone de su parte, y las corrobora con nuevas razones. Por fin á este Reverendo se le han seguido los pasos, y se le seguirán siempre que se ofrezca.

El año de 1770 se publicaron en Bruselas dos tomos en Frances con el título de *Estado presente de la España y de la Nacion Española*, traducidos del idioma Ingles, en el qual se habian publicado antes en Londres por el Dr. Eduardo Clarke, Miembro de la Universidad de Cambridge. Desde el Prólogo pinta este Autor á los Españoles de genios reservados, taciturnos, desconfiados, insociables, de poco gusto para adquirir los conocimientos que se adquieren en Inglaterra; lo qual di-

# PRÓLOGO.

dice es de gran obstáculo, como lo es el defecto de una general educacion en España á las observaciones de un Viagero. Sobre todo los Frayles, y los Clérigos, y últimamente la Inquisicion, que en todas las tierras de la dominacion Española cierra quantos caminos hay á los informes, y conocimientos que puede tomar un extrangero.

Esta última asercion la falsifica la misma obra del Autor, en la qual hace ver que nadie le puso obstáculos á quanto quiso saber y escribir; y por lo que toca á la insociabilidad, reserva, desconfianza, y taciturnidad de los Españoles, ninguno mejor que un Ingles debia callar; sabiendo que nuestra Nacion se ha fiado de la suya tal vez mas de lo que era justo, y convenia á sus intereses, y por otra parte siendo notoria cierta predileccion á los Ingleses en España, á pesar de la diferencia de Religion, á pesar del odio que suele resultar de sangrientas guerras, ó por otras razones.

La insociabilidad, y taciturnidad caracterizan á los Ingleses entre los demas Pueblos de Europa, como todo el mundo lo conoce, y lo dice, y así es bien ridículo que quiera Mr. Clarke poner esta nota, propia de su Nacion, á una que por ningun título le compete. El Ingles procura su engrandecimiento,

su

# PRÓLOGO.

su gloria y sus intereses con exclusion, si le es posible, de todos los demas hombres, aun de aquellos que estan baxo la subordinacion y proteccion de su mismo Soberano: díganlo en el dia sus Colonias en América, y díganlo los Irlandeses.

En tiempo de la mas profunda paz, y de una entera confianza han ultrajado sin reparo qualquiera pabellon, sin mas que por su superioridad en los mares; y han hecho otras cosas muy vergonzosas y contrarias á cierta nobleza generosa, que pretenden ostentar. Quisiera yo ahora que me dixeran si esta insociabilidad está bien imputarla un Ingles á los Españoles, que sin cometer baxezas, ni ruindades en las mas críticas y notables escenas de la Europa, admiten en su tierra y compañía á quantos vienen: les hacen partícipes de sus fortunas: les proporcionan medios de su engrandecimiento, y muchos se vuelven ricos, y opulentos á sus paises.

Todavía es mas ridículo que un Ingles tache de taciturnos á los Españoles. En los paseos públicos de Londres: en el Parque de S. James, donde se juntarán por las tardes mas de cien mil almas, no sabria que habia allí gente quien no la viese, ú oyese el ruido de las pisadas: dexo la decision á los que han freqüentado el Prado de Madrid, y dicho Parque de S. James, y á los que han caminado por lo interior de Inglaterra y España. Aunque la taciturnidad de los Ingleses es mucho mayor que la de los Españoles, yo no se la achacaría por vicio, como parece que el Señor Clarke se la achaca como tal á los Españoles.

Se queja de que no le entendian en los caminos hablando en Frances: ¿y quien entiende al extrangero, que viaja por Inglaterra, si no sabe el Ingles, ó se acompaña con quien lo sepa? A ninguno le aconsejaría yo que con solo el auxîlio de la lengua Francesa hiciese semejantes viages, porque sobre no ser entendido, iría expuesto á insultos, si le tenian por Frances; que es tambien un efecto de la sociabilidad Inglesa. ¿Y que extraño es que en España no le entendiesen quando hablaba latin? Dudo que el mismo Ciceron, y Quintiliano entendiesen esta lengua de boca de un Ingles. Dexo de hablar del genio reservado; de la falta de una general educacion en España; del poco gusto para adquirir los conocimientos que se adquieren en Inglaterra, que, como dice, son grandes obstáculos para los conocimientos de un Viagero.

En España todo se puede ver sin obstáculos, y sin las socaliñas que á cada paso expe-

# PRÓLOGO.

perimenta el extrangero en Inglaterra, donde nada vé, ni nada le enseñan si no paga, habiendo llegado la ruindad á poner tasa para enseñarle las cosas que encierran los Palacios, é Iglesias. Tres, ó quatro veces estafan á los curiosos que quieren ver la torre de Londres: á los que quieren ver por partes á su decantada Iglesia de S. Pablo; para entrar en ella; para subir á la cúpula; para que le enseñen los modelos. ¿En que parte de España sucede esto, ni en Madrid, ni en los Lugares mas infelices? Antes muy al contrario todo se manifiesta con naturalidad, y cortesía, y sin asomo de interes.

Es cosa bien extraña que siendo de humores y genios tan opuestos los Franceses, y los Ingleses, se hayan coligado tan estrechamente algunos de ellos para insultar á los Españoles en sus escritos, desde la época que dixe al principio; esto es, de veinte años á esta parte. Hay un rancio semillero (es necesario que se sepa) de donde los Autores citados se han provisto de ruines, y podridas plantas para formar sus invectivas. Este semillero falsamente establecido, y que los años y la verdad han disecado, todavía es un depósito floreciente en la opinion de ellos; y como árboles malos, tales son los frutos que dan.

Es

Es debido decir quien le plantó, como, y del modo que fué echando sus raices. Fueron, pues, los sabios jardineros el Mariscal de Bassompierre en sus Relaciones de España, la Condesa de Aunois, el P. Labbat, Madama de Villars, el Abate Veyrac, Willoughbi en sus Viages, Juan Alvarez de Colmenares en las *Delicias de España*, y otros, que con imposturas, disparates y falsedades han dado, dan, y darán materia á otros Escritores semejantes á ellos para decir, y aun añadir embustes, hasta que la Nacion digna, y honrada sobre la qual recaen, y que, ó los ha despreciado, ó no los ha sabido hasta ahora, quiera combatirlos, y deshacerlos, y aun pagar á sus autores con equivalente moneda; bien que jamas lo hará con el libor, y falsedades con que ellos nos han tratado, quando se hable de sus paises.

Volviendo á Mr. Clarke, desprecia los Autores de nuestros Teatros, por una ruin, y ridícula pieza que vió en uno de ellos: no defenderé yo jamas la representacion de los Autos Sacramentales, que él critica, y está ya justamente prohibida.

No sé de donde sacaria los mentirones de que el P. Mariana estuvo preso veinte años de órden del Papa, y que en dicho tiempo fué quando escribió la Historia de España; como que

# PRÓLOGO.

que por razones políticas, y de Religion está prohibido en España escribir la historia de Cárlos V. Habla de este gran Príncipe indecentemente, sacando vicios de sus mas honestas, y christianas acciones; y á su hijo Felipe Segundo aun lo trata peor, que es mas de notar en un Ingles, pues por haber sido su Rey debia merecerle algun respeto.

Para todo hay en la apestada almáciga ó plantel insinuado. Antes de publicarse qualquier libro, dice que la esponja de los Dominicos ha de pasar por lo menos tres veces sobre él: quiere decir, que sin haber sido censurado, y corregido tres veces quando ménos por los PP. Dominicos, ningun libro se puede imprimir en España. Trece libros lleva ya impresos el Autor de este Viage, y ningun Dominico los ha visto hasta despues de impresos, si es que los ha comprado, ó se los han regalado; y lo mismo dirán todos los que publican libros. Tres esponjas, y aun seis merecería la obra de Clarke para purgarla de los desatinos que contiene, y antes de que la hubiese presentado á su Nacion contándole falsedades.

Perdóneme el Doctor Clarke, que en materia de bellas Artes es un ignoranton de primer órden. Hablando de la Iglesia del Escorial dice que su exterior es una masa in-

for-

forme, y feo edificio, sin carácter decidido: que es menester acercarse para conocer que es de órden dórico : que se puede dudar si el Arquitecto llegó hasta este órden : que carece de gusto, y de nobleza : dice despues de haber errado los Autores de los quadros de la Biblioteca, de muchos de la Iglesia, y de las Salas de los Capítulos, que los mayores Pintores que ha tenido España han sido el Españoleto, Murillo y Velazquez : que las mas de las obras del Españoleto estan en Sevilla, donde asegura que murió. El quadro de Velazquez en una de las Salas de los Capítulos, en que representó á los hijos de Jacob, manifestando al padre las ropas ensangrentadas de Joseph, lo atribuye á Murillo, y de Velazquez dice que solo pintó bóvedas.

Lo que admira es, que se ponga á hablar de bellas Artes uno que se da á conocer tan inteligente de ellas, como un mozo de cordel. ¿Quien ignora que el Españoleto murió en Nápoles, donde hizo sus principales obras, y de donde se trasladaron á España, y á muchas galerías de Europa? ¿Quando, ni en qué parte pintó techos, ó bóvedas Velazquez? ¿Ni quien sino el Doctor Clarke ha dicho, que el quadro de los hijos de Jacob es de Murillo? En quanto á su decision sobre el exterior de la Iglesia del Escorial, es esta

# PRÓLOGO.

ta una obra demasiado conocida ya en el mundo, para que no se le tenga á este Escritor por un ignorante en punto de bellas Artes. Incapaz de conocerlas, ni de hablar con concierto acudió á la citada almáciga, para decir lo que dice de la arquitectura de la Iglesia del Escorial, donde hallaría expresiones semejantes de otros tan inteligentes como él en esta materia.

*Masa informe, feo edificio, que carece de gusto, y de nobleza, sin carácter decidido, al qual es menester acercarse para conocer que es de órden dórico, á cuyo órden se puede dudar si llegó el Autor, &c*, es lo mismo que si un Español dotado de las luces de Clarke dixese que S. Pablo de Londres es en su exterior una obra monstruosa: que su Arquitecto Wren no entendia los principios del Arte que profesaba, y todo lo demas que se le metiese en la mollera; y aun entónces no sé qual de los dos se apartaria mas de la razon.

No es menester taparse la cara para poner al Escorial muy sobre S. Pablo de Londres, si se atiende á todas las consideraciones del arte: al carácter, sencillez, correspondencia, magnificencia y suntuosidad del todo del edificio, y á los ornatos que encierra. Ni tampoco seria menester tapársela para poner un poco mas arriba al Arquitecto del Escorial que al de S. Pablo. Lo mas singular es, que declara por un muy bello edificio el interior de la Iglesia, cuyo Arquitecto fué el mismo que el de lo exterior, quien, segun su autoridad, no llegó al órden dorico; pero en fin, dexemos esto, y concluiré con apuntar otras gracias, que contiene la obra del Señor Doctor de Cambridge.

Pondera que no hubo medio para que los PP. del Escorial le enseñasen el tratado de S. Agustin de *Baptismo parvulorum*, ni la Biblia griega del Emperador Cantacuceno: libros que á qualquier persona decente se manifiestan, como todos los demas que hay en el Escorial. Dice que la Biblioteca alta es la mejor coleccion del mundo; pero que solo á fuerza de regalos, dificultades, y cortesías pudo verla. Es una injuria conocida á aquellos PP. que ciertamente no necesitan, ni exîgen regalos de nadie para manifestar lo que tienen á su cuidado: el Señor Clarke no solamente la vió, sino que extractó lo que le hizo al caso, y él mismo lo dice.

Añade mil inepcias contra estos buenos Religiosos, y contra Felipe Segundo, fundador del Escorial. Habla de Arias Montano, como del Monge mas sabio que ha tenido, y al Marques de Montealegre, Conde de Oñate, le hace ce Napolitano: apenas acierta en toda su obra con los nombres Españoles que transcribe. Hablando de Torrequemada, de la Inquisicion, de las Indulgencias, delira á rienda suelta: supongo que para todo hay en el insinuado plantel.

Citando á no sé quien, da á entender en punto de Religion, que son preferibles mas de treinta que hay en Inglaterra, á la sola que se permite en España [1]; suponiendo que el gobierno Ingles llegaría á ser despótico con una sola: como si dixese que el despotismo excluye la diversidad de Religiones. Este principio lo destruye lo que se ha visto y vemos aun en el mundo. ¿Que mayor despotismo que el del Imperio Otomano? Sin embargo todo él está lleno de diversidad de Religiones. ¿En donde tienen mejor acogida todas las sectas, ó creencias, que actualmente en Rusia, y que parte de su poder absoluto ha perdido su Soberana? Dexo de hablar de otros Estados de Europa, que se hallan en igual caso, porque lo dicho sobra para deshacer un principio tan falso. ¿Quien sabe si algun dia se resentirá Inglaterra de tanta libertad como ahora blasona en punto de Religion?

Aun-

---

[1] Es de notar que el Señor Clarke es Ministro de la suya, y fué Capellan del Conde de Bristol, Embaxador que era de Inglaterra en España.

Aunque da su laudatoria á las Damas Españolas, dice que no hay otros mejores para amigos en parte alguna que los Españoles, y que en el mundo entero no hay Soldados mas bravos, con la añadidura de que el que diga lo contrario, no ha leido la historia; creo que las Damas, los Soldados, y los demas Españoles le volverán á Mr. Clarke este regalo, por la regla de faltarle la qualidad de que *laus à laudato viro*, y no de un injusto despreciadór.

Hable Mr. Clarke del descuido de nuestros montes: diga tambien de algunos que vió en Castilla, que no podrán surtir maderas para poner una armada, que dé la ley al Océano: blasfeme quanto quiera de nuestras posadas, y de los mas de nuestros caminos; que confesándole á boca llena las ventajas que en esto nos lleva Inglaterra, le acordaré tambien, que un siglo hace, y mucho menos, dichos ramos de policía se hallaban tanto, ó mas descuidados que en España.

Para viajar desde Edimburgo á Londres (he oido á los mismos Ingleses) se solia hacer testamento antes de emprender el camino: tales eran los malos pasos, los inconvenientes, y otras dificultades, mayores que en España. El Rey, y su Gobierno harán ver á la Europa entera, acaso mas presto de lo que parece,

que

# PRÓLOGO.

que no son puntos tan olvidados como creen algunos. No es lo peor ser los últimos en ciertas determinaciones. Quando unos duermen, suelen estar otros despiertos, y al contrario. Las ideas, las fortunas, las riquezas, y el poder van alternando, y es mala política insultar á quien podrá insultar mañana. Con lo dicho vamos á otro de nuestros panegiristas.

En 1779 se publicó en Londres un libro con el título de *Viages por España del Escudero Enrique Swinburne, hechos en los años de 1775, y 1776.* Para conocer esta obra basta que se lea la Carta que de ella trata, y va puesta al principio de la Geografía Física de España de D. Guillermo Bowles, segunda edicion, Madrid 1782, y es del Señor D. Joseph Nicolas de Azara, actualmente Ministro de S. M. en la Corte de Roma; y por quanto es conveniente que los nacionales y extrangeros se desengañen del indigno modo con que nos tratan ciertos Escritores, se deben repetir sus calumnias, é injusticias, publicarlas, é impugnarlas muy á menudo, y dar de este modo á conocer la mala fe, y modo que han tenido de tratarnos.

Por tanto se pone aquí puntualmente lo que escribió el Señor Azara desde Roma, y es lo siguiente: * Acabo de leer otro Viage de Espa-

*Tom. I.*          b          ña,

ña, dado al Público en Londres antes que el de Dillon, y con igual magnificencia que este por el Señor Enrique Swinburne Escudero: obra singular en su especie, y que convendrá darla á conocer en el Prólogo á la segunda edicion de Bowles. Parece que aquella Nacion se ha empeñado en describir la España con particular interes; y aunque el Señor Swinburne la haya dado informes de que no debe fiarse, á lo menos la habrá divertido con una infinidad de observaciones hechas por Ventas y Posadas, en el estilo que se requiere para ridiculizar nuestro gobierno, nuestras costumbres, y nuestra Religion, sin embargo de que él dice profesa la misma. *

* Es tan perspicaz su penetracion, que á los dos, ó tres dias de haber entrado en España ya habia descubierto que todos los caminos eran malos, las Posadas peores, el pais parecido al infierno, donde reyna la estupidez: que ningun Español tiene, ni ha tenido crianza, sino los que han logrado la dicha de desasnarse con la *politesse* de los Ingleses, ó Franceses: que los Catalanes beben á la *gargalleta*, comen carne los Viernes, y ponen sobre la mesa una imágen muy galana de la Virgen, y un millon de cosas de este jaez: sin que tampoco tardase mucho en adquirir la instruccion necesaria para formar

# PRÓLOGO.

mar un estado menudísimo de nuestro Exército, con los colores de sus uniformes; y aunque equivoca nombres, número, colores y bondad de los Regimientos, no importa: que estas noticias siempre son útiles, quando no para la nacion que las recibe, para aquella de quien se dan, como se ha visto mas de una vez. *

* A propósito de la descripcion física y moral de España inserta un diario de la expedicion de Argel, tan prolixo y exâcto, que es imposible no se le regalase el Patron de alguno de los transportes que sirvieron en ella. Y para tener ocasion de divertir á sus compatriotas en los Cafés con algunos milagros y supersticiones rancias, se toma el trabajo de formar una nueva Historia de Cataluña. *

* Viajando por lo demas de España, jamas omite ninguna de las importantísimas observaciones que se deben hacer sobre mesoneros y mesoneras, sus trages, &c. No se le olvidan las guitarras, y el fandango, ni el citar continuamente á D. Quixote y Gil Blas, que son las dos fuentes perenes de su erudicion. *

* En Valencia creyó morir de *inanicion*, porque halló aquellos comestibles tan sin substancia, que eran *caput mortuum*, sombra, nada, comparándolos á los de la *Isle frivole*

# PRÓLOGO.

del Abate Coyer. En general toda España le parece estúpida hasta el letargo, pobre, puerca, zelosa, y melancólica. Por no morir de hipocondría tomó el partido de ir á recrearse en el paraiso de Gibraltar. Donde quiera que halla un Ingles, le parece un Angel, y le sirve para realzar el retrato de los Españoles. Con el mismo fin habla infinito de los Moros, de su historia, y de su Arquitectura, especialmente en Córdoba y Granada: y se remonta en elogios de aquella nacion sublime, para humillar la nuestra: pues ya se dexa conocer qué partido sacarémos en el cotejo. *

* El epígrafe que pone á su Obra nos advierte, que la verdad es su ídolo; y así nadie deberá dudar del caso que refiere haberle sucedido en Toledo. Dice que se le desapareció su Ayuda de Cámara, y que despues de dos dias de continuas diligencias en buscarle, halló que le habian tenido encerrado todo aquel tiempo para peynar la peluca de una imágen de la Virgen. No hay que reir, pues el Señor Swinburne asegura que solo refiere la verdad. *

* Aunque su erudicion singular pudiera explayarse describiendo las muchas antigüedades Romanas, que se conservan en esa Península, merced á los siete siglos de la culta, suave y humana dominacion moruna, apénas ha-

# PRÓLOGO.

hace mencion de nada de esto en su libro: como ni tampoco de nuestras Academias, Bibliotecas, Gabinetes de Antigüedades, y de Historia Natural, Jardin Botánico, bellas Artes, comercio, manifacturas, caminos magníficos que se han hecho, y continúan; porque sin duda creyó que tales frioleras no podrian mover la curiosidad de sus compatriotas; mayormente quando ya se lo dice todo, asegurándoles que los Literatos de España no pasan de media docena. Y porque nadie se equivoque pensando que el saber de España es como el de otras Naciones, explica lo que entendemos por Literato, que, segun él, es lo mismo que un gentil hombre Ingles de la mas comun, y adocenada educacion: añadiendo que un Español que sabe leer el griego, pasa por fenómeno extraordinario. Con todo eso nos dice el Señor Swinburne en el Prólogo, que va á hacer una descripcion de España tan completa, interesante, exácta y verdadera, que hará olvidar todas quantas relaciones se han publicado hasta ahora de ese pais.\*

\* Por lo que toca á su honradez, gratitud, y buen corazon, no hay para que le disputemos estas buenas calidades, una vez que confiesa que en todas partes de España recibió mil agasajos, en especial de los

## PRÓLOGO.

Señores de la Corte. Quando no lo confesase, lo sabria yo, porque lo ví estando en Madrid; y despues por espacio de dos años he visto la distincion y los favores que ha debido á los Españoles que estamos aquí, disfrutando los mas dias de la casa y mesa de nuestro Embaxador. Reconocido á todo esto, como hombre de bien, de vuelta á su tierra ha hecho nuestro retrato con las facciones y colores referidos, prestándonos generosamente lo que nos faltaba para sacar una bella figura.\*

\*No se puede negar que la Inglaterra ha producido grandes hombres en todas lineas; pero como las cosas de este mundo son siempre una mezcla de bueno y de malo, de grande y de pequeño, para que no se ensoberbezca la patria de Newton, de Locke, de Adisson, y de Cook, ha producido tambien al *Señor Enrique Swinburne, Escudero,* Autor del último verídico, exâcto y completo Viage de España.\*.....

El hombre se da bien á conocer por sus escritos: estos manifiestan sus buenas, ó malas qualidades, su veracidad, imparcialidad, atencion, y respeto con los demas hombres, no confundiendo lo que en todas partes es despreciable con lo que es siempre bueno, y dig-

# PRÓLOGO.

digno de alabarse ; ni excediéndose con epitetos indignos aplicados á grandes personas, sin respetar á los mismos Soberanos.

No porque los dos referidos Viageros Ingleses hayan tratado villanamente á la Nacion Española, se ha de creer que todos los Ingleses han hecho, y harán lo mismo. Prueba de ello es el diverso lenguage que han usado otros dos de la misma Nacion: uno de ellos es el Caballero Ricardo Twiss, Miembro de la Sociedad Real de Londres, cuya obra publicada antes en Ingles fué traducida en Frances, é impresa en Berna el año de 1776 en un tomo.

No es de extrañar que hable mal de algunas de nuestras posadas, pues los Españoles hablan, y han hablado de ellas aun peor; pero tienen la esperanza, y aun la satisfaccion de que este importante ramo, perteneciente á la policía general, y comercio interior de un gran Reyno, como España, se mejora, y se mejorará mediante las sabias providencias del Rey, y de las medidas que se toman por las órdenes del Excelentísimo Señor Conde de Floridablanca, su primer Secretario de Estado, á quien S. M. lo tiene encargado.

Tampoco se debe extrañar, que el Señor Twiss, como de contraria Religion, manifies-

## PRÓLOGO.

fieste alguna vez (que son pocas, y sin la petulancia de los otros Viageros) sentimientos poco conformes á las prácticas y devocion de los Católicos. Hizo su viage por España en los años de 1772, y 1773 entrando de Portugal por Ciudad Rodrigo, continuando por Salamanca, Valladolid, Segovia, Madrid, y Sitios Reales, por Valencia, Murcia, Granada, Córdoba, Málaga, Gibraltar, Cádiz, Xerez, Sevilla, &c.

A los primeros pasos dice hablando del territorio de Ciudad Rodrigo pág. 61, que las posadas son mejores que en Portugal, y las casas igualmente, y que dicha Ciudad es muy linda con tres puertas, y un bello paseo. Pág. 62 asegura, que los Viageros no corren ningun riesgo en España, lo que le ha enseñado la experiencia de su viage por diferentes Provincias[1]. Pág. 63. y 68 habla bien, y da razon de las Ciudades de Zamora, y de Toro, y de las Villas de Tordesillas, y Simancas, &c. Pág. 129 tratando del Escorial, dice que podrá no ser el mas elegante, pero que es el mayor edificio de Europa, y hace mencion de parte de lo que allí hay con la decen-

---

[1] El Autor del Viage de España puede corroborar esta proposicion; pues en millares de leguas que ha viajado dentro de ella, jamas le han asaltado ladrones.

cencia debida, y no con los términos de Mr. Clarke.

Pág. 163. En Madrid encontró en la Posada de la Cruz de Malta tan buenos alojamientos como en las mejores de Inglaterra; y encontró las calles con tanta propiedad como las de qualquiera Ciudad de Holanda. Alaba justamente á Milord Grantham, Embaxador entónces de S. M. Británica, y al Señor D. Alexandro Munró, Consul general de Inglaterra, que actualmente se halla con el mismo empleo. Pág. 165, y 166. dice que el Real Palacio de Madrid es acaso el mas magnífico que hay en Europa; y esto lo asegura despues de haber visto, como dice que ha visto, los Palacios de los Reyes de Inglaterra, de Francia, de Cerdeña, de Nápoles, de Prusia, de Portugal, los del Emperador, del Papa, y de otros muchos Soberanos de Alemania; y solo añade, que el Palacio de Caserta, mandado fabricar por nuestro Soberano, del qual vió parte el año 1769, es el solo que se puede comparar al de Madrid.

Se lee, dice, en el tomo 16 del Viagero Frances, impreso en París el año 1772 una crítica muy injusta del Palacio Real de Madrid: prueba de la prevencion en que viven los Franceses contra todo lo que ven fuera de su Reyno, ó que no sea obra de un
Ar-

Artista de su Nacion. Asegura el Abate de la Porte en dicha Obra, que el expresado Palacio, cuyo gasto ascendia ya á cincuenta millones de libras, y que acaso jamas se acabará por falta de dinero, mas parece Convento de Benedictinos, que Palacio de un Soberano: en mala situacion, con tristes alrededores, &c.

¿No podria con mas fundamento un Español, concluye Mr. Twiss, criticar el Palacio de Versailles? En él dice que vió el año de 1768 quantidad de estatuas destrozadas, y á punto de caerse á pedazos: los juegos de aguas en estado de no poder hacer uso de muchos de ellos: la yerba, que crecia en las junturas de las losas de la gran escalera de mármol: un gran número de pinturas, que se perdian por falta de cuidado: espejos rotos; y arañas hilando tranquilamente sus telas en diferentes piezas de un Palacio tan aplaudido.

Pág. 107. Habiéndose alojado en Toledo en una posada que tiene el nombre de la Sangre de Christo, dice que no se escandalizó, como le sucedió á cierto Viagero, de que se llamase así el tal Meson, pues se acordaba haberse alojado en París en el del Espíritu Santo, sin hablar del Café del Profeta Elías en aquella Ciudad, y de otros sitios,

con

# PRÓLOGO.

con nombres extravagantes, é impropios [1].

Pág. 121. Caminando hácia Valencia alaba el nuevo camino que vió trabajar junto al Corral de Almaguer, hallándole tan bueno como pueda haberle en Inglaterra, y se burla en aquel mismo número de la ridícula ceremonia de quemar anualmente en su pais la figura del Papa, y la del diablo.

Pág. 229, y siguientes habla de Valencia como es debido, llamándola una de las mayores Ciudades de España; y del paseo público, ó alameda, dice que tiene alguna semejanza con el Parque de Saint James en Londres; pero que le excede mucho en la belleza: menciona otros hermosos paseos en aquella Ciudad: asimismo los magníficos cinco Puentes de piedra sobre el Guadalaviar, las murallas, las puertas, &c. como tambien el camino nuevo que empieza desde la Ciudad hácia la Corte, comparándole al bellísimo que hay desde Turin á Rivoles. Celebra las pinturas á fresco de S. Juan del Mercado, de la Capilla de los Desamparados hechas por Palomino, el gran edificio de la Aduana, y otras mil cosas.

---

[1] No se debe aprobar que en Toledo, ni en otra parte se den nombres sagrados á dichos parages, y mucho menos á los tenidos por profanos, como en Madrid se conoce uno de sus Teatros con el nombre de la Cruz.

No encontró aquel *caput mortuum* de los manjares que el verídico Señor Swinburne mencionó en su libro, ni los halló tales que pudiese calificarles por insubstanciosos en los convites que le hicieron: por tanto, lejos de morir de inanicion, como temió el citado Swinburne, se encontró muy contento en dicha Ciudad. Alaba repetidas veces los campos de aquel Reyno; y añade en la pág. 242, que la Provincia de Valencia se llama el Jardin de España, y que debia llamarse el Jardin de toda Europa.

En la continuacion de su viage hace muchas alabanzas de los frondosos territorios de Murcia, Lorca, Guadix, Granada, Málaga, &c. Abomina algunas veces de las malas posadas de aquella ruta, con particularidad de las que estan en manos de Gitanos, y de algunos trozos de mal camino; y tiene mil razones, porque los mismos Españoles, que transitan por allí, abominan mas que Mr. Twiss. Habla despues de Córdoba, de Gibraltar, de Cádiz, Isla de Leon, Puerto de Santa María, &c. siempre en los mismos términos de consideracion, y buena crianza.

En su descripcion de Córdoba, pág. 285 dice, que en los agasajos que allí le hicieron los Señores, particularmente en una funcion donde se halló, encontró mas agrado, mas alegría,

# PRÓLOGO.

gría, que en las de Inglaterra, sin experimentar aquella reserva fria y repugnante, que caracteriza en general la Nacion Inglesa. Confróntese esto con la reserva, é insociabilidad que el Dr. Clarke atribuye injustamente á los Españoles. Se ve la diferencia de uno, y otro Escritor Ingles: todo lo qual se confirma en el penúltimo párrafo de su libro pág. 379. *He vuelto á mi patria muy satisfecho de este viage, que miro como el mas agradable, é instructivo de quantos he hecho, así por la novedad y singularidad de los objetos que se ven en dicho pais, poco freqüentado por los Viageros, como por la gran atencion de los Portugueses, y Españoles en general, á los quales debo un testimonio sincero de la manera noble, y cordial, con que han exercitado la hospitalidad hácia mi persona, y por tanto será invariable mi afecto á la nacion Española.*

Así como le restituimos al Dr. Clarke las pocas alabanzas que hizo de nuestra Nacion, debemos disimularle á Mr. Twiss algunos errores en que cae, por no tener cabal conocimiento en materia de bellas Artes, equivocándose freqüentemente en la relacion de las obras, y en la graduacion de su mérito. No debia haber alabado la fachada de la Universidad de Valladolid, ni decir que la Lon-

ja

ja de Sevilla es obra de Berruguete, como tampoco pasar en silencio las buenas obras de la Catedral de Granada; pero todo esto es disimulable quando el Escritor lleva la idea de la veracidad, y está dotado de buena crianza. Quando Mr. Twiss viajó, solo se habian impreso quatro tomos del Viage de España, de cuya Obra tomó lo relativo que en ellos encontró perteneciente á las Artes, y á otras materias, citando varias veces dicha Obra. Despues ya le faltó esta guia. Puede confrontarse en lo que refiere de Valencia, Toledo, &c. Tampoco se debe hacer alto sobre ciertas expresiones poco conformes á la piedad de nuestro culto, como se dixo al principio, por ser él de diversa creencia; pero no se desenfrena como otros, aun de aquellos que se precian de la misma Religion que la nuestra.

Otro estimable Viagero Ingles podemos oponer á los citados Clarke, y Swinburne, y es el Caballero Juan Talbot Dillon, cuya obra se imprimió magníficamente en Londres el año de 1780, y fué en quarto, su título: *Viages por España con el fin de ilustrar la Historia natural, y la Geografia física de aquel Reyno en una serie de Cartas con varias anecdotas históricas &c.*

Por no alargar este Prólogo no se especifican las qualidades y puntos principales de esta ta Obra, y por haber hablado de ella, como de la del Escudero Enrique Swinburne el citado Señor D. Joseph Nicolas de Azara en una de las Cartas que estan al principio del libro: *Introduccion á la Historia natural, y á la Geografia física de España*, ya citado, impreso en Madrid por la segunda vez el año de 1782, donde podrán ver los lectores el juicio que formó dicho Caballero de la Obra, considerándola útil para los forasteros, y añadiendo que debemos estar agradecidos los Españoles al Señor Dillon, atendiendo al modo, y á la substancia con que trata nuestras cosas.

Demuestra el Señor Azara, que el expresado Escritor formó su libro de el del citado Bowles, y asimismo que añadió varias noticias de las aguas minerales de Trillo, sacadas de la Obrita, en que trata de ellas el Doctor D. Casimiro Ortega: otras de Botánica extractadas de la *Flora* de D. Joseph Quer; y varias erudiciones sobre las bellas Artes, y manifacturas, sacadas del *Viage de España* de D. Antonio Ponz.

Sin embargo dicha Obra ha merecido toda estimacion, y justamente ha sido apreciada de los Ingleses; pues el Autor no les ha engañado con fingidas relaciones, ni les ha hecho perder el tiempo leyendo falsedades, ó
inep-

inepcias, ni tampoco ha ofendido á la Nacion de quien habla. Estas circunstancias se requerian ciertamente para que Milord Grantham admitiese la Dedicatoria que el Señor Dillon le hizo de su estimable libro. Todos hàn conocido en Madrid á dicho Caballero, último Embaxador de S. M. Británica: todos tienen noticia de su instruccion en las Ciencias, y bellas Artes, y quantos le trataron pueden decir de sus amables prendas, y demas circunstancias, que le hicieron digno de la mayor estima en la Corte. El Autor de este Viage lo puede decir con mas razon, acordándose de los favores particulares, que debió á Milord Grantham.

Otro Viage por España se publicó en dos tomos el año de 1782. Aunque el Autor es anónimo, la misma Obra manifiesta ser de nacion Frances, y está escrita en esta lengua, comprehendida en dos tomos. La fachada es: *Nuevo viage en España hecho en 1777, y 1778, en que se trata de las costumbres, carácter, monumentos antiguos y modernos, comercio, teatro, legislacion, Tribunales, &c.*

A este Autor atento, y juicioso debe estar agradecida su Nacion por haberla informado en lo general con veracidad, y sin prevenciones, del mismo modo que debe ofenderse de otros, que le han contado mil pa-

tra-

# PRÓLOGO.

trañas, engañándola en casi todo lo que han dicho. Tampoco los Españoles tienen por que quejarse de este Anónimo; porque rara vez desprecia lo que no es despreciable; antes hablando de Artes, particularmente quando no ha tenido alguna guia, suele hacer ciertas alabanzas fuera de lo justo [1].

Anduvo por Cataluña, Valencia, Murcia, Andalucía, Mancha, Reyno de Toledo, hasta Madrid; y despues atravesando algunas Provincias de Castilla la vieja, se restituyó á Francia. Hace una bella descripcion de los Reynos de Cataluña y Valencia: despues del de Murcia, de la Ciudad de Cartagena; y continuando su viage, habla bien, ó mal del cultivo de los territorios, de los caminos, de las posadas, segun las encontró: critica lo que es criticable, sin insolencias, ni bufonadas, y como lo haria un nacional. Hace las debidas alabanzas del Escorial, y tacha de falsas las relaciones de Martiniere, Moreri, Salmon, Vairac, &c. que tantas patrañas escribieron; y confiesa que nada tuvo que ver en este

*Tom. I.*  c  edi-

---

[1] Quando este Autor recorrió algunas de nuestras Provincias habian salido pocos tomos del Viage de España. En los que habian salido no se apartó de lo que el Autor habia dicho, como se puede confrontar en las relaciones de Madrid, Toledo, Cuenca, Valencia, &c. y le cita repetidas veces.

edificio en calidad de Maestro, Luis de Fox; por consiguiente que se engañó Mr. de Tou.

En uno de los capítulos de su segundo tomo, pág. 140 entra á dar razon de las costumbres, trages, errores populares, usos y carácter de la Nacion Española. Dice entre otras cosas, que el Español es paciente, religioso, lleno de penetracion, aunque lento á determinarse: que es discreto, sobrio: que su horror á la embriaguez tiene la data de la mas remota antigüedad, citando un pasage de Estrabon, en que asegura haberse arrojado en una hoguera un hombre, solo por la vergüenza de que le llamaron borracho.

Dice tambien que el Español es leal, franco, caritativo, buen amigo, aunque tambien tiene algunos vicios; " pero ¿qual es la Na-
"cion (añade) qual es el hombre que no tie-
"ne ninguno? El hombre es un compuesto
"de virtudes y vicios: una Nacion es un con-
"junto de hombres. Quando las virtudes, las
"qualidades sociables son superiores á los vi-
"cios inseparables de la constitucion del cli-
"ma y del carácter, adórese aquella Nacion,
"donde se encuentra este fenómeno". Concluye que fuera de ciertas excepciones no ha encontrado sino virtudes en los Españoles, cuya paciencia en los trabajos militares ha causado grande admiracion á los Franceses, pa-
san-

sando dias, y noches sin pan, sin agua, sin cama, y sin oirse jamas en su campo el menor rumor, el menor motin, y siempre observando la mayor obediencia.

Es notable la comparacion que este Escritor Frances hace entre los Españoles y otras Naciones, sin exceptuar la suya, en estos términos: "Jamas se ve en un Español aquella especie de aturdimiento: aquellas salidas fuera de propósito, tan comunes en Francia. No se ve tampoco aquel ayre original, jactancioso, y cáustico de los Ingleses, ni el tono humilde y adulador del Italiano. El Español es serio: su trato, aunque algo fiero, es decente: sus demostraciones, aunque no siempre vivas, casi siempre afectuosas".

Las Españolas deben estar agradecidas á este Escritor. Ninguna cosa, dice, causa tanta impresion como una jóven, qual asegura haberlas visto en el campo: su cara un óvalo perfecto: sus cabellos de un castaño claro, igualmente partidos en la frente, y retenidos simplemente por una red de seda: la piel blanca y fina: los ojos negros: la boca llena de gracia: la postura siempre modesta: la fisonomía llena de espíritu, y vivacidad: muy sensibles al amor que se les tiene: zelosas en extremo de ser engañadas....... se explican con facilidad, y con tal abundancia de términos selectos, que á qualquiera encantan. Son vivas, coléricas, obstinadas; pero facilmente se rinden á la razon, quando se halla medio de hacérsela entender. El simple vestido, que usan de sayal, ó de cordellate, ajustado á su cuerpo, que cierra ligeramente en las muñecas, la mano pequeña y de un perfecto dibuxo; todo es agradable en estas jóvenes doncellas, y traen á la memoria la dulzura, la belleza, el tocado, y la simplicidad de las jóvenes Griegas, de las quales nos ha dexado la antigüedad tan bellos modelos.

Disimulémosle á nuestro Anónimo algunos errores, en que incurrió, como se le disimularon á Mr. Twis. Es muy facil que el Viagero los cometa, quando habla por informes, de cosas que es necesario experimentar, ó de materias en que está poco versado. Necesariamente le informaron mal para decir en el capítulo que trata del carácter de la Nacion, lo que dice de la ociosidad de los Valencianos, pues cabalmente es en aquel Reyno donde por ventura mas se trabaja en España, y fuera de ella, hallándose freqüentemente los Labradores en las labores del campo horas antes que amanezca, y no volviendo á su reposo hasta bien entrada la noche. La misma justicia es débido hacercerles, en quanto á las manifacturas de seda, paños, y demas oficios; y buena prueba es la gran poblacion de aquel Reyno, y las muchas riquezas que produce [1].

Se omiten otros puntos de los que este Autor trata, por la brevedad, y porque no quitan, ni añaden al carácter nacional, ni á las virtudes que confiesa sobresalen en los Españoles, entre los vicios que son comunes á todos los hombres. En lo perteneciente á la literatura ofrece un ensayo separado de su Viage, y dice entretanto: "Los Españoles antes "de acabarse el siglo décimoquinto tenian tra-"ducciones de Plutarco, de Séneca, y de los "mejores Historiadores Griegos, y Latinos, lo "que nosotros (los Franceses) no teníamos. "Su lengua habia hecho grandes progresos; "era armoniosa, abundante, y poética." Dice tambien que el Teatro Español fué el primero que tuvo felíz suceso en Europa; que los Italianos, Franceses, é Ingleses procuraron imitarlo, y disfrutarlo largo tiempo, ocultando el manantial de que se valian. Alaba y critíca nuestro Teatro sin los desprecios y ficciones que otros Escritores sus paisanos.

No es fuera de propósito, ya que se habla del Teatro, transcribir un pasage del P. Ra-

[1] Véase el tom. IV. del Viage de España Carta IX.

# PRÓLOGO.

Rapin, Autor Frances, en sus *Reflexîones sobre la Eloqüencia, Poética, &c* [1]. Nadie, dice, ha tenido jamas un genio mayor que el de Lope de Vega para la comedia, juntando la fertilidad de espíritu á una gran belleza, natural, y facilidad admirable: compuso mas de trescientas comedias [2]. Su nombre, y reputacion bastaban para elogio de sus obras, y para merecer la aprobacion del Público: era muy grande su espíritu para sujetarle á reglas, y refrenarle &c [3].

Dexemos á este Anónimo, cuyas críticas, aunque no siempre justas, siempre parecen hechas de buena fe. Concluye su obra con el párrafo siguiente, que sirve para rebatir las preocupaciones de casi todos los extrangeros sobre viajar por España: " Con algunas pre-
"cauciones se viaja por España muy cómo-
"da-

---

1 Véase el tomo II. de dicha obra, impresa en la Haya en 1725. pág. 202.

2 ¡Que hubiera dicho, sabiendo que llegó á componer, segun se asegura, mil y ochocientas! A lo menos de una de sus obras consta, que quando la escribió llevaba compuestas setecientas.

3 El que quiera instruirse sobre este punto puede lograrlo en la obra del Teatro Español, que actualmente se publica por D. Vicente Garcia de la Huerta, en cuyo primer tomo confuta á los extrangeros, que han hablado de nuestro Teatro mas de lo que debian, y critica las nulidades y defectos de los mismos.

"damente: los carruages son buenos: las mu-
"las fuertes y los carruageros fieles y laboriosos.
"Escogiendo el buen tiempo del año, se pue-
"de atravesar este Reyno con gran gusto, y
"sin ningun riesgo. Si la persona es delicada
"puede proveerse de una cama, de mante-
"les, y provisiones. Esta prevencion embara-
"za muy poco al Viagero, y le asegura de
"no tener jamas falta de nada ¹."

No es posible dar cabal razon de otros dos viages por España por no tenerse á la mano el uno de un Ingles, llamado Dalrimple; pero segun ciertas noticias puede dársele la misma graduacion que á la obra de Clarke, y de Swinburne. El otro es del Señor Joseph Bareti, que parece nos trata con otro miramiento. Alguna cosa seria necesario decir de las Anécdotas de los eminentes Pintores Españoles, que el Señor Ricardo de Cumberland publicó en Londres en dos libritos el año de 1782, despues de haber residido en Madrid una larga temporada, en que manifestó particular aficion á la Pintura. Su obra viene á ser un extracto de las vidas de los Pintores de Palomino, á quienes hace grandes elogios:

---

1 Qualquiera que tome este consejo, gastará mucho menos de lo que se gasta en las posadas de Francia, é Inglaterra: comerá lo que quiera, y no lo que quieren los Posaderos en dichos Reynos.

gios: contiene algunas especies, cuyo exâmen se omite ahora por no alargar este Prólogo, como se omiten otras, que en honor de la Nacion ha publicado Mr. Mentel, Escritor Frances, Historiógrafo del Señor Conde de Artois, en los dos tomos que tratan de la Geografia de España, y son parte de la Geografia Universal, que está publicando.

Dexo, pues, para otra ocasion hablar de estos Escritores, porque me llama un novísimo libro, cuya fachada, y título es: *Voyage de Figaro en Espagne: à Saint Maló* 1784.

Nadie, por mas que delire, es capaz de llegar adonde ha llegado este verdadero, ó fingido Figaro, hablando de España; y solo en la cabeza de un loco el mas rematado podian caber los delirios que ha escrito en su indigno y despreciable librejo. Extractarémos, mas para reir que para otra cosa, algunos de los artículos mas extravagantes, y los mentirones de mayor bulto que contiene.

Despues de haber pintado con desprecio, y á ciegas los Pueblos que encontró desde su entrada en España por Salientes y Huesca hasta Zaragoza, dice de esta Ciudad pág. 3, y siguientes:

*Zaragoza.*

\* Segun el gran número de equipages,
la

# PRÓLOGO.

la quantidad de criados, la multitud de mendigos que se ven aquí, parece que la mitad de la Ciudad lo tiene todo, y la otra mitad nada. Dicen que es Ciudad comerciante: no lo parece: todos estan con los brazos cruzados en inaccion: tiendas, y almacenes vacíos: telares sin movimiento: el Ebro sin una miserable barca. En vano los Holandeses les han ofrecido hacer el Ebro navegable [1]: en vano los Españoles pueden ver, conocer, ni entender lo que se hace cerca de su Reyno, y baxo de sus ojos; esto es, allanar las colinas, romper las rocas, abrir los montes, elevar los valles, juntar los mares: nada han visto, nada han entendido, nada han querido oir. El Palacio de la Inquisicion está en medio de la Ciudad: sus paredes tostadas, y amarillas, muy gruesas, flanquedas de torres....... En él se encierran Incubos, Súcubos, Adivinos, Judíos, Tembladores, Brujos, y hombres lobos ( Loups garous ). El Arzobispo es el Gefe supremo: quarenta, ó cincuenta Dominicos son los Porteros de esta caverna, de la qual po-

[1] Se ve que quiere hablar del canal del Ebro, ó de Aragon, en cuya obra llevaron grandes usuras los Holandeses, y al presente se continúa con el mayor empeño, felicidad, y buena administracion, por las acertadas medidas que ha tomado el Gobierno.

pocos salen, nada se transpira, y adonde tres, ó quatro puentes levadizos, fosos, bastiones, cerrojos, perros de presa, y Frayles legos impiden el acercarse. * 1

* A primera vista se viene en conocimiento de que los Caballeros Aragoneses son serviciales, preguntones, cuyos regalos son los ajos y los pimientos, entregados al blason, envanecidos en tener, y mostrar sus escudos de armas. El catálogo de los libros que se puede leer, es tan mezquino, que en las Librerías de Zaragoza solo se permiten romances, almanaques, villancicos, rudimentos, horas, y la vida original de algun santo de la esquina. Pág. 12. A mil y quinientos pasos de la Ciudad sesenta Bernardinos venden por menor el vino moscatel 2 : Jardines, celdas, claustros, dormitorios, todo el Convento está lleno de mesas, de bebedores, que con sus gritos, canciones, y algazara transforman aquel santo lugar en un cuerpo de guardia. * Con este principio, con semejante sarta de disparates y mentiras, ¿que no se ha de esperar de dicho libro?

*Ru-*

1 ¿Se habrán dicho jamas tantas mentiras con menos palabras?

2 No sabemos si querrá hablar de alguna de las Cartuxas cercanas á Zaragoza, ó de un Monasterio de Monges Bernardos, distante cosa de dos leguas.

# PRÓLOGO.

*Ruta de Zaragoza á Madrid.*

Pág. 12. &c. * En dos dias no se ven árboles, ni viñas, ni espigas: en su lugar abunda el tomillo, mejorana, romero, &c. Se pasa por Daroca, Loeches, Mejorada, Alcalá de Henares, Albarracin, y Guadalaxara [1]. Las Villas, los Lugares, las Aldeas, Caserías, &c. son muy raras: por todo manos ociosas: caras deshechas, flacas, de color de plomo, de paja: andrajos, piojos: malas cabañas en donde hombres, mugeres, niños, y niñas, muchachos, caballos, carneros, cabras y mulas viven y duermen juntos y mezclados........ Los Romanos, los Godos, los Moros, los Españoles se conjuraron para tomar, saquear, y abrasar á Daroca, en cuyas ruinas no se encuentran una cama, una silla, un vaso. * [2]

*Entrada de Madrid.*

Pág. 19. &c. * Micos, Monas, Papagayos en casi todas las ventanas: una calle muy larga, y muy ancha: una puerta soberbia: infinidad de torres, y campanarios: casas de qua-

[1] Exquisito y bien ordenado Itinerario.
[2] Los disparates, y necedades de este artículo son tales, que casi es imposible numerarlas. Los que hayan pasado por Daroca dirán sobre la veracidad de Figaro.

quatro, cinco, seis, siete, y ocho altos [1]: soberbios balcones, el Correo, la Aduana, la Puerta del Sol, la Plaza mayor, el perpetuo ruido de las campanas, hacen alegre y que sorprehenda la entrada de Madrid. *

*Buen Retiro.*

Pág. 21. * Despues que el Rey ha abandonado el Buen-Retiro, se caen las paredes, se han cegado, se han secado las fuentes: nada crece en los Jardines: las tazas, las termas, las grutas, los bosques, todo está destruido, mutilado. Una sola estatua queda entera, y es la de Felipe II. * [2]

*La Granja.*

Pág. 27. * Mejor seria que la Granja, llamada en otro tiempo S. Ildefonso, perteneciese todavía á los Pastores. No hubiera dexado Felipe IV. cincuenta millones de deuda

[1] Milagro es que no llegó á ochenta.
[2] Como Figaro embrolla y miente tanto, no sabemos si querrá significar la estatua eqüestre de Felipe IV. ó la pedestre en el Jardin de S. Pablo de Felipe II. representado quando era Rey de Inglaterra. Trata indignísimamente á este Soberano, y dice otras locuras clásicas. No hemos conocido jamas el Buen-Retiro mas bien cuidado, ni frondoso, que le vemos al presente, ni tiene que envidiar al Parque de Saint James, ó al Jardin de las Tuillerías.

# PRÓLOGO.

da empleados en fundar la Granja, en adornar los estanques, en hacer bóvedas, calles, salones verdes, con Ninfas, Tritones, Faunos, Silvanos, Nayades, que este Príncipe, sin órden, ni conducta malgastó. Para tener un Parque, y lograr Jardines hizo demoler Felipe IV. quinientas, ó seiscientas casas. Hizo cercar dos mil fanegas de tierra, que usurpó á sus vasallos, mas necesitados de uvas, de granos, de legumbres, de yerbas, de queso, y de leche, que de faysanes, lilas, jazmines, fresas, rosales, &c. * [1]

* Llamaron á Alonso el Tercero, ó el Quarto (qual de los dos, dice que no se acuerda) el Astrónomo, el Alquimista, el Mago, y concluye el párrafo con mil desatinos. * [2] Vayan otros mentirones de marca.

## *La Florida.*

Pág. 34. * La Florida es notable por el gran número de surgideros ó caños de agua, que forma-

---

1 ¿Que diria este insolente si hablase de Versailles? ¿Que diria del gran Luis XIV. su fundador? Supongo que tal vez la llamaría Luis VI. ó Cárlos VII. como aquí llama Felipe IV. al fundador de la Granja.

2 ¡Exâcto Escritor! Se conoce que quiere hablar de Alfonso X.; y los mas rudos saben que no se le llamó con ninguno de tales nombres, sino con el de Alfonso el Sabio.

mados de los manantiales que descienden de los montes vecinos, son harto mas altos, mas claros, y mas bellos, que todos los surgideros que hay en Francia. * ¿En donde estará el gran número de surgideros en la Florida? Si le hubiese, acaso en la segunda parte diria por casualidad un *rectum ab errore*.

### *Palacio.*

Pág. 35. * El Palacio nuevo está acabado [1]. Trabajado á pico sobre un monte, y tiene mas idea de un Convento de Monges Benitos, que de Palacio de un Rey [2]: los Jardines estan construidos en forma de Anfiteatro. * [3]

### *Aranjuez.*

Pág. 36. * Todo el mérito de Aranjuez consiste en rebaños de fieras, en una situacion admirable, en soberbias espalderas, excelentes frutas, y ademas en una estatua de Venus: parece que este mármol siente, piensa, palpita, ve, respira, y que hablaría si quisiese: tal es su belleza, y la ilusion que causa. * [4]

El

---

1 Mentira.
2 Mayor mentira; pero otros la han dicho antes que él.
3 Vuelve á mentir, pues aun no se han hecho.
4 ¿En donde estará esta Venus tan superior á la de Médicis? Solo en el calletre de Figaro. Concluye el párrafo con indecentes disparates.

## PRÓLOGO.

*El Pardo.*

Pág. 37.¹

*Guadarrama.*

Pág. 39. * Abejas, buhos, cuervos, lechuzas, murciégalos, golondrinas, un Conserge, son los que habitan Guadarrama. * ²

*Zarzuela.*

Ibid. * Se podria hacer de la Zarzuela un sitio encantado. El Palacio, el Parque, y los Jardines, todo está en abandono. Nadie habita en la Zarzuela, porque todas las noches se junta una muchedumbre de espíritus á danzar, y romperlo todo. * ³

*Escorial.*

Pág. 40. * Sin mas razon, que porque tenia piedras á la mano, hizo edificar Felipe II. el Escorial en medio de quatro montañas, que lo ocultan enteramente, que juntan y amasan

al

---

1 Es un capítulo infame á la memoria de nuestros Reyes: es mas disparatado, é indecente que el anterior.

2 Solo faltaban Figaros para que hubiera toda suerto de avechuchos.

3 ¡Que danzas de espíritus foletos no andarán dias y noches en la cabeza de Figaro, que tan mal parada se la han puesto!

al rededor, fixan, y conservan sobre los techos la nieve, las nubes, las nieblas, que inútilmente se ha esforzado el sol despues de doscientos años en disiparlas y derretirlas. Este lugar tan famoso, tan escondido, niebloso, húmedo y triste ha costado sesenta millones [1]. El Parque y los Jardines son inmensos; pero la tierra tan sin sales, cenagosa, y fria, que las legumbres, las frutas, las uvas, las flores, no tienen fuerza, gusto, color, ni fragrancia. * [2]

*Casa del Campo.*

Pág. 46. * En la Casa del Campo se conserva un árbol soberbio: jamas he visto árbol tan alto, tan bello y tan frondoso: se sube á él por una escalera: se encuentran encima bancos, mesas, bóvedas: cien personas pudieran estar sentadas cómodamente, y creo que cincuenta podrian baylar. ¡Que bellos árboles! ¡que raros! Envidiosos de que hayan de sobrevivirnos les cortamos, les robamos á la posteridad, á nuestros hijos, privándoles de la sombra, de la madera, del gusto

---

[1] Mucho es que no haya dicho seiscientos.
[2] Asi como son clásicos embustes quanto refiere del Escorial, lo son aun mayores los que continúa á referir de lo que llama Galería, del Panteon, del Refectorio, con mil locuras que mezcla. Pero detengamos la risa, si es posible con la página siguiente.

to de ir á escuchar los puntos de órgano, las cadencias, el canto de los ruiseñores, de las codornices, y otros páxaros. * 1

*Clima de Madrid.*

Pág. 48. * Aunque Madrid está en las fronteras de España respecto de Valencia, Galicia y Granada, todo el año se goza allí del mas bello tiempo del mundo....... Sin embargo suelen reynar vientos cierzos semanas enteras, que enfrian el ayre, deshojan los árboles, rompen sus ramas, abaten los frutos, dispersan la flor; pero en recompensa deshacen las nubes, engrandecen el horizonte, hermosean, aclaran y purifican la luz, y muestran el sol de un resplandor, que aquí no tenemos. Sobre todo nada hay que sobrepuje la belleza del fresco de la noche: se percibe el olor de la bergamota, del almizcle, del clavel, de la naranja: toda la atmosfera está embalsamada. En todas las plazas, en todos los balcones, en todas las fuentes se canta, se bayla, se toca la guitarra, la flauta, y se está alegremente. *

* Jamas en Mayo y Agosto, en Primavera, ni en Otoño; que el sol se ponga, ó ama-

1 ¿Que tierra habrá producido escritor por este término? Pues véase el párrafo siguiente de Madrid.

amanezca; jamas nuestros paseos, nuestras Tuillerías, nuestros Campos Eliseos; jamas las riberas del Sena, del Tiber y del Ródano, el lago de Bien, las florestas de Waldeck [1], las campiñas que el Loira baña, no excitan, no acumulan en un instante, en un minuto, en un segundo tantas ideas, tantas imágenes, tantas especies de placeres como juntan las noches de Madrid desde las once hasta las dos, tres, ó quatro horas de la mañana. Pero es menester ser jóven, y tener veinte años: á los treinta se sentiría demasiado calor, ó demasiado frio, ó gana de dormir. *

* A los treinta años se encogen, y se relaxan los nervios, las fibras, los órganos: casi se extingue el fuego de las venas, y de la vida: ya se acabó, y se acabó para mí aquel ardor, aquella flor fina, aquel polvo que calienta, que abrasa, que enciende mi sangre: á los treinta años, la noche, su frescura, la armonía, los olores, el resplandor, el fuego, los reflexos de la luna, las estrellas, el rocío, el reir del alva, la punta del dia, el murmullo de las aguas, el canto de las ranas, nada me hace fuerza, el mundo ha perdido su color: se ha
inu-

---

[1] Ciudades, la primera en los Suizos, y la segunda en Westfalia.

mudado: es necesario meterse en la cama. [1]*

Siguen varios artículos, que me contentaré con citar en el disparatado libro de Figaro; es á saber pág. 54. *Combates de toros*: pág. 59. *Justicia criminal*: pág. 85. *Predicadores de plazas*: pág. 95. *Finanzas*; esto es, Rentas Reales: pág. 101. *Trage del Verdugo*: pág. 102. *El Angelus*; esto es, el toque de las Oraciones: pág. 103. *Legados pios*: pág. 111. *Café*: pág. 112. *Poblacion*: pág. 113. *Modo de recibir á los extrangeros*: pág. 115. *Las casas*; esto es, las habitaciones.

Las especies que el gran Figaro mezcla y amontona en los expresados artículos; los despropósitos, las locuras, las impiedades que tambien ensarta, volverian loco al mas juicioso que quisiera irlas entresacando para contradecirlas. Al modo que los encerrados en las jaulas, quando el furor les hace prorrumpir en mil disparates, suelen á veces decir cosas que aun el mas serio y compasivo que las oye no puede menos de soltar la carcaxada; y tambien suelen mezclar una, ú otra especie que, á no salir de su boca se tendria por de un hombre muy sensato; del mismo modo

---

[1] Métase muy enhorabuena, y duerma hasta que Dios le vuelva el juicio.

# PRÓLOGO.

do sucede con la lectura del libro de Figaro.

Sus verdades son por lo regular en dichos artículos al modo de la que dixo hablando del arbolote de la Casa del Campo, ó en el artículo de las Casas, y habitaciones, pág. 115. 116. y 117. donde despues de desbarrar sobre las salas y los muebles, dice: * El amo duerme sobre un banco: Madama en el mismo, ó sobre otro: los hijos sobre una estera: los criados en el suelo: por el verano en el patio, y quando es invierno en la caballeriza. Las mugeres en una pieza sobre pajas, ó sobre hojas. * Supónese que habla de las casas de conveniencias, y ricas de Madrid.

Continúa otra letanía de capítulos, y son: pág. 117. *Los Ermitaños*: pág. 119. *Los Concursos, ó Rendez vous*, como les llama: pág. 123. *Las Contribuciones*: pág. 124. *El Tabaco de España*: pág. 125. *Los Espectáculos*: pág. 131. *Los Actos de Fe*: pág. 136. *La Leyenda*: pág. 139. *El Convento de las Descalzas*: pág. 141. *La Guarnicion de Madrid y Tropas Españolas*: pág. 153. *El Prado y Cárceles*: pág. 154. *Hospital de locos*. Pudiera haberse quedado Figaro para ocupar en él el primer lugar, y aun pudiera sucederle con el tiempo lo que él cuenta pág. 155. que observó allí en uno de los que es-
ta-

# PRÓLOGO.

taban encerrados, y es en estos términos:
* Uno de dichos locos tiene un género de locura extraordinaria: se horroriza de oir su nombre: la primera vez que le nombran pierde el color, y se enfurece: en su cara reynan momentaneamente todos los colores del arco iris: si continúan en nombrarle, rechina los dientes, arroja espuma, tuerce la vista, se tira en el suelo, muerde la reja, da grandes gritos. . . . . . . *

Va continuando sus capítulos, y son: pág. 185. *Las Calles*, pág. 159. *Faltas personales*, pág. 168. *Fuerzas marítimas*, pág. 171. *Edictos y del Consejo, Ordenanzas de Policía, Lengua Española*. Ya se dixo arriba que los dementes entre sus desbarros suelen mezclar una, ú otra especie, que si no saliera de su boca, se tendria por de un hombre muy sensato. Véase lo que dice de nuestra lengua: * Puedo engañarme; pero creo, y lo aseguro, que la Española es la lengua mas bella que se habla sobre el globo. Cárlos V. decia: La lengua Española es la lengua de los Dioses: tenia razon. Esta lengua seguramente viene del cielo; es la lengua de los Angeles, la favorecida de Dios. Su divino orígen se reconoce en la dulzura, en las imágenes, en las finales armoniosas y sonoras. *

* Dicen que ninguna iguala á la Italiana

en la boca de una muger Toscana, Boloñesa, ó Romana; pero es menester oir hablar á una Española: por poco que ella ame, ó sea amada, y tenga la circunstancia de graciosa; todas las palabras que pronuncia dexan en el oido un sonido tan dulce y tan nuevo, que aun parece que está hablando, que se la oye despues que dexó de hablar, y causa sentimiento que se pierda en el ayre un sonido tan bello. *

Con estos lúcidos intervalos va continuando Figaro sus artículos, y son: *La Siesta, el Rey, los Cementerios, Chimeneas, Gabinete, y última guerra, Devotos, Sabios de Madrid, Academia, Romerías, Miel, Antigüedades, Matrimonios, Ordenes,* &c. Es necesario hacer alto, y soltar otra vez la risa antes que indignarse de ver la ensalada de todas yerbas que forma, mezclando una ú otra verdad entre infinitos despropósitos, invenciones ridículas, impiedades, con su punta de moralidades, y sentencias filosóficas.

Pág. 186. Hablando del Rey dice: * El Rey es adorado. Esta es ciertamente la razon de estar tan bueno. No hay cosa mas sana que el ser amado. * Véase aquí una verdad en lo substancial. Vamos con otra pág. 217. * *Hiblœis apibus florem depasta salicti,* dice Virgilio. Jamas he gustado la miel del

# PRÓLOGO.

del monte Hibleo; pero dudo que sea mejor que la miel que se halla en Madrid. En parte ninguna la he comido igual : perfectamente dorada : huele al clavel, á la flor de naranja, sufre el agua, y hace buen sorbete. *

Vayan ahora unos quantos mentirones para reir, que no dexan de tener cierta gracia. Pág. 206. * Casi todos los de Madrid ( se entiende de la plebe ) peregrinos *natos*, para decirlo así, pasan su vida en ir y venir á Santiago de Compostela, á los Santuarios de Montserrate, del Pilar, y de Loreto. Ganganeli. . . . . . sabia que Dios, la Virgen y los Santos desprecian los vagabundos. . . . . Sabia que las conchas cogidas en las playas del Océano, cerca la Coruña, &c. no tienen mas virtud para curar los ojos, los dientes, las orejas, que las de las ostras y galápagos de Cádiz, de Málaga y San Maló. Este Papa habia visto desde sus ventanas á los Peregrinos y Peregrinas saltar las cercas, robar las aves, pisar las siembras, meterse en los bosques, sin acordarse que Santiago les espía, les sigue con su vista, y les ve por entre la espesura de los árboles. *

Vaya otra graciosa especie, al modo de la pasada, en el artículo *de Antigüedades*: Pág. 219. * Por toda España pueden verse fri-

frisos y mosaycos antiguos; pero nadie mira estas reliquias. ¿Que me importa á mí ( me decia un Español ) de la Ciudad de Herculano, de las ruinas de Palmira, de los mármoles de Arundel, con tal que mi Confesor coma y cene bien? Yo soy ( habla de sí Figaro ) mucho menos admirador de estas ruinas que ningun otro: atravesaría yo la Grecia sin volver los ojos á sus columnas, sin entrar en sus templos: en breve todas estas ruinas no exîstirán mas. Las rocas son mis antigüedades: mudo testimonio de la creacion: un peñasco me para, le miro, y leo en él la data del mundo, y durará hasta que este se acabe. Dentro de cien mil años será todavía nuevo. Dios es quien hizo las rocas: él es quien conoce sus cimientos, quien las une, quien las sostiene, y solamente un hundimiento de tierra puede derribarlas. \*

De los Cementerios dice lo siguiente pág. 186. \* Recorriendo los contornos de Madrid, he visto en diferentes lugares Cementerios, que me han gustado mucho, particularmente uno situado en una eminencia, perfectamente quadrado: el suelo cubierto de violetas, jazmines, rosas, y otras flores, que crecen sin cultivo: tiene algunos árboles frutales: millones de gorriones encaramados en sus ramas: frutas excelentes: un arroyo que lo atraviesa

# PRÓLOGO.

sa por medio. El arroyo, la sombra, las flores, todo hace acordar aquellos lugares dichosos de los Campos Eliseos, adonde segun los antiguos deben ir á pasar su eternidad las almas virtuosas. *

* Si alguna vez me estableciese yo en Madrid, seria para ser enterrado despues de muerto en este Cementerio de sus cercanías, y poder decir al espirar: Quando mis hijos irán á visitar mi sepulcro, á llorar mi pérdida, podrán estar á la sombra, coger rosas, sentarse al pie de un árbol, y comerme en una manzana. * ¿ En donde estará este Cementerio? Si hubiera Cartuxas cerca de Madrid, pudiéramos decir que en alguna de ellas.

No puedo dexar de mencionar el artículo de los *Matrimonios*, el del *Suicidio*, y el *In pace*. Dice pág. 219. * En Esparta las mugeres azotaban todos los años en el templo de Venus á los celibatos. Si esta ley de Licurgo (añade) renaciese en España, no podria Madrid abastecer de brazos, ni de varas para azotar á los que no se casan. Un nudo que solo puede desatar la muerte, espanta á los Españoles. En Madrid son raros los casamientos: dentro de diez años serán mas raros: se amancebarán todos con una, dos, ó tres, y las dexarán quando les dé la gana.

Los

# PRÓLOGO.

Los dulces nombres de padres, madres, hijos se borrarán de la lengua, y el Gobierno vendrá á ser el Padre comun. * Se conoce que el famoso Figaro ha oido pocas Misas mayores en Madrid los dias de Fiesta, y que sabe poco lo que pasa en la Vicaría. Si lo supiese, y tuviese costumbre de hablar verdad, conoceria quantos mas se casan á proporcion en Madrid que en París.

### *Suicidio.*

Pág. 235. * En España se considera el suicidio como en otro tiempo se consideraba en Francia..... Los Españoles, que miran el suicidio como una especulacion, hallan que igualmente sencillo es el ir á buscar la bienaventuranza en el otro mundo, que el ir á tentar su fortuna en el nuevo. Muchos Casuistas pretenden, que un suicida se roba al mundo, y que cada uno debe morir á su tiempo; pero la mayor parte de los Teólogos Españoles permiten á todo infelíz matarse quando se cansa de respirar, quando la vida le es penosa, quando la sociedad le rehusa la salud, la paz, la dicha, la felicidad que le debe. Imitemos á los Españoles: consideremos al hombre que se mata como á un criado que abandona á su amo quando no le paga su salario. * ¿Que tal?

# PRÓLOGO.

*In pace.*

¿Qué creerán los lectores que es el *In pace*? Nadie responde: todos lo ignoran con·ser una cosa de no poca monta, que exîste, segun Figaro, y la hay en todos los Conventos de España. Oigasele pág. 237. * *In pace* es un agujero: antes de echar por él al reo le llevan á pleno capítulo: se le manda sentar en el banquillo: se le lee la sentencia: despues que la ha oido le llevan en procesion con la cruz, candeleros, incensario y calderilla: cantan el *Libera*, inciensan y bendicen al criminal: le suministran un pan y un jarro de agua, un rosario y una vela: le dexan caer en el *In pace*, en una sima, donde presto muere de desesperacion, de rabia, ó de hambre. *

Es preciso dexar á este fanático y solemne impostor: voy á dexarlo; pero es lástima que no se diga alguna cosa de otros dos, ó tres artículos. Hablando de la Inquisicion en los términos que qualquiera se puede figurar, y como lo han hecho otros Figaros, añade pág. 229: * Las imágenes de los culpables estan suspensas en los Templos: los de Madrid se ven llenos de estas horribles pinturas; y quando uno espera encontrar sobre los altares, y dentro de las Capillas un Descen-

# PRÓLOGO.

cendimiento de la Cruz, la Adoracion de los Reyes Magos, la Resurreccion de Lázaro, las Nupcias de Caná, la Muger adúltera, la bella Magdalena derramando lágrimas; se encuentra sobre el dicho altar con un Judío, un Moro, un Herege, un muchacho, una niña espirando entre las llamas. * Dice que debaxo cada retrato estan los nombres de las víctimas, y que él les ha leido. Vaya otro mentiron tan gordo y original como el pasado.

Hablando del Hospital general pág. 247. *Las camas dice, estan sin cortinas, los colchones de paja molida, podrida la comida y la sopa. Yo he visto en una misma cama un muerto, un moribundo, y un enfermo con apetito para comer, en estado de conversar, incorporarse y sentarse [1]: á mis pies ví coser una sábana, clavar un ataud. Este Hospital es quatro veces mas pequeño de lo que era menester para contener todos los viejos enfermos, é incurables [2].

[1] ¿En que parte de España se verifica, ni jamas se habrá verificado semejante embuste, aun en el Hospital mas miserable de ella? Ya por fin si Figaro lo dixese del Hospital general de París (*L' Hotel Dieu*) donde suele haber tres, y quatro enfermos en una cama, podria llevar camino lo que dice del de Madrid.

[2] El Hospital general quando estará acabado será tres veces mas grande de lo que Madrid necesita, y acaso no lo habrá mayor en Europa. Ahora que todavía falta por hacer mas de la mitad, ya sobra para quantos

# PRÓLOGO.

Los Persas, los Chinos y Japones, siendo bárbaros, tienen hospitales para perros, gatos y caballos. En Marruecos, en Salé, y Mogador sangran y purgan los gansos, las gallinas y los patos; ¡y en el centro de la Christiandad, en el año corriente, mueren cien enfermos por falta de una medicina, de un caldo, y de una cucharada de vino de Alicante! *

Es lástima gastar tiempo con frenéticos como Figaro; pero sus desatinos tocante al Hospital dan ahora motivo para publicar oportunamente una cosa, de la qual tal vez no estan todavía bien informados los mas de los vecinos de Madrid, tocante á la caridad con los enfermos y á un ramo de policía sin exemplo, puesto ya en práctica en uno de sus Quarteles. El Sr. D. Manuel Sisternes y Feliu, Alcalde de la Real Casa y Corte de S. M. es el que la ha hecho efectiva en el Quartel llamado de Palacio, que es uno de los ocho de Madrid, asistiendo gratuitamente á todos los pobres enfermos, no solamente con alimentos, medicinas, Médico y Cirujano, sino tambien con camas á los que no las tienen, para que nadie vaya al Hospital, y tenga el consuelo de pasar sus dolencias entre los suyos.

Quantos enfermos acuden á él. ¿Quien le habrá dicho á Figaro que todos los viejos van al Hospital.

## PRÓLOGO.

Quando vió el buen suceso de dicho establecimiento, le pareció digno de ponerlo en noticia de S. M. por medio del Excelentísimo Sr. Conde de Floridablanca, quien le escribió con fecha de 16 de Marzo del presente año de 1785 en estos términos: " He „leido al Rey el papel de V. S. de 7 del „corriente, en que me da noticia del esta-„blecimiento que V. S. ha puesto en prác-„tica en su Quartel, para que los pobres en-„fermos de él sean asistidos en sus casas sin se-„pararse de sus familias, evitando los inconve-„nientes que trae consigo la necesidad de ir „al Hospital; y puedo asegurar á V. S. que „S. M. lo ha oido con singular gusto y apre-„cio, y que mira este pensamiento, y su exe-„cucion como una nueva prueba del zelo y „caridad con que V. S. y las Diputa-„ciones de Barrio de su Quartel se esmeran „en quanto contribuye al bien de los po-„bres. . . . . "

Por este método en todo el año de 1784 fueron asistidos trescientos y cinco enfermos, de los quales solo murieron doce, y su total gasto ascendió únicamente á veinte y ocho mil quatrocientos y treinta y ocho reales, que no llegan á cien reales por enfermo. Con lo dicho se va realizando en Madrid un plan que tuvo por imposible, á causa de su gran
cos-

# PRÓLOGO.

costo, y complicidad, el célebre Exministro de Francia Mr. Necker.

Volvamos á Figaro; pero mas vale dexarlo á quien tenga mejor humor, y mas tiempo para divertirse en darlo á conocer por menor, y especificar todos sus disparates. Hay entre los artículos de su librejo uno, en el qual, como por alabanza, ofende la reputacion de un gran personage. No le arriendo la ganancia si este descubre al tal Figaro, ó al atrevido que baxo de dicho nombre está encubierto; á no ser que una persona de tan altas circunstancias, como son las de quien se trata, no haga caso, y le desprecie.

Dirán algunos, que no se debia hacer presa de un impostor como Figaro. Por no haberlo hecho en lo pasado de otros que lo han sido poco menos que él, v. g. de un Masson, &c.[1] se ha dado lugar á que copiándose unos á otros, y añadiendo disparates á disparates, hayan llenado la Europa de libros detestables, llenándoles de mil falsedades, é injurias contra nuestra Nacion. Se da por supuesto, que las personas de razon, y de algunas luces no darán asenso á semejantes impos-

---

[1] Véase la impugnacion que se hace á este Escritor en el Prólogo del segundo tomo de el *Viage fuera de España.*

posturas; pero ¿quantas son estas en comparacion de infinito número de necios, y preocupados, que todo lo creen firmemente.

La Nacion á quien se maltrata es la primera que lo habia de saber; pero con nosotros sucede al contrario: toda Europa sabe lo que se dice de España, los ultrages que se le hacen, antes que los Españoles. Tales libros debian correr: se debian traducir al instante, purgándoles de las impiedades que contengan contra la Religion: porque entre diez, ó doce millones de almas habría muchos que tomarian la pluma contra tales Autores; pero no sabiendo lo que dicen, nadie lo hace, todos callan, y segun el proverbio, quien calla otorga.

Se vuelve á repetir lo que al principio se insinuó, de que el Autor de esta Obra trata á las Naciones que ha recorrido con la decencia que es debida, y dexa al juicio de las mismas que lo decidan; como tambien dexa á millares de millares de Franceses que hay en Madrid, y en toda España, el declarar contra las falsedades de Figaro, de Mason, y de otros tales Escritores.

# VIAGE FUERA DE ESPAÑA.

## CARTA PRIMERA.

1 Fué un poco extraño el principio de mi largo viage, pues en lugar de venir hácia estas partes en derechura, marché á Toledo solo por la curiosidad de ver algunas cosas útiles que allí se han llevado á efecto, entre otras la nueva posada junto á la plaza de Zocodover, con las comodidades necesarias para todo forastero; obra tan útil como la que mas, así en beneficio del Público, y decencia de la Ciudad, como por haber agregado el Señor Arzobispo dicha finca á la Casa de Caridad, despues de haberla costeado.

2 Numerosa juventud, que probablemente viviria ahora vaga, mendiga, y sin costumbres, ha sabido aquel Prelado hacerla útil en dicha Casa de Caridad, donde se le enseña la Religion y el modo como ganar despues la vida honestamente.

3 Su Magestad ha contribuido de varias maneras á tan útil establecimiento, cediendo desde luego el Real Alcazar, para que haciendo los reparos que necesitaba el edificio, sirviese para un fin de tanta importancia, y dando otras providencias para la manutención permanente y segura de tantos desvalidos como allí se han recogido, y se ocupan actualmente, cuyo exemplo servirá de mucho, para que otros contribuyan á obras tan piadosas.

4 Volviendo á la posada tuve gusto de verla concluida, bien provista, y servida por personas decentes, pudiendo alojar en ella muchos huéspedes á un tiempo, de qualquiera clase, y con la debida propiedad.

5 Sobre las razones generales para que este importante ramo de policía, tan descuidado por lo pasado aun en las Ciudades mas principales, cause satisfaccion, y gusto á quantos piensan bien, tenia yo otras particulares; y sobre todo me complacia la consideracion de que esta importante obra del Señor Arzobispo, seria imitada en otras partes, señaladamente en las rutas y caminos reales del Reyno, como puede esperarse de las providencias que se van tomando. De este modo se acabará tanto clamar de los extrangeros, y de los nacionales contra las posadas de Espa-

paña; y quitada en unos y otros la repugnancia que tienen de caminar por dicha causa en nuestras Provincias, vendrán á ser freqüentadas como las principales de Europa. Resultará mas comunicacion de gentes, trato, comercio, abundancia, y otros bienes, de que ha carecido el Reyno largos tiempos.

6 La mala opinion radicada en la idea de los extrangeros, y exâgerada por no pocos de sus Escritores, sobre las calamidades á que se expone quien trata de poner el pie en nuestra Península, mas desprovista, segun ellos dicen, mas inculta, mas desabrigada, y expuesta á robos que ninguna otra, los retrae de entrar en ella; y los que vienen, es porque su interes, ó necesidad de vivir, les hace romper por medio de tan abultadas ideas: á algunos se las hace superar su curiosidad; y tambien hay otros, que, rebaxando mucho de tales ponderaciones, no tienen dificultad de atravesar parte de nuestras Provincias.

7 Pero siempre este número de personas es un nada en comparacion de las que vendrian de todas clases, y condiciones, una vez depuesta la opinion de la mala acogida que aquí se figuran tener; porque bien saben, y lo sabe toda Europa, que la diversidad de nuestros climas, la blandura, y benignidad

de los mas de ellos, la excelencia de nuestras innumerables producciones naturales, los curiosísimos monumentos desde los tiempos mas remotos de la antigüedad, las obras de las Bellas Artes y sus colecciones, con otras mil cosas, como Bibliotecas, Gabinetes, &c. son objetos dignos del exâmen de un Filósofo, de la especulacion de un Erudito, y de la estimacion de un Sabio.

8 Bien quisiera tan estimable clase de personas venir á observar estas cosas, y estudiarlas por sí, como lo hará seguramente con mucha utilidad de la nacion, y de los Pueblos por donde transiten, y hagan sus mansiones, quando se haya extendido la buena fama, y la verifiquen con la práctica, y experiencias de que nuestra hospitalidad y buen trato, la comodidad de posadas y caminos han merecido tanta consideracion: que el llevar esto al mejor estado que sea posible vendrá á ser una de las empresas memorables de nuestro tiempo, y digna del Ministro á quien el Rey ha confiado su direccion.

9. Se podrá decir con justicia, que quantos cooperen de un modo, ú otro para su logro irán con las ideas del Soberano, serán caritativos con la nacion entera, promoverán su industria, comercio, y comunicacion, y serán por fin acreedores á las mayores alabanzas.

Si

10 Si el camino de Andalucía fuese por Toledo, como antiguamente, subiría de punto la comodidad y abundancia de la nueva posada, y de otras: ganaria no poco para sus tratos, y comunicaciones aquella Ciudad: se les facilitaría á los viageros y caminantes ver una de las principales del Reyno, y observar muchas curiosidades, y monumentos apreciables, que en ella se conservan. Esto no será dificil que suceda, mayormente no alargándose nada por allí el camino de Andalucía, en cuyo caso no faltaría quien hiciese otra buena posada en Illescas, que es la mitad del camino desde Madrid á Toledo, y se lograría toda la conveniencia entre estas dos principales poblaciones.

11 Antes de salir del término de Aranjuez por donde quise ir á Toledo, hallé á un lado, y otro del camino nuevos plantíos, efectuados en los dos años últimos; y de esta continuacion debemos esperar que así el suntuoso camino, como los plantíos, en varias hileras de árboles, llegarán algun dia hasta Toledo; y si se efectuase lo que queda insinuado desde Madrid, ya se dexa ver si con tan agradables tránsitos y comodidades sería freqüentada aquella antigua y noble Ciudad, donde hallarian de nuevo la Real Fábrica de las Espadas, la renovacion del Alcazar, la magni-

fica Catedral, y en ella las preciosidades de las Bellas Artes, aumentadas á las que tenia anteriormente, de que tanto hemos hablado. Verian el dilatado, y frondoso paseo de la Vega, y otras cosas, que no es del asunto repetir. Volví desde Toledo á Madrid por el camino de Illescas, que he referido otras veces, sin hallar cosa notable que añadir [1].

12 Con este corto ensayo tomé al otro dia

[1] Despues de escrita esta Carta ha continuado la buena suerte para Toledo de lograr nuevas comodidades y ornatos, que le ha proporcionado el zelo de su actual Corregidor D. Gabriel Amando Salido, quien en el corto tiempo que la gobierna ha sabido ensanchar sus ingresos, alinear con alamedas sus salidas, iluminar de noche sus calles, y establecer su limpieza como en la Corte, y aun ha excedido á esta con el particular ramo de policía, de que desde las diez de la noche en adelante se grite por las calles el tiempo que hace, y la hora que es, como se practica en Londres y en otras Ciudades de Europa, sirviendo los hombres destinados á este objeto, como de guardias nocturnas, para advertir á los vecinos de incendios, que pueden suceder, de evitarles algunos robos, sirviendo tambien quando les llaman, de hacer mandados en qualquiera ocurrencia. Hasta ahora solo en Valencia se ha imitado este útil establecimiento, y ha experimentado las ventajas que por él se consiguen, y asi estiman mucho á los *Serenos*, que asi llaman, como ahora en Toledo á estos veladores nocturnos. Mucho mas útiles que en otras partes serian en Madrid por ser mayor Pueblo; y es de creer que no tarden sus vecinos en lograr de esta conveniencia.

dia de mi llegada á Madrid mayor vuelo con el ánimo de seguir sin detenciones fuera del Reyno, como ha sucedido, siendo mi primera mansion en esta Ciudad de Francia Bayona.

13 No habia tampoco para que detenerme, por haber ya referido lo mas notable de las Ciudades, y Pueblos principales, que se hallan en esta ruta, ó en sus inmediaciones: con todo eso hablaré de tal qual cosa, que ha llamado mi curiosidad en algunos Lugares, donde anteriormente no habia estado, ó no habia hablado de ellos.

14 Primeramente pasado el Puerto de Guadariama, á once leguas de Madrid se halla la Villa del Espinar en Castilla la Vieja, que á su costa fabricó años pasados una posada grande, y espaciosa á orilla del camino Real, enfrente la Ermita de la devota Imágen, intitulada *el Santo Christo del Caloco*. Esta posada podrá ser de las buenas en la ruta de Castilla quando se halle bien surtida de todo lo necesario tocante á víveres y provisiones, á camas aseadas, y tenga los demas atractivos que el caminante apetece.

15 Se logrará quando llegue el caso de que se quiten todos los estorbos que impiden dichas conveniencias, así en ella como en las demas: quando los Posaderos no sean, como ahora lo son regularmente, los mas pobres

y despreciados vecinos de los Pueblos: quando este exercicio no les haga desmerecer á ningun vecino honrado, y de caudales; y quando qualquiera que se ponga á él, tenga probabilidad muy fundada de que será rico. El hombre sin esperanzas de riqueza, ó de honra nada hace, ni piensa, y solo trata de pasar sus infelices dias revuelto en la miseria en que le criaron.

16 El nuevo y bien construido camino de Castilla llega desde Madrid hasta mas allá del Espinar; y en lo alto del Puerto de Guadarrama se encuentra una columna con un leon encima, y en ella se lee este letrero, que compuso Don Juan de Iriarte: *Ferdinandus VI Pater Patriæ Viam utrique Castellæ superatis montibus fecit, anno salutis MDCCXLIX Regni sui IV*. Desde el Espinar á Villacastin hay quatro leguas, y á la una se pasa por el Lugar de las Navas de San Antonio.

17 La Parroquia de Villacastin, que es de tres naves, tiene su magnificencia en el estilo gótico: lo mismo el retablo mayor, formado de diferentes órdenes de la buena arquitectura; pero sus pinturas están infamemente retocadas. Las portadas son mas recientes que la Iglesia, y del tiempo del célebre Juan de Herrera, segun yo entiendo, con quatro
co-

columnas jónicas la una, en cuya parte superior hay una escultura, que representa la Asuncion; y sobre la otra, adornada de quatro dóricas, está la estatua de San Sebastian; ambas de piedra, y bastante bien entendidas. Ha quedado en la Iglesia tal qual altarito antiguo de buena arquitectura, y tambien lo es una puerta ménos adornada de un costado. En este Lugar de Villacastin y en sus cercanías se encuentran famosos esquileos, y arroyos abundantes para lavar las lanas.

18 Desde Villacastin á Martin-Muñoz hay cinco leguas, y se atraviesan los Lugares de Labajos, Sanchidrian, y Adanero. Antes de Sanchidrian se pasa por buen puente el rio Almarza. Hay muy pocos árboles en este territorio; y aun habria ménos, si en el término de Adanero, como á media legua del camino, no hubiera procurado pocos años hace, el zelo de Santiago Garcia, que entónces era Alcalde, el que se plantase un pinar, y se cuidase, sin molestia, ni gravamen de nadie, y con gran utilidad del mismo Pueblo, que ha empezado á aprovecharse de él. Este vecino ya difunto merece la memoria del Público, y por eso le nombro.

19 En Martin-Muñoz nació el Cardenal Don Diego de Espinosa, y dexó en dicha Villa

lla una buena obra de Arquitectura, como lo es la Casa, ó Palacio que mandó fabricar, cuya fachada principal tiene á cada lado una torre. La portada consiste en quatro columnas de órden dórico en la parte inferior, y en dos jónicas en la superior. En el medio de estas están colocadas las Armas Reales, y á los lados las de el Cardenal, sostenidas de figuras alegóricas. El patio, que es magnífico, tiene galería alta, y baxa, cada una de veinte columnas, sin contar las agrupadas de los ángulos. Corresponde perfectamente la escalera cómoda, y enriquecida con quatro columnas al pie de ella, y otras tantas en la mesa, que se forma al entrar de la galería alta.

20 Este edificio va caminando á su ruina, y continuará si su poseedor no lo mira con el cariño, que debe merecerle la memoria del Cardenal, y el ser uno de los mejores que se hallan en este territorio. En la Parroquia de la Villa, que es una Iglesia medio gótica, y espaciosa, hay tambien que observar; en primer lugar el retablo mayor de tres cuerpos, dórico, jónico y corintio, con medios y baxos relieves, que representan la vida de la Virgen, varios Santos, y la Crucifixîon en el remate; todo arreglado y de buen gusto: fortuna que ha escapado de las manos depravadoras de los que con el nombre de Tallis-
tas

tas malgastan caudales, afean Iglesias, afrentan la nacion, y destrozan los pinares, que harto mejor estarian en el monte, que convertidos por tales ignorantes en fealdades.

21 Los retablos colaterales, y algun otro son tambien de buen tiempo, y tienen regularidad; pero sobre todo es suntuoso el sepulcro del Cardenal al lado del Evangelio en la Capilla mayor, tanto por la diversidad de mármoles de mezcla, quanto por su arreglada forma, y se reduce á quatro pilastras de órden dórico sobre un basamento: á la estatua de mármol del Cardenal arrodillada delante de una tarima en el nicho del medio, y á un segundo cuerpo de dos columnas jónicas con el escudo de armas, acompañando diferentes letreros en alabanza del Cardenal. El epitafio dice: *D. Diego de Espinosa Obispo de Sigüenza, Cardenal de Sancti Estevan in monte Celio, Presidente de los Consejos Real, y Inquisicion. Dotó esta Capilla con nueve Capellanías perpetuas. D. Diego de Espinosa Aposentador mayor del Rey Felipe II. Comendador del Campo de Critana L. M. P. M.*

22 El Cardenal Espinosa murió en Madrid el año de 1572: obtuvo las dignidades y empleos insinuados en el epitafio, y fué tambien Presidente del Consejo de Italia, y
Re-

Regente del de Navarra, de lo que puede colegirse quan estimada seria su persona de Felipe II.

23 Entre Rapariegos y Montejo se descubren á un lado y otro del camino los Lugaritos de Tolocirio, San Christobal, y D. Yerro. Desde Martin-Muñoz á Olmedo hay dos leguas y media, y se atraviesa el lugar de Almenara. Aquel proverbio antiguo de que, *quien de Castilla Señor pretende ser, á Olmedo, y Arévalo de su parte primero ha de tener*, prueba de quanta consideracion serian estas dos Villas en tiempos antiguos. Ahora tiene Olmedo de trescientos á quatrocientos vecinos, siete Parroquias, seis, ó siete Conventos entre Monjas, y Frayles. La Parroquia principal es la de Santa Maria, cuyo retablo mayor es uno de los que nos restan del estilo menudo de principios del siglo XVI, estimable por las pinturas y esculturas que se conservan en él.

24 Olmedo, segun los residuos de sus murallas, hubo de ser fuerte, y respetable, en cuyas inmediaciones dieron dos batallas los Reyes D. Juan el Segundo, y Enrique Quarto á los que les alborotaban el Reyno.

25 Desde Olmedo á Hornillos hay dos leguas, y se descubren algunos Lugares, quedando á mano izquierda en la distancia de

tres

tres leguas Medina del Campo. Antes de llegar á Hornillos se pasa el rio Adaja, cuya ribera es en esta parte tal qual frondosa de árboles, bonísimas las campiñas, como las de Olmedo; pero que todavia podrán mejorarse infinito con plantíos.

26 A Valdestillas se cuentan otras dos leguas, volviéndose á pasar despues de este Pueblo el expresado riachuelo Adaja, con puentes cómodos en ambas partes. Otras dos leguas hay desde Valdestillas á Puente Duero, á cuya entrada se pasa el rio de este nombre por un gran puente. Antes de llegar á Valladolid, que dista dos leguas de Puente Duero, se atraviesa un pinar por camino arenoso, y contra la corriente de Pisuerga, que corre á mano izquierda: á la misma mano se descubren Simancas y otros Lugares.

27 No me parece que tendrá V. por ningun pecado el que yo le repita una misma cosa dos veces, y aunque sean tres: lo digo porque parte del itinerario que voy á poner ahora desde Valladolid adelante, ya se lo he escrito en otra ocasion [1]. Desde Valladolid á Cabezon, donde se pasa Pisuerga por buen puente, hay dos leguas: á la Venta de

[1] La descripcion de Valladolid puede verse en el tom. XI. del Viage de España.

de Trigueros dos : á Dueñas otras dos. Se pasa tambien Pisuerga por puente al salir de Dueñas: de allí á poco el rio Carrion asimismo por puente, y se unen luego estos dos rios, con los quales se incorporan algo mas abaxo Arlanza, y Arlanzon, que ya caminaban unidos.

28 Desde Dueñas á Magaz hay dos leguas, otras dos desde Magaz á Torrequemada. A mano izquierda del camino quedan Palencia, Villamuriel y Calabazanos [1]: á la derecha Baños, Soto, y Reynoso. De Torquemada á Celada hay ocho leguas, y se pasa por los Lugares de Quintana de la Puente, de la Venta del Moral (junto la qual se incorporan Arlanza y Arlanzon) por Villodrigo, y por Villazopeque.

29 A un lado y otro del camino, y á cortas distancias se descubren diferentes Pueblos; es á saber, á la derecha Terreros de Valdecañas, Palenzuela, Villaverde de Mongino, Barrio, Velmimbre, Palazuelo, Pampliega, donde se hizo Monge el Rey Wamba [2], Villanueva de las Carretas, Tordepaderne, Sanctijusti, Arroyo, Villavieja, &c. A la iz-

---

1 La descripcion de Palencia se puede ver en el citado tom. XL del Viage de España.
2 Viage de España tom. I. pág. 173. segunda edicion.

izquierda Cordobilla, Revilla, Vizmalo, San Esteban, San Millan, los Bavases, y otros.

30 Las leguas de Celada del Camino á Burgos son quatro, y se pasa por los Lugares de Estepar, Buniel, y Quintanilleja, descubriéndose otros muchos á corta distancia del camino, y son Villavieja, Quintanilla de Somuño, Mazuela, Pelilla, San Mamés, y Cavia: á la izquierda Medinilla, las Ormazas, Frandovinez, Rabé, las Quintanillas, Tardajos, Villalvilla, y Villalon. Como á medio camino se pasa un riachuelo, que llaman de Quintanadueñas, y en todas las riberas de Arlanza y Arlanzon se ven dilatados y verdes prados.

31 Desde Burgos [1] se va á Monasterio, Lugar distante de dicha Ciudad quatro leguas, y se pasa por los Pueblos de Gamonal, Rubena, Villafria, y Quintanapalla. A mano derecha están cercanos Ventilla, Castañares, y Fresno: á la izquierda Belimar.

32 El camino es pésimo, la mayor parte entre dehesas, y lomas peladas: no es mejor el de Monasterio á Briviesca distante tres leguas: ántes de llegar se pasa por los Lugares

[1] La descripcion de Burgos puede verse en el Viage de España, tom. XII. y con este motivo se corregirá en dicho tomo la linea 10 de la pag. 38, donde ha de decir 2956 en lugar de veinte mil novecientas cincuenta y seis.

res de Santa Olalla, Quintanavides, y Pradano, y cercanos al camino quedan Peones, Villagudo, &c.

33 Briviesca es Villa de consideracion, y la cabeza del territorio llamado la Bureva. Aunque me dixeron que llegaba á seiscientos vecinos, no me lo pareció. Tiene muy buena situacion en llano, y dicen que á su imitacion fundaron los Reyes Católicos la Ciudad de Santa Fe junto á Granada: en efecto algo se parecen. Pasa por junto á la Villa un rio llamado Oca, que á pocas leguas se incorpora con el Ebro. Hay Colegiata, Convento de Frayles Franciscos, y de Monjas Claras, en donde se ven cosas dignas de que V. y otros las sepan.

34 Este Convento, é Iglesia lo fundó Doña Venancia de Velasco, hija del Condestable Don Pedro Hernandez de Velasco [1], Señora que vivió virtuosamente, sin haber sido casada, ni Monja. Tiene una magnífica Capilla mayor, de arquitectura gótica; y el retablo, que ha permanecido de madera sin dorarse jamas, merece mucha consideracion. Consta de quatro cuerpos, y todo él es un trabajo increible de escultura: bonísima gran

par-

[1] Se habló del famoso sepulcro del Condestable en la Catedral de Burgos en el tom. XII. del Viage de España Carta II. pág. 37.

parte de ella, y parte mediana; porque sin duda se emplearía mas de un Artífice en la execucion.

35 Los asuntos del medio, que son casi de entero relieve, pertenecen á la vida de nuestra Señora. Hay un sinnúmero de imágenes, entre ellas las de los Apóstoles, Evangelistas y otros Santos, baxos, y medios relieves, que representan la vida y pasion de Jesu-Christo, con otras mil cosas y ornatos, que seria largo de contar.

36 Aunque el Tabernáculo es por el mismo término con sus columnas llenas de labores, no llega en la execucion á las otras partes de la obra. Han tenido la discrecion de no haber dorado este retablo, y es muy verosimil lo dexase encargado así el Escultor, que si no fué Becerra, fué alguno de los de aquellos tiempos tan bueno como él.

37 Por el mismo término, del mismo estilo, y de madera sin dorar es el retablo de Santa Casilda en la Colegiata, adornado de varias estatuas muy buenas, ocupando el medio la de dicha Santa; y los lados las de San Pedro, y San Pablo, sin contar los muchos baxos relieves que contiene; pero los demas retablos modernos de esta Iglesia no debian estar en ella, ni en ninguna otra, por ser cosa ridícula. Junto al convento de las Mon-

*Tom. I.*           B          jas

jas hay un Hospital, que fundó la expresada Señora.

38 En unas Cortes que celebró en esta Villa el Rey Don Juan el Primero hácia los años de 1388, se ordenó que los Primogénitos de los Reyes de Castilla se llamasen Príncipes de Asturias. Briviesca, como he dicho, está bien situada: tiene buenas huertas, y aun podria tener mas. El rio nace, segun me dixeron, á ocho leguas de distancia, hácia Villafranca de Montes de Oca.

39 Desde Briviesca hasta Pancorvo hay quatro leguas, y se pasa por los Lugares de Cubo, y Santa María. Todo el territorio intermedio es el que llaman Bureva, sembrado de diferentes Pueblos, como son Quintana, Fuente Bureva, Calzada, Cascajares, Miraveche, Busto, Villanueva, Zuñeda, Villarte, Salas, y otros: lo atraviesan varios arroyos, y de trecho en trecho se descubren algunas alamedas, y chopales, de que debia haber mucho mas, y de otras plantas. El territorio por otra parte está bien cultivado; pero el camino es muy malo. Se debe esperar que antes de mucho sea uno de los mejores del Reyno.

40 La situacion de Pancorvo es muy singular, en una angostura entre dos altos cerros. Aquí es, segun historias, donde Don Rodrigo cayó en aquella funesta flaqueza con
la

la Cava, de que resultó tanto mal á España, como todos saben. El castillo hubo de ser famoso, como se colige de lo que resta; y aunque yo me detuve poquísimo en esta Villa, que me parece tendrá unos 250 vecinos, ví una portadita de regular arquitectura en la Parroquia de San Nicolas con columnas en su primero, y segundo cuerpo, y ví tambien muchos y abundantes manantiales de agua dentro del Pueblo, y en sus inmediaciones.

41 Tambien se cuentan quatro leguas desde Pancorvo á Miranda de Ebro: se pasa por el lugar de Amayugo, y se descubren otros, entre ellos Bugedo. Continúan las angosturas de Pancorvo, y una gran parte de este camino va por estrechos y muy frondosos valles. La circunstancia de haber llegado algo tarde á Miranda, y la precision de salir temprano el dia siguiente, no me dieron lugar para reconocerla sino muy por mayor. Logra la comodidad del Ebro, que pasa junto á la Villa con un gran puente de ocho ojos entre la misma, y el arrabal. Me pareció poblacion igual á Pancorvo, con muy buena campiña, y dos Parroquias, &c.

42 Saliendo de Miranda y al entrar en la Provincia de Alava, todo muda de semblante respecto á los caminos, á la comodidad de las posadas, caserías en el campo, &c.

B 2 A

A corta distancia se pasa por buen puente el rio Bayas, de muy frondosas riberas, y caudaloso, como lo es mas adelante el que llaman Zahorra.

43 Por fin halla el caminante otra diversion y recreo que por lo pasado, y resulta de las comodidades expresadas, y de muchas caserías y pueblecillos repartidos en la llanura, bien cultivada y frondosa, acompañando á la Capital Victoria. La situacion de esta Ciudad ocupa las faldas y eminencia de un cerrillo que domina la tierra llana. Me parece que su poblacion será, como me dixerón, de mil y doscientos vecinos, para cuyo desahogo y recreo hay buenos paseos al rededor, y señaladamente el que está en frente de la Iglesia de los Descalzos de San Francisco.

44 Los vecinos de Victoria no se han descuidado en imitar este importante ramo de policía, introducido generalmente en Francia, aun en las Ciudades de menos consideracion, y tambien en otros Reynos, como yo le contaré á V. en mis relaciones.

45 Sirven estos recintos inmediatos á la poblacion (de que debian estar provistas todas las grandes, y medianas de España) primeramente para su adorno, y hermosura: en segundo lugar para que la frondosidad de
los

los árboles absorva las malas qualidades de la atmósfera, en caso que las haya: contribuyen á la mayor union, sociedad, y trato de los vecinos, que allí se juntan, particularmente los dias festivos: acuden tambien las madres con sus tiernos hijos; y permitiéndoles solazarse á sus anchuras, como que adquiere nuevo vigor, y fuerza la naturaleza en aquella tierna edad. Estos desahogos agradables son útiles, y aun necesarios en todas las Ciudades.

46 Las Iglesias de Victoria son por lo regular grandes, y de sólida construccion en la manera que llamamos *gótica*. Tienen cosas que merecen considerarse. El retablo mayor de la Parroquia de San Vicente, que se compone de tres cuerpos corintios con varias imágenes y asuntos de escultura, que representan la vida y pasion de Christo, es bueno. Lo es asimismo el retablo mayor de la Colegiata de Santa María, que ha permanecido sin dorar como el de Briviesca. Aun me pareció mejor el de la Parroquia de San Pedro, como su ornato de pintura, y escultura; pero todos ellos se hicieron en buen tiempo, y por sugetos que sabian, aunque se acomodaban á la costumbre, ó devocion de poner multitud de Santos, y otros objetos.

47 La escultura del retablo de la Parroquia de San Miguel la hizo en Valladolid el célebre Gregorio Hernandez, y el Arquitecto fué Diego Velazquez, ambos vecinos de aquella Ciudad. Costó quarenta y siete mil y trescientos reales. En la escritura que se hizo para esta obra consta que á dicho Gregorio Hernandez, y Diego Velazquez gratificó la Parroquia quando fueron á colocar la obra con ochocientas nueces moscadas alcorzadas, que tuvieron de coste doscientos y diez reales.

48 Consta tambien que Diego Valentin Diaz, Pintor de crédito en Valladolid [1], estofó la imágen de la Concepcion, y la de San Miguel Diego de la Peña, tambien Profesor de aquella Ciudad. El todo de esta obra con dorado, basamento de piedra, &c. costó ochenta y dos mil ciento noventa reales y veinte y dos maravedís. Estas y otras menudencias, que acostumbro referir á V. podrán servir para quando haya alguno que se determine á escribir una historia de las Artes en España.

49 Aunque la Iglesia del Convento de Santo Domingo es grande, y con portada bas-

[1] Véase la pág. 93 del Viage de España tom. XI, donde se habla de este Profesor.

bastante buena, al instante que se entra da en ojos aquella ridícula pintura con que han afeado todo el altar principal, y nada menos aquella groserísima talla de las paredes, y la mala forma de casi todos los demas retablos.

50 No son así tres excelentes quadros originales del Españoleto Ribera, que tienen en la Capilla del Noviciado, y representan un Crucifixo del tamaño del natural, y las imágenes de San Pedro, y San Pablo.

51 El Hospicio es obra suntuosa en algunas de sus partes: se le dió este destino el año de 1777: su portada consta de un primer cuerpo dórico con ocho columnas, y de un segundo jónico con otras tantas. Tambien la portada de la Iglesia, ó Capilla tiene otros dos cuerpos de los expresados órdenes con columnas de un género de mármol negrizco, que hacen un efecto grandioso. Acompaña muy bien á lo demas el cimborio, cuya figura es un octágono, enriquecido exteriormente de columnas dóricas pareadas.

52 Toda esta fabrica, é Iglesia se hizo para Colegio Seminario con la advocacion de San Prudencio por disposicion de D. Martin de Sandoval, Obispo que fué de Segorve y Ciudad Rodrigo, y natural de Victoria, que murió en 12 de Diciembre de 1604, para

B 4 man-

mantener dos Maestros de Gramática, y quatro Colegiales naturales de Alava; pero esto no llegó á tener cumplido efecto, ni la fundacion de otro Colegio en Salamanca. Para la obra del de Alava contribuyó el consejo, y asistencia de Fr. Francisco Jordanes, de la Orden de S. Francisco, que se tenia por hábil Arquitecto entónces, y se remató la obra con varias condiciones en Sebastian de Amerti, vecino de Victoria, á 17 de Abril de 1738 en veinte y nueve mil, y seiscientos ducados. En la Iglesia al lado del Evangelio se ve una memoria sepulcral con epitafio latino, y su estatua razonablemente executada, que representa al fundador.

53 La Iglesia del Convento de Descalzos intitulada de S. Antonio es muy buena, y sencilla, empezando por la portada, adornada de dos columas de órden dórico, y de las estatuas de Santo Domingo, y S. Francisco, colocadas en nichos á los lados. Las mismas efigies están repetidas en el retablo principal, y la Concepcion en medio, entre ocho columnas de órden corintio; y toda esta obra tiene mucho del estilo de Gregorio Hernandez. No se deben omitir los retablitos de S. Juan Bautista, Santiago, y San Joseph con las estatuas de dichos santos, en que se advierte gusto, é inteligencia del Artífice.

54 La fundadora fué Doña Mariana Velez

lez Ladron de Guevara, Condesa de Triviana, viuda de D. Cárlos de Alava, y executora de su voluntad. El año de 1611 se ajustó la obra con los Profesores de Valladolid Juan Velez de Huerta, y su hijo Pedro Velez de Huerta, montañeses, del Lugar de Galicano en la Merindad de Trasmiera, que se obligaron á darla concluida el año de 1617.

55 Consta del Archivo del Convento, que la obra costó veinte y dos mil ducados de vellon, sin contar algunos auxîlios; que ademas se dieron á dichos artífices, que trabajaron con acierto y solidez, como que todavía se conservaban las buenas máxîmas de la Arquitectura, y no habia llegado la época de su abominable corrupcion.

56 Es digna de verse por su delicadez la portadita de un Hospital, obra al parecer de principio del siglo décimo sexto, en que se reconoce el estilo de Berruguete, y de los otros buenos Profesores de aquella edad. Hay muy buen caserío en Victoria, como generalmente lo es el de estas Provincias de Alava, Vizcaya, y Guipuzcoa; executadas por lo regular las casas principales de Cantería. Tambien son amigos sus dueños de tener buenos muebles, y los ornatos competentes. En la del Marques de Montehermoso ví pinturas, y otras curiosidades apreciables. Los

Ca-

Caballeros y personas acomodadas de esta y de las demas tierras de las tres Provincias, merecen mucha alabanza por su buena union, zelo, y armonía en promover la felicidad pública en quanto les es posible, y así les ha sido fácil perfeccionar el útil establecimiento de la Sociedad Bascongada, que despues ha promovido otros de mucha importancia, y entre ellos escuelas de Dibuxo en Victoria, Vergara y Bilbao.

57 La de Victoria está en la Casa donde la Sociedad suele tener sus Juntas, y es muy á propósito, pues tiene su decoracion arquitectónica en los tres lados de la galería que corresponde al patio, segun el estilo del medio tiempo.

58 Se ha proyectado, y llevado á efecto en Victoria la construccion de una nueva plaza con uniformidad de edificios, sencillez de Arquitectura, y limpieza de todo ornato extravagante: es de doscientos y veinte pies en quadro, con diez y nueve arcos en cada frente sostenidos de postes, y con entradas en medio de cada una, que forman el arco mayor y los dos colaterales. Se han encontrado personas acomodadas, á quienes la Ciudad les ha cedido el terreno para edificar con varias condiciones, entre otras, arreglarse á los diseños, dexár libre para el Público el uso
de

de los pórticos, empedrar el suelo de la plaza, dar salida al agua con cañerías, y costear el salario del Arquitecto, que es D. Justo Antonio Olaguivel. Quatro calles formadas de nuevo hacen otro quadro exterior al de la plaza, con lo que lograrán ensanche y comodidades en ocasion de fiestas y regocijos públicos.

59 La obra es de consideracion, y dará un gran realce á Victoria dentro de poco; y en consiguiendo ciertas facultades para hacer la Casa Consistorial, que será uno de los ornatos principales de la Ciudad, se formará la frente mas suntuosa de la plaza.

60 Acaba de establecerse en Victoria una Junta de Policía, que podria servir de norma á otras Ciudades. Sus artículos principales son seguridad, sosiego, comodidad, recreo de los moradores, limpieza, y hermosura de las calles, plazas, edificios, paseos, y caminos. Se experimentan ya las ventajas que procuran al Público estos zelosos Ciudadanos en la iluminacion de las calles por la noche, en haber quitado de las mismas las rejas que sobresalian en las paredes, y otros estorbos para dar mas libre tránsito, y en haber establecido reglas para una limpieza permanente.

61 Se ha concebido la idea de fundar
un

un Seminario para educar Señoritas baxo la dirección de la Sociedad, que debe esperarse tenga efecto, y que sea uno de los establecimientos importantes del Reyno. De la mucha union y buena armonía que reyna en estos Caballeros, qualquier cosa útil al Público podrá hacerse fácil y practicable [1].

62 A corta distancia de Victoria hay una in-

---

[1] Despues de escrita esta carta se ha edificado en la Iglesia de las Brígidas una fachada con diseños y dirección de D. Justo Antonio Olaguivel, que forma un objeto arreglado y agradable en su decoracion de los órdenes jónico y compuesto. Tambien merece considerarse la forma del nuevo retablo mayor de S. Francisco, obra del Arquitecto D. Joseph de Moraza, quien ha usado en sus dos cuerpos del órden corintio, y compuesto, con decoracion de columnas; pero ha tenido esta obra la desgracia de que de arriba abaxo la han cubierto de oro, sin haber hecho caso, ni querido oir los que la poseen á personas de gusto, empeñadas en persuadirles que no cometieran tal desacierto, y que en lugar de tanta doradura, se fingiesen mármoles de varias suertes, y se dorase, ó broncease solo lo que se juzgare conveniente.

Despues de dicho tiempo ha tomado la Sociedad por su cuenta hacer semilleros, y plantíos de diferentes árboles, en particular de nogales, y olmos, con el fin de alinear los caminos; y los particulares harian lo mismo, si se mudasen las reglas sobre la corta para la construccion de baxeles de la Real Armada, y los poseedores de las plantas conducentes á este objeto encontrasen la utilidad, que seguramente encontrarian, vendiéndolos otros compradores.

increible porcion de Lugares, que la mayor parte se descubren de la Torre de Santa María, y todos se comprehenden en una llanura de cinco leguas de largo, y dos y media de ancho. Guardo la lista de sus nombres, que por ser tan larga no se los menciono á V. Basta que ahora sepa el número de dichos Lugares, que en la expresada distancia no baxa de ciento sesenta y ocho, distribuidos en las quatro Vicarías de Victoria, Gamboa, Zigoitia, y Salvatierra, componiendo con corta diferencia la suma de veinte y quatro mil almas. Bellísimo exemplo, y método de poblacion, que pudiera dar á España, si estuviera á este modo toda ella, tres tantos mas de pobladores de los que ahora tiene.

63. Preguntará tal vez alguno: ¿y sería posible esto? Lo sería; y aun facil, con tal que inflamados todos los poderosos de sus Provincias y Ciudades del mismo zelo que inflama á los de este pais, pensasen como ellos piensan en beneficio de sus Pueblos: se domiciliasen como hacen estos Señores con los Labradores, Jornaleros y Artesanos, los honrasen promoviesen, ayudasen, y enseñasen; y en fin llegasen á entender lo que, por nuestra desgracia entienden pocos, y es, que lo que no es trabajar en beneficio de su patria, ó con sus brazos, ó con el ingenio, es hacer

cerse indigno de vivir en ella, de los bienes que le suministra, y aun del ayre que respira.

64 Todo lo demas del camino desde Victoria á Francia, ó lo mas de él, se ve poblado de Lugares, caserías, arboledas en valles y montes, frondosidad en todas partes, muy buenas posadas, y gentes trabajadoras, así hombres, como mugeres. En las siete leguas que hay desde Victoria á la Villa de Vergara, se pasa por los Pueblos siguientes: Betoño, Durana, Mendivil, Arroyave, Uribarri, Salinas, donde se baxa una gran cuesta, Escoriaza, Arichavaleta, y Mondragon, que dista dos leguas de Vergara. Vergara se aparta un poco sobre la izquierda del nuevo y magnífico camino real, que las tres Provincias han construido. Es grande, de buen caserío, y su poblacion se considera de setecientos á ochocientos vecinos. Logra la ventaja del rio Deva, de muchas arboledas, huertas y caserías cercanas, y está situada entre dos frondosos montes. No faltan en esta Villa algunas cosas notables en materia de bellas Artes, y lo es singularmente en una de sus Parroquias un Crucifixo del tamaño del natural: obra en que el famoso Juan Martinez Montañés se excedió á sí mismo; pues sobre ser una figura correcta, y sumamente expre-

presiva, no debe nada en su grandeza de caracter, y buenas formas á quanto hizo Torregiano, por de quien algunos la tenian ántes.

65 La célebre Sociedad Bascongada erigida desde el año de 1765, entre cuyos utilísimos objetos fué uno el de la enseñanza, proveyó á esta con mucho acierto, y extraordinario zelo, tomando las noticias mas oportunas de otros Seminarios y Escuelas acreditadas en Europa. Formó su proyecto de una Escuela Patriótica, y lo llevó á efecto; y habiéndole concedido el Rey el Colegio que tuvieron aquí los Regulares de la Compañía, hizo su solemne abertura el 4 de Noviembre de 1776.

66 Tiene esta Sociedad una Junta de institucion, que se congrega en el Seminario tres veces al año, y tambien celebra junta general anualmente. Cada una de las tres Provincias se encarga cada quatro meses de la direccion del Seminario: y durante su turno reside en él uno de los veinte y quatro Socios de número en calidad de Director principal, viviendo entre los Seminaristas sin distincion, ni preeminencias, y vela sobre la observancia de los estatutos.

67 Hay Maestros Profesores, é Inspectores; aquellos para la enseñanza en sus respectivas clases; y estos, que sirven tambien de
Ca-

Capellanes, instruyen á los Jóvenes en la Doctrina Christiana, Historia Sagrada, exercicios espirituales, y les dicen la Misa. Para cada siete Seminaristas hay un criado, como Ayuda de Cámara cuyo oficio es asistirles, peynarles &c. y un Gefe que responde de su aseo, y compostura. En fin todo está con órden, decencia y decoro, el qual se observa aun en los castigos.

68 Ademas del Catecismo, y las primeras letras de leer y escribir, se enseña la Aritmética, Gramática Castellana, la Latina, Poética, Retórica, Humanidades, Geografia, lenguas extrangeras, Matemática, Física, Historia Natural, Química Metalurgia, Dibuxo, Bayle, Música, pagándose por el Seminario todos estos ramos de enseñanza, á excepcion de la Música, y lengua Inglesa; pues el que quiere estudiar ésta paga veinte y dos reales al mes, y por estudiar aquella veinte y quatro.

69 Las horas, desde las seis de la mañana, en que se levantan, hasta las nueve de la noche, en que van á cenar, están admirablemente repartidas. Cada quatro meses hay exâmenes, y se distribuyen premios, asistiendo á estas funciones un Socio de número de cada Provincia, y se celebran con solemnidad, y aparato. Consisten estos premios en ciertos lazos de distincio-

ciones que llevan en el pecho, y en gozar de algunas preeminencias para estimular á los demas.

70 Los estudios duran diez meses, empezando á primero de Octubre, y al fin se celebran los exámenes generales, de cuya resulta se entresacan tres Jóvenes, uno de la clase de Humanistas, otro de la de puros Matemáticos, y otro de los Fisicos y Naturalistas, para ser exàminados en las Juntas generales de la Sociedad, que se celebran por Septiembre, alternando por las tres Provincias.

71 No me detengo en especificar otras muchas prácticas para la perfecta y noble educacion de los Jóvenes: todo se tuvo presente, hasta las cosas mas mínimas, relativas á su asistencia doméstica, diversiones, exercicios de piedad, &c. El número de los Maestros del Seminario es de diez y seis.

72 Desde Vergara á la Villa de Tolosa, ambas de la Provincia de Guipuzcoa, cuentan siete leguas, y se andan por el nuevo camino, con el recreo de caserías y frondosidad. Se atraviesan los Lugares de Anzuela, Ondástegui, Lagorreta, Estaguieta, Alegría, y se ven algunos otros. Su situacion es tambien entre dos cerros frondosos, al modo de Vergara, y en quanto á poblacion creo que no se llevarán mucho. Logra el beneficio del rio Vidasua, que pasa por allí.

Tom. I.         C         Des-

73 Desde Tolosa á Oyarzun se caminan cinco leguas por los Pueblos de Vilabona, Anduain, Urnieta, Ernani y Astigarragui: dos leguas mas allá está la Villa de Irun, donde se halla la Aduana de la raya de Francia, que separa de España una ria, donde se embarcan los Pasageros. A la izquierda de esta ruta quedan las Ciudades de San Sebastian, y Fuenterabía, una, y otra á la orilla del mar. Dista Fuenterabía de Irun como una media legua.

74 La distancia desde Irun á Bayona es de seis leguas, tres á San Juan de Luz, y tres á dicha Ciudad. Pasada la ria, y entrando en Francia, en cuya raya hay tambien Aduana, se atraviesan hasta San Juan de Luz los Lugares de Beovia, Oroña y Sibure: se ven caserías á un lado y otro del camino; pero no tan buenas como las de Guipuzcoa. La poblacion de San Juan de Luz vendrá á ser con poca diferencia igual á la de Tolosa. Tiene su ria, donde estan concluyendo un puente de madera. La Iglesia es grande, medio gótica, con tres hileras de tribunas al rededor, donde puede colocarse gran número de personas. Ví en ella dos pinturas bastante buenas colocadas en Altares, y representan el Nacimiento, y la Resurreccion, firmadas de Restov 1727. En las tres leguas hasta Ba-
yo-

yona se pasa por los Lugares de Guetaria, Vidar y Anglet. Despues de Irun se comienza á caminar por tierras llanas, quedando á las espaldas la famosa y larga cordillera de los Pirineos. Cerca de Bayona se ve mayor número de casas de campo; y estos estan cercados de árboles, y arbustos, como debian estar todos los nuestros. El camino es pedregoso, y malo en la mayor parte.

75 Ya nos hallamos en la primera Ciudad de Francia: hablaré de ella, y de todas las demas que yo he visto en este y otros Estados durante la actual caminata, no con la prolixidad que de las de España, y sus territorios, por no militar las mismas razones, ni venir al caso el sugerir especies, ni hacer exhortaciones en casa agena, cuyo cuidado es propio de los que la habitan; sino hablando mas generalmente, y á tenor de lo que V. apetece, bien que sin pasar por alto aquellas cosas cuya noticia puede ser de utilidad á nuestra Nacion, y otras que podrán ser agradables á los sugetos que las lean.

76 Y por quanto es tambien del genio de V. que yo diga imparcialmente y sin preocupaciones lo bien, ó mal que me parezcan las obras de las bellas Artes, que necesariamente he de ver en este viage, y lo pertenecien-

te á su magnificencia, utilidad, objeto, y propiedad, procuraré hacer lo posible para el desempeño: ciñendo mis noticias á los términos expresados, y con la protesta de que amo á todos los hombres ingeniosos, y hábiles artífices de qualquiera nacion que sean, aunque en sus producciones no hayan sido igualmente felices, ni siempre hayan encontrado el aplauso del Público.

## CARTA II.

1 LA Ciudad de Bayona, que es la primera de Francia por donde yo he venido, aunque pequeña respecto de otras, pues se reduce á nueve, ó diez mil almas, es en la opinion general una de las mas lindas, mas comerciantes, y mas bien situadas de Francia, gozando de una frondosa, y alegre campiña, del navegable río Adour, y del Nive, que juntos la atraviesan, desembocando á cosa de media legua en el mar, de donde suben muchas embarcaciones de comercio, y hasta Fragatas armadas en guerra, que llegan á la Ciudad, y anclan en el rio.

2 Una de sus obras de consideracion es la Ciudadela, que se construyó, con otras fortificaciones, baxo la direccion y reglas del cé-

célebre Mariscal de Vauban. Su situacion es hácia el Norte al otro lado del rio en una eminencia. Hay en Bayona cinco Conventos de Frayles, y cinco de Monjas, Silla Episcopal, y una Catedral espaciosa de tres naves, muy bien conservada, de estilo gótico. La Capilla mayor, y el Coro en ella se han renovado últimamente, y se han puesto en las paredes de aquella seis grandes quadros de diferentes asuntos devotos, firmados de Caresme, Brenel, Pisie, y Bardin, que se han dado á conocer por sus obras en París, de donde han venido estas. Ocurrirá en otras ocasiones hablar de dichos Profesores, cuyo estilo fogoso debia encontrar aplauso en esta Ciudad, donde no hay estudio, ni se entra en la crítica de estas Artes. Dichas pinturas las costeó Mr. la Borda, natural de esta tierra, y rico vecino de París.

3 Se venera en esta Iglesia el Cuerpo de San Leon Papa, que es el Patron: las portadas de ella tienen muchas figuras y ornatos, al modo de nuestras Iglesias, de este estilo, y el Claustro es grande y espacioso.

4 Al otro lado del rio está el arrabal de *Sancti Spíritus*, donde habitan los Judíos. Hay un buen puente de madera sobre el rio Adour: y dos sobre el Nive. Entre las fábricas principales debe entrar la Bolsa en la Plaza

de Agramunt, y hay dentro el edificio Teatro de Comedias para algunas temporadas del año.

5 El Palacio, ó Casa de Campo, que llaman de Marrac, donde estuvo bastantes años la Reyna Viuda del Señor Cárlos Segundo Doña Mariana de Neoburg, está fuera de la Ciudad hácia el lado del medio dia, y es digno de verse por su bella situacion, bosques, jardines, &c. Fué del Rey de España; pero ahora es de un particular, á quien se vendió. A la orilla del Adour de la parte de la Ciudad hay un excelente paseo de no muchos años, con grandes arboledas, y segun aparece tienen ánimo de continuar siguiendo el lado izquierdo de la corriente hácia el mar, en cuya embocadura está la barra, En Bayona son freqüentes las lluvias al modo de Vizcaya. 1

Des-

1 Bayona, y toda la tierra de Labour eran mas comerciantes y pobladas que ahora, atribuyéndose la decadencia al establecimiento de Aduanas hácia el año de 1750, poco mas ó menos, de suerte que su poblacion estaba reducida á la mitad que ántes, y su comercio, pesquería, y demas ramos de industria á casi nada. Los Representantes de Bayona, y de su Intendente Mr. du Pré de Sant Maur parece que han inducido al Ministerio de Francia á quitar las Aduanas. Se dexa conocer que uno de los principales objetos es el de atraer á los Franceses expatriados de esta frontera, y esparcidos en las Provincias de

Na-

6 Desde Bayona empiezan las Postas, por las quales se cuenta, y no por leguas. Cada una se puede regular de dos leguas, con poca diferencia. Las distancias son á veces de posta y media, á veces de dos, y aun de tres en alguna parte. Se pagan segun las personas, segun el peso, y segun los caballos que ponen. Es menester llevar carruage propio, ó alquilarlo, para lo qual hay comodidad en Bayona, y en las otras Ciudades.

7 Desde dicha Ciudad hasta París se cuentan ciento y una postas. A corta distancia de Bayona se entra en los molestísimos arenales, que llaman las *Landas*, para ir á Burdeos, hasta cuyas cercanías llegan. Son inaguantables en tiempos de lluvias, como lo eran ahora por lo pesado del camino, y carecer de piedra para hacerlo firme, de suerte que en grandes trechos suelen andar los caballos al paso del buey. Hay opinion que en tiem-

---

Navarra, Alava, Vizcaya, y Guipuzcoa, con la buena máxima política, de que, volviendo, necesariamente han de coadyuvar al Real Erario con sus contribuciones, y con las manos, á la Industria y Comercio. Los confinantes fácilmente transmigran quando hallan mas ventajas, y medios mas seguros de pasar la vida en la casa del vecino que en la suya. Esta consideracion es siempre digna de los respectivos Soberanos, á quienes los Pueblos fronterizos estan sujetos, y de los Ministros que los gobiernan.

pos antiguos todas estas llanuras, y arenales fueron mar. En otros Estados acaso sería estéril dicho territorio; pero aquí se ve cubierto de dilatadísimos y útiles pinares, y en donde no, lo han sabido aprovechar para pastos. Los Pastores andan sobre ciertos zancos, que son unos palos arrimados á las piernas; y afirmando los pies en ellos vienen á elevarse del suelo tal vez una vara, de suerte que el que no está prevenido creerá encontrarse de repente con gigantes. Andan así para descubrir mejor sus ovejas entre la espesura, y segun pienso para manejarse con facilidad en aquel terreno blando, y en partes pantanoso.

8 Con un cayado, que tambien llevan en la mano, se manejan, vuelven, y corren sobre sus zancos lo mismo que por el suelo con sus pies; y ademas del cuidado de las ovejas, se ocupan regularmente en hacer calceta, ó en otros exercicios adaptables á aquella postura. En una procesion del Corpus en Guadalaxara ví unos danzantes sobre zancos, al modo de estos Pastores.

9 Cerca de los Lugares, donde la tierra es de mejor calidad, tienen los campos cercados de árboles, y arbustos, y así cada qual es dueño de los suyos, sin que los demas entren á disfrutarlos: los tales Lugares,
aun-

aunque de caserío pobre, y por lo regular de tablas, parecen bien entre la frondosidad de las plantas. La mayor parte de los puentes sobre arroyos y riachuelos, entre Bayona y Burdeos, son de madera, y por consiguiente estan infinitamente mejor en esta linea, y en la de caserías dentro, y fuera de los pueblos, las Provincias de Vizcaya, &c.

10 Las postas desde Bayona á Burdeos son veinte y siete: los Pueblos donde estan establecidas son: *Ondres, Cantons, Saint Vincenst, Monts, Maiesc, Castets, Lesperon, Harye, Belloc, Bouhaire, Hyspotey, Muret, Bellin, Hospitaley, Barps, Putsch de la Gubatte, Bellevue, y Gradignan.*

11 Los habitantes de Burdeos no dan la preferencia á ninguna Ciudad de Francia sobre la suya (exceptuando á París) ya sea en la grandeza, abundancia, riqueza, comercio, ya sea en su hermosa situacion. Aun añaden que con el tiempo se las apostará tambien á la Capital en el número de habitantes al paso de lo que va creciendo su comercio; y dan por sentado, que el que harán con los nuevos Estados de América, así de vinos, como de otros géneros, será el principal movil de la anunciada grandeza de Burdeos; pero esto lo ha de decir el tiempo.

12 La situacion de esta Ciudad es en la ori-

orilla occidental del Garona, á la izquierda de su corriente, y su poblacion se reputa de ciento y veinte mil almas, contando, segun algunos, las que demoran en los navíos, y barcos del rio. Dan por sentado, que en el siglo presente ha crecido las dos terceras partes, y que esto con otras mil ventajas, y decoraciones que ahora logra, se han debido al zelo y conocimiento de un Intendente llamado Mr. de Tourni: tanto puede un Magistrado de luces, y que merece el amor del Público, como lo mereció este.

13 La Catedral así exterior, como interiormente es grande, y suntuosa en el estilo gótico, llena de trepados, y labores de lo que llamamos cresteria; pero muy ennegrecida y puerca en lo interior. Sus torres hacen un espectáculo agradable, particularmente desde lejos, cuya figura redonda y muy alta va disminuyendo hasta el remate, y estan todas trepadas. Tiene tres naves, la del medio muy alta, con anditos al rededor al modo de las nuestras. Solo la Capilla mayor y el Coro se han renovado; pero está sin hacer el retablo mayor: los demas son pobre cosa, executados de madera.

14 En el trascoro hay un trozo de Arquitectura ingeniosa del tiempo medio, y al modo de la de nuestro Berruguete, con varias

rias figuras y ornatos. Por este mismo estilo se ven adornados algunos antiguos sepulcros de la Iglesia. Sus portadas son de la primitiva fundacion, llenas de imágenes de Santos, &c. San Andres es el titular.

15 Cerca de ella se encuentra el Palacio Arzobispal, suntuosa obra moderna con gran patio y habitaciones al rededor. Así la portada exterior, como la interior tienen ornato de columnas de un órden jónico compuesto. Una de las obras de mayor gasto y magnificencia, que en los últimos tiempos ha engrandecido á Burdeos, es la Plaza Real, y sus edificios, entre ellos la Bolsa, la Aduana, y otros de particulares, guardando todos uniformidad, con ornato de pilastras jónicas. En medio está la estatua eqüestre de bronce de Luis XV, executada, é inventada por el célebre Le Moyne, escultor del Rey, y grabada despues por Nicolas Dupuis. Se erigió el año de 1743 á costa de la Ciudad sobre un pedestal poco gentil, y demasiado cargado de adornos. En dos de las caras hay baxos relieves, que representan la Victoria de Fontenoi, y la toma de Maon por los Franceses en tiempo de dicho Soberano. En los otros lados hay letreros. La estatua eqüestre es una gran máquina, y ocupa un parage ventajoso enfrente de la Garona, que pasa por delante, y puede des-
cu-

cubrirse bien del otro lado del rio.

16 En el edificio de la Bolsa, y donde diariamente se juntan todo género de negociantes, tiene su asiento el Consulado, Tribunal compuesto de un Prior, y quatro Cónsules, y estos se mudan cada dos años. Los que lo han sido dexan sus retratos en aquellas salas en trage de ceremonia, que tiene alguna similitud á nuestras togas. Si alguno hace banca rota quitan de allí su retrato; pero si se rehace lo vuelven á poner. En una de las salas están los retratos de los Señores Condes de Provenza y de Artois; pero sus bustos de mármol, que están en otra sala, me parecieron mucho mejor.

17 Sobre todos los edificios de Burdeos dan el primer lugar al nuevo Teatro, y aun en su linea lo prolieren á todos los de Francia. Se acabó en el año de 1780, habiéndose empezado en el de 1773, promoviendo dicha obra el Mariscal Duque de Richelieu, Capitan General de la Provincia. Su situacion es en uno de los mejores parages de la Ciudad, que llaman *Chapeau Rouge*. Se murmuró en Burdeos, que no teniendo el Parlamento de la Provincia un alojamiento decente en esta Ciudad, se gastase la porcion de millones que se gastó en el Teatro, con preferencia á la digna mansion que
de-

debia tener el santuario de la Justicia.

18 Es un edificio con todas las comodidades necesarias para el objeto, y con otras muchas, como son gran número de tiendas de todas suertes, que contribuyen con caudales considerables, los quales resultan de los alquileres: modo seguro de ir reembolsando lo que costó el edificio. Su portada principal corresponde á una plaza, y consiste en doce grandes columnas de órden corintio, que forman pórtico, y sobre la cornisa otras tantas estatuas alegóricas con alusion al Teatro, &c. Este mismo adorno de columnas hay en el lado opuesto, como tambien en la magnífica escalera y aposentos, &c. y aun en la sala del espectáculo; de modo, que parece haber pensado en gastar lo mas que fuese posible, sin detenerse mucho en si la necesidad, ó la propiedad exîgian tanto cúmulo de ornamentos.

19 El edificio es aislado, y su figura exterior un quadrilongo, con pórtico tambien en los lados colaterales, donde estan las tiendas, cuyo pórtico, en lugar de columnas, está sostenido de pilastras. El Arquitecto ha sido Mr. Luis, que se ha dado á conocer mucho en Francia. Las decoraciones escénicas, el techo, y el telon no me han parecido cosa de consideracion: hablo de las que yo ví. Hay

pie-

piezas arriba, y abaxo, donde se sirven á pedir de boca, y con toda propiedad sorbetes, y bebidas de todos géneros.

20 El antiguo Burdeos es cosa fea: sus calles por lo regular estrechas, sucias, y mal empedradas. El Parlamento se junta en un viejo Palacio perteneciente á los antiguos Duques de Guiena. Se ha tratado de trasladarlo á la Casa que tuvieron los Jesuitas, fábrica bastante grande, aunque sin concluir, en la qual hay una portada de ridícula y mezquina arquitectura. La Plaza del Mercado, y la adjunta Pescadería son distritos ahogados, y de mala figura. La Casa de la Ciudad tambien es un edificio antiguo y de corta consideracion.

21 La Iglesia de los PP. Dominicos, y principalmente su portada es una de las que van á ver los forasteros, como ornamento principal de la Ciudad. Efectivamente respecto de las demas es magnífica, sin embargo de algunas impropiedades. Su figura es una porcion de círculo, y el ornato consiste en columnas corintias, que alternan con pilastras: mucha escultura, particularmente en las pilastras de los extremos, obeliscos encima el cornisamento, &c. Sobre la puerta hay un medio relieve, que representa á nuestra Señora entregando el Rosario á Santo Domingo. En lo interior de la

Igle-

Iglesia se ven varios quadros en los altares de un discípulo de Fr. Andres, Religioso de esta Orden, que se ha dado á conocer en París por su mérito en la Pintura, y de él hay un quadro de la Cena en el Refectorio. El ornato del altar principal se reduce á un grupo bastante bien pensado de niños de mármol, executado, segun me han dicho, en Aviñon.

22 Sin embargo de que la Parroquia de S. Pedro se tiene por una de las principales de Burdeos, es fea y pequeña su Iglesia, con un ridículo altar mayor de madera sin dorar, ni pintar, y una mísera lámpara en la Capilla principal.

23 La torre de la Iglesia de S. Miguel, semejante en grandeza y figura á las que he dicho de la Catedral, la desmochó un uracan; y sería laudable que la reedificasen, por el buen efecto que estos cuerpos hacen en las Ciudades aun antes de llegar á ellas, y por quitar todo aspecto ruinoso en una que es tan rica como Burdeos. Este punto de riqueza puede colegirse de varias especies que he procurado adquirir de personas prácticas; aunque no por eso salgo fiador de su total legitimidad.

24 Con esta salva digo, que se comercia en Burdeos por ciento y treinta millones de libras anualmente, que son quinientos y
vein-

veinte millones de reales. El famoso y celebrado vino de estas campiñas es el principalísimo ramo de su comercio, transportándose á toda Europa, y fuera de ella. Se regula la cosecha de ocho millones de arrobas. Lo hay de diferentes calidades, y precios: aquellas segun la varia virtud de los terrenos que tienen vino, y los precios á proporcion de su delicadez. Al mejor lo llaman *grave*, y es de terreno, con mezcla de cascajo: á otros llaman *palù*, y *petit palù* de terrenos gredosos. El vino de Medoc, territorio entre Burdeos y el mar, participa de las qualidades de los otros distritos: lo hay muy subido de color, es óptimo para conservarse en largos viages, y resistente á las alteraciones que suelen experimentar estos licores en la linea, y trópicos.

25 Saben hacer aquí muy buenas mezclas y de suma utilidad para el comercio, y sirven principalmente en esta operacion los vinos de Cahors en Francia, y los de Benicarló en España. En fin ello es que á estos vinos, segun sus mezclas, y calidades, les dan treinta, ó quarenta nombres.

26 ¡De quantas suertes no se podrian hacer, y quantos nuevos nombres no se podrian dar á los muchos y generosos vinos que produce nuestro territorio! ¡A que punto no

su-

subiria su preciosidad, quanto despacho, y qué riqueza no podria traer al Reyno, si se hiciesen nuestros vinos con los principios, diligencia y estudio que en Burdeos!

27 Con la grande extension que se le ha dado en el siglo presente á esta Ciudad, son ahora paseos y Casas de Campo mucha parte de sus alrededores, que en otro tiempo eran viñedos hasta dentro la misma Ciudad.

28 Antes de llegar yo á ella observé á la derecha del camino una de estas Casas de Campo, con su portada, y diferentes Pabellones dentro de ella, adornados de columnas jónicas. Leí de paso sobre su entrada en grandes letras: ARANJUEZ. Como yo no sabia que hubiese mas Aranjuez que el de España, extrañé encontrarme aquí con otro; pero ya supe despues que esta suntuosa Casa de Campo pertenecia á D. Cárlos Peixoto, rico Cambiante de letras en esta Ciudad, quien no ha mucho tiempo, dexando su profesion Judayca, se bautizó en España, habiéndole instruido en nuestra Santa Religion el Señor Obispo de Sigüenza, y S. M. se dignó ser su padrino.

29 Por condescender con sus instancias tuve que ir un dia á comer en dicha Casa de Campo, donde trató esplendidamente á los convidados. Entonces me dixo como en me-

moria y obsequio del Rey, habia puesto aquel letrero, y habia hecho hacer una estatua de S. M. que hasta ahora es de estuco, tal vez con ánimo de perfeccionarla, y executarla en otra materia.

30 Para V. y para mí sería fastidioso hablar de todas las Iglesias de Burdeos, donde, por las que he visto, conozco que hallaríamos muy poco en que cebar nuestra curiosidad. Una de las mas principales despues de la Catedral es la Colegiata de S. Severin, edificio gótico, sin gentileza, ó particular ornato fuera, ni dentro de él. La Cartuxa algo mas apartada de la Ciudad que dicha Colegiata, es al modo de las nuestras, con gran Claustro, y otro mas pequeño.

31 El Cardenal de Sourdise fué á principios del siglo pasado un gran bienhechor de este Monasterio. La renovacion de la Capilla mayor habrá sido obra costosa, pero de muy mal gusto, tanto en la pintura teatral de sus paredes, como en la gran porcion de estatuas de mármol, que la adornan: obras sin duda de los desbastadores de Carrara, ó de otros menos hábiles que aquellos. La Anunciacion está representada en las dos estatuas del Angel, y nuestra Señora, puestas en los lados del retablo. En fin toda esta riqueza de mármoles tuvo mala fortuna.

Lo

Lo mejor es la Asuncion del retablo, pintura de Champagna.

32 Como la Ciudad ha crecido, y va en aumento, se van quedando dentro sus antiguas murallas, y á lo nuevo se suple con verjas y puertas de hierro. Hay en Burdeos Universidad literaria, Academia de Ciencias, de las tres nobles Artes, y otras. La de las Artes es establecimiento muy moderno, y todavía se halla en su infancia. Se ha debido su fundacion á los Magistrados de la Ciudad. El año de 1780 se registraron en el Parlamento las letras patentes del Rey tocantes á sus estatutos &c. No es facil de adivinar el progreso que harán las Nobles Artes en Burdeos, donde todo el mundo está atento al tráfico, y es de lo que generalmente se habla, ni en los negociantes se halla cierta finura para estos objetos delicados; y si no, traslado á Cádiz.

33 La Ciudadela de Burdeos, que llaman vulgarmente *Chateau Trompete*, es uno de los edificios de consideracion al lado izquierdo de la corriente del Garona, fabricada, mas para tener en sujecion la Ciudad, que para defenderla. Está entre la misma, y el arrabal que llaman de *Chartron*, y es obra como la de Bayona, del Mariscal de Vauban. Su gran Plaza de armas tiene or-
na-

nato de pilastras dóricas alrededor.

34 Yo me holgaría mucho de que nuestros poderosos, y personas de conveniencias vieran el buen empleo que hacen los ricos de esta tierra de parte de sus caudales, manteniendo para su recreacion, y en temporadas, para su retiro, deliciosas Casas de Campo, de que está sembrada toda la campiña de Burdeos, que la hermosean, y acompañan perfectamente. ¿Quando llegará, y se adoptará esta moda útil, honesta, y en todos tiempos digna de grandes personages, en lugar de tantas como pasan á España de este, y de otros Reynos, y que tal vez hacen poca, ó ninguna mansion en ellos, que solo sirven para dar al traste con las riquezas, haciéndolas desaparecer como el humo, sin dexar ningun rastro de ellas?

35 Yo veo que en Cataluña, particularmente en las cercanías de Barcelona, donde ya las hay en competente número, todos gustan de ellas: las piden prestadas, y aun las alquilan en la buena estacion.

36 Al hombre por su salud, por su tranquilidad, y por otras razones le conviene dexar de quando en quando el bullicio de las grandes Ciudades, y aun mas el de las Cortes: vivir las horas, dias, ó las semanas que le parezca en una agradable soledad, donde

de desembarazada la imaginacion de las molestias y negocios cotidianos, descansa aquel tiempo como en un puerto de quietud: adquiere nuevas fuerzas para concebir ideas importantes, aun respecto á su propio estado. Yo bien quisiera que hubiera muchos de estos deliciosos desahogos en la campiña de Madrid. ¿Los habrá con el tiempo? Lo cree V? No dudo que los habría, si los que pueden llegasen á saborearlo.

37 No sé si en mi relacion Burdegalense habré ya pasado los límites que al principio me propuse; pero ella es una de las mayores Ciudades de Francia, y merece alguna detencion. El Garona, que en estos tiempos lluviosos puede tener lugar entre los rios mas caudalosos de Europa, y mayormente quando se le une mas abaxo de esta Ciudad el que llaman Dordona, del qual hablaré luego, nace en un valle llamado de Aran, territorio de España, perteneciente al Principado de Cataluña, cuya jurisdiccion espiritual es de la Diócesis de Comenge en Francia. Forma en Burdeos un Puerto capaz de mas de quatrocientos navíos de comercio, y aunque dista veinte y dos leguas del mar, pueden fondear Fragatas grandes, subiendo la marea algunas leguas mas arriba de la Ciudad.

Hay

38 Hay algunos Astilleros pertenecientes al Rey, y á particulares. Enfrente del confluente del Garona, y Dordoña está la roca, donde fué hecha por Luis de Fox la famosa Torre llamada de *Corduan*, distante de aquí veinte y dos leguas.

39. Se me olvidaba hablar á V. del que aquí llaman *Palé de Galien*, Palacio de Galieno, junto á la Ciudad hácia poniente, y me parecieron sus murallones residuos de un Anfiteatro. Estan estas ruinas entre huertas y sembrados. Tampoco se debe pasar en silencio una de las puertas de la Ciudad correspondiente á la Plaza de Borgoña, de órden dórico con quatro columnas, y del mismo gusto es la que hay cerca de los Capuchinos. Ademas de las dichas, hay otras fábricas de consideracion aunque sin ornatos particulares, como es el Hospital Real de las manifacturas, la Casa de los niños expósitos, la fábrica de Tabacos, Casa de Moneda, manifacturas de Porcelanas, Refinadurías de Azucar, cuyo número asciende á veinte y quatro, almacenes, y todo género de industria, y últimamente quanto requiere una Ciudad de tan gran tráfico, qual es Burdeos, pudiéndose este inferir, así de lo que queda dicho, como de que pasan de trescientos navíos los pertenecientes á este Puerto, que se
em-

emplean en el comercio de las Colonias, en el de Negros, &c.

40 Lo mas del territorio entre Bayona y Burdeos se entiende baxo el nombre de Gascuña, que es una de las mayores Provincias de Francia, y se subdivide en menores territorios, ó pequeñas Provincias, como son Chalouse, Labour, les Landes, Bazanois, Condomois, Armagnac, Guiena, Burdeles, Perigord, Rovergue, y otros. Burdeos se gloría de haber sido madre de grandes hombres, entre ellos en los tiempos antiguos del Poeta Ausonio, y en los modernos del célebre Montesquiu. Conténtese V. con lo dicho; y hasta París, en donde espero encontrar cartas suyas, no pienso escribir.

Burdeos.....1783.

## CARTA III.

1 SAlí de Burdeos, y tomé la ruta de París por las Ciudades de Angoulema, Potiers, Tours, Orleans, &c. Hasta Angoulema hay diez y seis postas y media, encontrándose estas en los Lugares de *Carbon-Blanc, Cubsac, Bois-Martin, Cavingac, Pierre-Brune, Cherzac, Monliu, Chevanzeau, la Grolle, Reinac, Barbezieux, Pont-Abrac, Pe-*

*tignac*, *Roulet*, y *Fauxbourg-l'Hommeau*, junto al qual está Angulema, cabeza de la Provincia llamada *Angoulemois*. Antes de entrar en ella se pasa por una punta de la que llaman *Saintonge*, en la qual, y en las cercanas del Limosin, y Auvernia no encuentra el Viagero las comodidades que en esta ruta de París; ántes, segun estoy bien informado, hay tanta miseria como en nuestros territorios mas pobres, sustentándose gran parte de los moradores de pan de castañas, ó de cebada, sin mas lecho que unos míseros xergones; posadas infelices, donde suele haber falta de todo: caminos incómodos, y postas muy mal servidas.

2 A la primera despues que se sale de Burdeos se pasa en barca el rio Dordona, tan grande, ó mayor que el Garona, y en su tránsito se tarda cerca de una hora. Tiene su origen en la baxa Auvernia: se une con el Garona, como he dicho, y en ambos navegan quantidad de bastimentos.

3 Angouleme, ó Angulema, como nosotros decimos, tiene su situacion sobre una eminencia, cercada de antiguas murallas sobre rocas, y derrumbaderos, y parecida en esto á Segovia. La Catedral es fábrica antiquísima, á mi entender de mas de ochocientos años, casi sin ningun ornato en lo interior de que poder

der hablar, ni retablos que llamen la curiosidad; porque dos de mármol á medio hacer solo pueden llamar la de aquellos que se paran únicamente en la materia de las cosas. Lo demas es una especie de gótico sin gentileza, y la portada un conjunto de imágenes, sin mas artificio que el que daba de sí aquella edad. Aunque hay otras ocho, ó diez Iglesias pertenecientes á Conventos &c. son mas pobres de ornatos que la Catedral; ni en tales edificios hay objetos que sobresalgan, pues en esta linea todo se reduce á la torre de la Catedral, que es como la de una Parroquia de un Lugar.

4 Las murallas y sus torreones se conservan bastante bien, y es excelente el paseo de árboles sobre ellas á los lados de poniente y medio dia, no solamente por la frondosidad y cuidado que de él se tiene, sino por la amena campiña que desde aquella altura se descubre, y multitud de Casas de Campo en ella, aumentando este agradable objeto el rio Charante, que pasa al pie del cerro donde está la Ciudad, y le facilita mucho tráfico: desagua en Rochefort á diez y ocho, ó veinte leguas de aquí, no muy distante de la Rochela.

5 Me pareció Angulema Ciudad de unas veinte mil almas. La mayor parte de las calles

lles son de figura circular, y estan mal empedradas. Precisamente habia de ser muy fuerte en tiempos antiguos, como podria aun serlo en caso necesario. Nació en ella Ravaillac: aquel fiero Ravaillac que mató á Henrique Quarto. Angulema tiene cosechas de todo género de granos y de vinos, aunque no muy buenos: maderas para construccion, y barrilería. Hay fábrica de cañones, de estameñas, sargas, papel, aguardientes, martinetes, tenerías, herrerías, &c.

6 De *Fauxbourg-l' Hommeau*, que es uno de sus arrabales, donde está la posta, salí camino de Poitiers, hasta cuya Ciudad se cuentan trece y media en los Lugares de *Churet, Manle, os Negres Ruffec, Maisons blanches, Chaunai, Cové, Minieres, Vivonne, Ruffigni, y Croutelle*. Potiers, llamada *Pictavia* en latin, es la Capital de la Provincia del Poitou. Está situada sobre un cerro al modo de Angulema, y bañada del rio Clain, que corre por el oriente de su campiña. Tiene sobre lo alto de sus murallas por el lado que corresponde al rio un magnífico paseo, mejor y mas bien ordenado que el referido de Angulema, con diversidad de plantas, y recintos muy variados. Vea V. la moda que yo le dixe debia introducirse en todas las Ciudades, y Pueblos grandes de España, ó

en

en sus inmediaciones, respecto de ser un ramo de policía, del qual resultan todas aquellas ventajas, que dixe hablando de Victoria. Es verdad que los hay en Zaragoza, Sevilla, Valencia, &c; pero son todavía poca cosa, y con poco artificio, respecto de lo que habian de ser, y al particular cuidado que merece este desahogo, y conveniencia del Público.

7 La Catedral de Potiers es suntuosa en la manera gótica, con tres puertas, ó entradas entre dos torres, que forman la principal fachada, adornada tambien de figuras, y otras labores. En lo interior consta de tres naves muy altas y espaciosas, uniéndose las colaterales al semicírculo de la Capilla mayor. Apenas hay ornatos de que poderle hablar á V. ya sea de pintura, ó de escultura, fuera de dos retablos de estuco en el testero del Coro, en donde se ven colocadas dos estatuas de Santos, de muy corto mérito. Tambien por aquí andan compañías de Milaneses, como por España, blanqueando Iglesias, y al pasar yo por Potiers hacian esta operacion en la Catedral.

8 En la plaza que llaman de Armas, ó de los Agustinos, hay que ver, primeramente una estatua pedestre de Luis Catorce en piedra, colocada sobre un pedestal, adorna-

nado en sus ángulos de una especie de Sátiros. Aquel pelucon de la figura con el vestido enteramente de Emperador Romano hace bastante disonancia. Sea como quiera el mérito de dicha estatua, es un objeto que engrandece aquel espacio, y una prueba del amor de las Ciudades, donde se hallan, ó de quien las costeó, á sus Soberanos.

9 Tambien es digna de observarse la portada de la Iglesia que allí tienen los PP. Agustinos, obra del siglo pasado, con la decoracion de quatro columnas de órden corintio, razonables estatuas en ella, y otras labores muy bien executadas. La Iglesia de los Dominicos carece de aseo, y de ornatos; pero los quadros del retablo mayor y colaterales tienen mérito. La de los Mínimos está mejor, y hay una pintura bastante buena en el retablo mayor. Contiene esta Ciudad siete, ú ocho Conventos de Frayles, y otros tantos de Monjas, con porcion de Parroquias, en que no hace al caso detenernos. El vecindario de Potiers creo que será, poco mas ó menos, como el de Angulema, tambien con muchas calles circulares como allí, y muy mal empedradas. En el camino de este dia noté bastante pobreza en la gente del campo, y no pocos mendigos. Las campiñas de Poitiers dan granos, vino, y madera de construccion. Hay
fá-

fábricas de paños ordinarios, ratinas, gorros y medias de lana, tenerías, aguardenterías, &c. de todo lo qual hacen comercio.

10 Continué mi camino desde Potiers á Tours: hay que andar quince postas, y se mudan en *Grand-Pont, Clan, Tricherie, Barres de Nintre, Chateleraut, Ingrande, Ormes, Beauvais, Sainte Maure, Sorigni, Montbazon*, y *Carres*. Algunos de estos Pueblos son bastante grandes.

11 Antes de entrar en Chatelleraut es del caso que el Viagero se arme de paciencia, porque, ó bien sea permaneciendo allí, ó al mudar los caballos, le embestirá un enxambre de mugeres; y con tal energía le persuadirá á que les compre tixeras, cortaplumas, navajas, mondadientes, y otras baratijas, de que van provistas, y de que hay fábrica en dicho pueblo; y tal es el empeño con que entre ellas pretenden la preferencia, que no podrá desembarazarse á no condescender á sus instancias, y comprar por lo menos de dos, ó tres de ellas.

12 Junto al Lugar de Ormes hay una magnífica Casa de Campo, comparable, por lo que descubrí al paso, á un Sitio Real, así por el luxo de sus ornatos exteriores, como por la extension de sus jardines, bosques &c.

An-

13 Antes de llegar á Tours se pasan dos ó tres rios: el mayor se llama *Viene*, que en Montbazon tiene un suntuoso puente, y todos se incorporan luego con uno de los principales de Francia, que es el Loira. Otro es el Cher, entre el qual y el Loira está situada la Ciudad.

14 Es esta una de las mas antiguas de Francia, Capital de la Turena, y Silla Arzobispal, con un magnífico ingreso, y camino elevado, alineado de frondosas arboledas, como lo estan las demas avenidas de la Ciudad, y sus paseos. Su situacion es en una ladera pantanosa, pero saludable, á lo que sin duda contribuyen las arboledas bien distribuidas del contorno.

15 La construccion de caminos era mas necesaria en Francia que en otros Reynos, por lo cenagoso, é impracticable que ántes serian muchos territorios, particularmente en estas rutas, á causa de arroyos, lagunas, pantanos, &c. Se les añadió la hermosura de alindarlos de árboles, en partes dos hileras, y en partes quatro; á veces son castaños; en unos distritos nogales, en otros fresnos, olmos &c. cuya variedad divierte mucho al caminante. Es como yo quisiera ver los nuestros en España, segun la calidad de los terrenos, y lo mismo digo de las tierras cultivadas,

das, agradables en unas partes mas, y en otras menos, segun es la abundancia de estos objetos.

16 La Catedral de Tours es en su género gótico de las mas celebradas de Francia, con una suntuosa portada de tres ingresos, y una torre á cada lado; muchas estatuas de Santos en el primer cuerpo, y en todo lo demas con infinitas labores: todo ello de razonable conservacion. Modernamente se ha añadido á esta portada una porcion de círculo á cada lado, adornada de arcos y columnas dóricas, que dice muy poco, ó nada con lo antiguo.

17 Aunque la construccion gótica del interior de la Iglesia corresponde á la exterior, en lo restante está infelizmente adornada, si se compara con nuestras Catedrales de esta clase, y no veo que se tenga gran cuidado en limpiarlas. Varios retablos modernos, de nogal, roble, ú otras maderas sin dorar, son generalmente de mala arquitectura: solo tienen regularidad uno, ú otro de los viejos.

18 En estas Iglesias, aun en las mas principales, hay una ó dos lámparas, y á veces ninguna; bien al contrario de lo que se practica en las nuestras, donde se quema aceyte en abundancia. Me dixeron que la Catedral tiene una buena Biblioteca de manuscritos, y que el Rey de Francia es el primer
Ca-

Canónigo de este Cabildo. La Iglesia de S. Saturnino, que es tambien gótica, tiene una torre muy curiosa en este género, y por el mismo término es la fachada principal. Entré en algunas otras; y no habiendo hallado cosa de consideracion, dexé las demas, cuyo número asciende á diez y ocho, ó veinte entre todas.

19 El Palacio del Arzobispo, inmediato á la Catedral, es suntuoso, y grande, obra moderna, con portada al patio, de columnas jónicas, y encima el frontispicio se ven dos figuras del natural recostadas, que representan, al parecer, el nuevo y viejo Testamento: la una de muger con las insignias de la Religion, y la otra de viejo con las tablas de la Ley.

20 Otra obra se está concluyendo en Tours de la mayor magnificencia, y es la nueva calle real, muy larga y espaciosa, con uniformidad, y órden establecido de casas, á que se han sujetado los que las han hecho. Esta empresa llevada á efecto en poco tiempo, es prueba de las personas acaudaladas de esta Ciudad. Sin embargo noté en ella muchos pobres. El vecindario por lo que me dixeron ascenderá á unas quarenta mil almas.

21 Las producciones de Tours son granos de toda especie, legumbres, y frutas

ex-

excelentes, linos, cáñamos, seda muy á propósito para gasas, miel, castañas, y mucha nuez, de que hacen aceyte. Hay fábricas de seda, paños entrefinos, sargas, y estameñas, que se fabrican en la Ciudad, y en veinte leguas en contorno, cuyos dueños las traen cada semana á Tours, donde los Comerciantes las compran y transportan.

22 Al salir de Tours se pasa el Loira sobre un magnífico puente nuevo, de muchos arcos, y antes de entrar en él han formado una plaza tambien nueva, á continuacion de la calle real, con comodidad de tiendas, y otros recintos de diversion en tiempo de ferias. El Loira, que es uno de los mayores rios de Francia, nace en el Vivarés, y atravesando diversas Provincias, camina al mar Océano por la de Bretaña. Es navegable por espacio de muchas leguas, lo que contribuye infinito al comercio de Tours, y de otras tierras por donde pasa.

23 No es posible imaginar quan deliciosa es la salida de Tours, por los varios y agradables objetos que se presentan á la vista despues de pasado el puente; y se puede decir que hasta la Ciudad de Blois, distante ocho postas de aquí. Primeramente infinitas Casas de Campo, hosterías, huertas, bosquecillos, jardines en un estrecho espacio entre el

rio y la loma de mano izquierda, que va continuando como unas dos leguas; por cuyo espacio va el camino. En segundo lugar el rio que corre á mano derecha, cubiertas sus orillas de infinitas arboledas, y sus aguas de muchos barcos.

24 La loma referida, cubierta tambien de árboles, y caprichosa en extremo por la variedad de casas, huertas y cuebas hechas en la peña; de suerte que la naturaleza unida con el arte forma en este trecho uno de los objetos mas agradables y pintorescos, que yo he visto.

25 Los Lugares donde se hallan las postas son la *Trilliere*, *Amboise*, *Haut Chantier*, *Veuves*, y *Chouzi*. *Amboise* es una Villa situada en el confluente del Loira, y otro rio llamado Massa, patria del Rey Cárlos Octavo, y en donde Luis Doce instituyó el Orden de S. Miguel. Se va caminando hasta Blois contra la corriente, y á vista del Loira, que siempre queda á mano derecha, y todo el camino es deliciosísimo, y sumamente frondoso por sus arboledas, las del rio, y otras inmediatas.

26 Blois, Ciudad, segun me dixeron, de veinte y dos mil almas, es Capital de un territorio de la Provincia de Orleans, que llaman el Blesés, colocada la mayor parte en

una eminencia á la derecha de la corriente del Loira, donde tiene un gran puente de once ojos: algunas de sus calles se suben y baxan por escalones. Lo primero que va á ver el forastero curioso es el Castillo, que está en lo mas elevado, y este tiene un Palacio unido, cuya arquitectura es de varios tiempos y estilos; la mayor parte de pésimo gusto. Lo mejor es el patio, que Francisco Mansard comenzó, adornándolo de columnas dóricas, que forman galería baxa en parte del primer cuerpo, y de Pilastras jónicas en el segundo. Hubiera sido bueno que la tal obra hubiese continuado, deshaciendo de paso las antiguallas ridículas.

27 Al entrar en el Castillo se presentó un solemne charlatan para explicarme, segun hacia con todos, las menudencias del edificio, y los sucesos que allí habian ocurrido; y como uno de los mas grandes fué el trágico fin del famoso Henrique Duque de Guisa, cabeza de las facciones contra el Rey Henrique Tercero, de cuya órden fué muerto en una de las antecámaras, y cuya infeliz suerte tuvo tambien su hermano el Cardenal de Guisa, era de ver el modo como este *Ciaciarone*, en tono oratorio, y con gestos, y ademanes de teatro iba explicando los pelos y señales de aquella tragedia, revistiéndose de Rey, de
Car-

Cardenal, y de Duque, segun pedian los pasages estudiados de su sermon. Como mi asunto era ver, y no oir lo que ya me sabia, procuré dos, ó tres veces cortarle su arenga; pero él no la dexó hasta concluirla, y recibir su paga.

28 En Blois no ví, ni tuve tiempo de ver otra cosa notable, ni tampoco entré en la Catedral por no haberse encontrado quien abriese la puerta; pero ya conocí por defuera que no era comparable con ninguna de las que quedaban atras. El Jardin del Obispo, unido á su Palacio, es cosa deliciosa en aquella grande altura, á vista del rio, y de un dilatado territorio, al parecer bien cultivado. En ninguna de estas Ciudades falta paseo público con deliciosas arboledas, y así lo tiene Blois, como todas las demas.

29 De esta Ciudad á la de Orleans hay siete postas, que se caminan á corta distancia del Loira por territorio llano y de muchas viñas. Los Lugares donde se mudan Caballos son *Menars, Mers, Beaugenci, Meung,* y *Fourneau*. La situacion de Orleans no puede ser mas agradable en una llanura frondosísima y á la orilla del *Loira*, que tiene un magnífico puente. Las calles son espaciosas, y bien empedradas, con buen caserio. Aunque el número de los habitantes no parece que pa-

sará de treinta mil, es mucha su aplicacion, y comercio, y casi todo son tiendas. A proporcion de este vecindario tiene bastantes Iglesias Parroquiales, y Conventos.

30 Su Catedral gótica es suntuosa, y de las que en Francia se celebran; añadiéndose á esto su buena conservacion: tiene dos portaditas de buen gusto con columnas corintias en medio de dos fachadas de las antiguas. En lo interior está muy aseada, y no le faltan ornatos estimables.

31 Todas las Catedrales, que se honran de contar entre sus Canónigos, Papas, Emperadores, Reyes, y otros grandes Señores, deben en esta parte ceder á la de Orleans, que entre los suyos, nada menos cuenta que á nuestro Señor Jesu-Christo, con la particularidad de racion doble en todas las distribuciones, y se da de limosna al *Hotel-Dieu*; esto es, al Hospital.

32 Vamos á las cosas que me llevaron la atencion dentro de este Templo El retablo mayor es bueno, con quatro columnas de orden corintio &c.; y la pintura que representa al Crucifixo en el medio la atribuyen á le Brun. Hay tambien quadros de Jouvenet, de Hale, de Vignon, y de otros profesores de crédito, que han florecido en París. Detras de la Capilla mayor hay otra muy de-

vota y suntuosa de mármoles, donde se ve representada una Piedad de Escultura; pero la arquitectura consiste en una danza de columnas, mal á propósito las mas de ellas.

33 Los púlpitos merecen á los Franceses particular consideracion, y así los suelen adornar con magnificencia, formando pabellones, grupos de figuras, de niños, &c. El de esta Iglesia se hizo por dibuxos de Mansard. Ví un descendimiento de la Cruz bastante bien copiado del que hay de Daniel de Volterra en Roma. No sé adonde van á parar con una nueva Torre á medio hacer junto á la Catedral, que será en acabándose una costosísima máquina llena de ornatos, que ciertamente no llenarán el gusto de los que lo entienden.

34 En la Iglesia de los Benedictinos lo han lucido varios Pintores vivientes, y algunos que ya no lo son. La cúpula es de Parosel; de Hallai la Huida á Egipto, y S. Martin delante el Emperador Valentiniano; la muerte de S. Benito de Deshais; la Resurreccion de Pierre; y Jesu-Christo en el Huerto de Jouvenet. Hay tambien que ver en otras Iglesias algunas cosas buenas por lo respectivo á las bellas Artes, como es en la de S. Maclou, donde se hallan pinturas de Vovet, en las de S. Pedro, y de S. Pablo,

Car-

Carmelitas Descalzos, &c. Es famosa Orleans por sus Concilios, y por otros grandes sucesos, entre ellos por la defensa que hizo contra los Ingleses, á quienes obligó á retirarse la valerosa Juana del Arc, conocida por la *Pulcele*, ó Doncella de Orleans.

35 En una de sus calles hay una memoria de esta heroina, que antiguamente estaba en el puente, y se restauró en el reynado de Luis XV. Sobre un gran pedestal con sus verjas al rededor está colocada una estatua de nuestra Señora con su hijo difunto: á su derecha el Rey Cárlos VIII. de rodillas; y á la izquierda, del mismo modo, Juana del Arc, todas de bronce, pero de una execucion medio gótica.

36 Es bellísimo el paseo público de la Ciudad: sus antiguas murallas se conservan bien, y le sirven de adorno: la enriquecen y tienen floreciente varios géneros de manifacturas: las refinadurías de azucar se estiman por las mejores de Francia; y de todo saca provecho este Pueblo industrioso.

37 No quiero omitir un ramo de comercio, y es el de árboles de todas suertes, así extrangeros, como del pais, tanto para alinear en caminos, y paseos, como fructíferos para huertas y jardines. Los que lo hacen, estudian y entienden la materia, suministran

sus luces, y aun sus manos para que los compradores no se arrepientan de haber gastado su dinero en el adorno de sus jardines y Casas de Campo. Este comercio creo que es general en todas las Ciudades de alguna conseqüencia, porque en todas aman la amenidad, y belleza de la campaña: todos apetecen casas de recreacion en ella, y todos los que pueden las hacen.

38 De Orleans á París hay que andar diez y seis postas casi siempre por camino llano: se hallan estas en los Pueblos de *Chevilly, Artenay, Tour* y *Angerville, Montdesir, Etampes, Etrechy, Arpajon, Lonjumeau* y *Croix-de Bernis.* Todo el camino está enlosado de piedra dura, y á toda costa, y de otra suerte sería intransitable, como muchos de los nuestros en tiempos de lluvia por la calidad del terreno. Desde Blois hasta Orleans, y desde Orleans á París no estan las campiñas tan arboladas como en las Provincias anteriores, aunque siempre hay abundancia de plantas cerca de los Pueblos y caserías. Lo mas son viñas y tierras de pan llevar, de que logran abundantes cosechas.

39 No sé qué Escritor decia, que habia encontrado mas gente en el camino desde Orleans á París, que en un viage que habia hecho

cho por España. Tal pudo ser este, y por tal parte, que dixese verdad; pero lo cierto es, que los carruages sin número, y de todas suertes, que yo encontré en este trecho, me convencieron del gran comercio interior de este Reyno.

40 Poco menos son los que se encuentran desde Burdeos á Orleans, con la circunstancia de que los carros en que se llevan las mercancías son unas máquinas terribles: muy largos y anchos á proporcion, y sobre todo firmes, y hechos á toda costa, tirados de seis, ocho, diez, ó mas caballos, segun es el peso. Si los caminos no fuesen como son, no sé yo que hubiese este comercio por mas industria y actividad que tuviesen los naturales.

41 De los Pueblos nombrados arriba entre Orleans y París, Angerville y Estampes son Ciudades pequeñas: los demas son buenos Lugares, bien situados, y frondosos; pero la campiña, como he dicho, está menos poblada de árboles que en otras partes, hasta que uno se va acercando á la Capital del Reyno, donde empiezan las Casas de Campo, jardines, huertas, alamedas, &c. de modo que todo está lleno de estos agradables objetos.

42 Estamos ya en esta gran Ciudad: forma-

maré mi plan, tanto para ver, quanto para escribir; porque de otra suerte seria facil perder el tino entre tanta confusion.....

París &c. 1783

## CARTA IV.

1 Qualquiera que entre en Paris á la hora que yo entré, poco despues del medio dia, formará sin duda la misma idea que formé yo de su grandeza, y numerosísima poblacion, viendo las calles llenas de gente como en una Feria, tiendas sin número, y coches por todas partes. Verdad es que hasta la posada donde fuí á alojarme atravesé una de las mejores partes de la Ciudad.

2 No pienso abandonar mi costumbre en las noticias que le iré dando á V. de este gran Pueblo: hablaré de las cosas conforme las he visto, sin mas preámbulos; porque entrar ahora con que París es la Ciudad mas grande, mas famosa, mas rica, y mas comerciante del mundo: con que á ninguna cede en edificios, gobierno, cultivo de ciencias, y artes, en agricultura, y todo género de industria, &c. seria una repeticion fastidiosa de lo que se encuentra en infinitos libros Franceses, que V. y otros tienen bien leidos,

dos, y saben el valor que debe darse á cada cosa.

3 Su situacion es sin duda muy ventajosa y deleytable en una llanura: el rio Sena, que la atraviesa de Oriente á Poniente, contribuye infinito con su navegacion al comercio y abundancia de provisiones. En quanto á la grandeza pasarémos por lo que otros han escrito, de que su circunferencia, comprehendidos los arrabales, es de seis leguas, y de dos su mayor diámetro, haciendo subir el número de los habitantes á setecientos, ú ochocientos mil, y el de sus casas á mas de veinte y tres mil; dando por sentado que tiene novecientas, ó mas calles, veinte mil coches, &c: que para su consumo se matan al año mas de cien mil vacas, y bueyes, quatrocientos y ochenta mil carneros, veinte y cinco mil terneras, y catorce mil cerdos; añadiéndose á esto el número de medidas de trigo y de vino, correspondientes á tantos comedores.

4 Dexando, pues, estas cosas y cómputos en el lugar que se merecen, vamos á nuestro asunto, empezando por las curiosidades de las bellas Artes, que se encuentran en las Iglesias, ó en otros parages, y será la primera de todas la Catedral. Se halla esta en uno de los veinte, y quatro quarteles en que París está dividido, el qual se llama
la

la *Cité*; esto es, la Ciudad. Está dedicada á nuestra Señora, y la llaman *Nôtre Dame*. Hay en una de las puertas, que corresponde al Palacio del Arzobispo, este letrero: *Anno Domini M.º CC.º LVII., mense Februario, idus secundo, hoc fuit inceptum Christi Genitricis honori, Kallensi Lathomo vivente, Johanne Magistro.*

5 Esta inscripcion prueba el tiempo en que se hizo dicha portada; pero la fábrica pudo haberse empezado mucho ántes. A principio de este siglo se trataba de destinar un lugar, baxo el pavimento de la Iglesia, para sepultura de los Arzobispos de París, y encontraron en la excavacion nueve piedras Romanas antiguas; por las quales quisieron algunos eruditos, que en este sitio hubiese habido un templo dedicado á Júpiter.

6 Efectivamente la portada principal parece mas antigua que la referida del lado del Palacio del Arzobispo. Consiste en tres ingresos con muchas labores góticas: encima de ellos porcion de estatuas en hilera, de los Reyes de Francia, desde Childeberto, hasta Ludovico Augusto: siguen otros dos cuerpos, tambien con labores, y á cada lado se eleva una torre, donde estan las campanas, que son muy buenas.

7 La Iglesia tiene cinco naves, y sobre
las

las dos últimas de cada lado corre una galería hasta el crucero, donde se acomoda mucha gente quando celebra el Prelado, ú ocurre alguna festividad principal; pero todo el mundo paga para ponerse allí. En estas galerías hay balaustres para asomarse la gente sin peligro. En ellas estan pendientes las banderas, y estandartes, que se cogen á los enemigos en las guerras; pero acabadas estas, se quitan de allí.

8 Me parece un buen acuerdo; por lo menos es de mi gusto: así no quedan señales de encono y desolacion entre los hombres despues que la paz los reconcilió; ni hay para que abochornar á la nacion con quien se tuvieron las altercaciones quando va de amistad á la casa del que fué su contrario. El Padre de la paz no quiere rastros de discordia; ni tampoco es de creer que le guste ver afeadas sus Iglesias y Capillas con muebles, que alteren su decoracion, y se hayan de mantener en ellas hasta caerse á pedazos. Durante la guerra es otra cosa: sirven de animar al Pueblo, y es acto de reconocimiento el tributar á Dios estos trofeos; pero despues de ella me parece que ya no pueden agradar á un Dios pacífico estas señales de destruccion y ruina.

9 En Toledo celebra la Catedral el aniver-

versario de algunas señaladas Victorias, como la de las Navas de Tolosa, la de Lepanto, la de Norlingen, &c. y se sacan algunos estandartes, ó banderas, que se cogieron á los contrarios; pero pasada la funcion se quitan de la vista. Esto me parece mejor que dexarlas hasta que el tiempo y el polvo las consume, afeando entretanto las Iglesias, ó Capillas.

10 La Catedral de París se puede decir que es una galería de pinturas executadas las mas de ellas en el siglo pasado por los Profesores de crédito, que florecian en Francia: algunas son del presente, y casi todas representan asuntos del Evangelio, y de los Actos Apostólicos, y estan colocadas entre los arcos y pilares de la nave del medio, en las paredes del crucero, al rededor de la Capilla mayor, y dentro de ella. Estoy en que llegan á cincuenta, si no pasan, y son regularmente de once, ó doce pies de alto, que la comunidad de Plateros de París tuvo valor para costear, y daba una cada año; pero no entran las del coro, que costeó un Canónigo de esta Catedral.

11 Hablar particularmente de cada una de estas obras, y de su mérito seria hacer un libro. Las hay de Pintores, que lograron la mayor reputacion; entre ellos le Brun,

de

de le Sueur, de Champaña, de Jouvenet, de Bourdon, de le Moyne, de la Hyre, de Audran, de Blanchard, &c.

12 Tambien en los retablos de las Capillas de la Iglesia hay pinturas de diferentes artífices estimables. En la de S. Pedro es de Pousin el tránsito de la Virgen: en la que llaman de Harcout, S. Cárlos Borromeo de Cárlos Vanloo; y el Angel librando á S. Pedro de la cárcel, de Vovet, y del mismo es en la Capilla de Santa Ana la Presentacion de la Virgen al Templo. Hay en otras Capillas obras de Natoire, y de Vien, y en la Sala Capitular son de Felipe Champagne cinco pinturas de la vida de la Virgen.

13 La Capilla mayor ha sido renovada á principios de este siglo de órden de Luis XIV., en virtud de un voto que hizo Luis XIII. su padre, de erigir en ella un altar mayor. La mesa es de un exquisito mármol con varios ornatos de bronce, y dos Angeles en los ángulos, del mismo metal, en acto de adoracion. Otros seis tambien de bronce dorado sobre sus peanas estan arrimados á seis pilastras entre otros tantos arcos, que se forman en el semicírculo de la Capilla.

14 El objeto principal es el grupo de mármol en el nicho detras de la mesa del altar. Consiste en nuestra Señora sentada con Jesu-Chris-

Christo difunto apoyado sobre sus rodillas, una Cruz en el respaldo, y en la parte inferior dos Angelitos, el uno contemplando la corona de espinas, y el otro sosteniendo una mano del Señor. Es obra bien hecha, y expresiva: no sé si tanto, que merezca poner á su Artífice Costou en tanta altura sobre antiguos, y modernos, como algunos lo han puesto, ponderando sobre todo la expresion de la Virgen, y la Cabeza de Christo. Encima del nicho hay dos Angeles mancebos en acto de ofrecer incienso.

15 Otro objeto muy notable de esta Capilla son las dos estatuas de mármol sobre sus pedestales, al uno y otro lado del Altar, que representan á Luis XIII. en el lado de la Epístola, ofreciendo la corona, y en el lado del Evangelio á su Hijo Luis XIV. en ademan de dar cumplimiento al voto de su Padre; ambas de rodillas y con sus mantos Reales. La de Luis XIV. la hizo Coyzevox, y la de Luis XIII. Costou el Jóven, ambos Escultores de gran crédito. No me detengo en otros adornos de que está llena la Capilla, y el coro adjunto, como son sobre los seis arcos referidos, varias obras de escultura que representan virtudes en figuras alegóricas: donde trabajaron entre otros los Escultores, Fermin, y Tierri, que despues estuvieron al
ser-

vicio del Señor Felipe V. para las obras de S. Ildefonso.

16 Las sillas de los Canónigos, adornadas de baxos relieves en madera, de asuntos de la Virgen y del nuevo Testamento, fueron hechos por un tal Goulon, muy acreditado entonces; y ocho grandes quadros sobre la sillería, son de los Pintores de mas nombre, que habia en París quando se hizo esta renovacion, y fueron Jouvenet, la Fosse, Luis Boulogne, Antonio Coipel, y Hallé, que representaron ocho asuntos de la vida de la Virgen. Toda esta Capilla, bien que suntuosa, decente, y devota, la encuentra Laugier en su semicírculo corrompida fuera de propósito por los pilares quadrados, duros, y secos puestos en lugar de columnas. En quanto á la sillería, es muy superior la nuestra de la Catedral de Toledo, y las de otras muchas Iglesias en linea de ornatos delicados, y bien hechos; y en linea de Arquitectura queda muy inferior á la del Escorial, y á otras de España, de que yo le he hablado en varias ocasiones á V.

17 Las rejas del Coro son de diligente trabajo y mucho adorno. A un lado del ingreso principal en un altar mas rico de mármoles y bronces, que de selecta arquitectura, hay una estatua de nuestra Señora con

el Niño en brazos bastante buena, y al otro lado una de S. Dionisio, hecha por Costou el mayor, colocada en el retablo de este Santo.

18 Una de las Capillas mas ricas de mármoles de este Templo, es la de S. Martin, y Santa Ana, que la llaman de Noalles por tener allí su Sepulcro esta familia. La costeó el Cardenal y Arzobispo de París de dicho apellido. El objeto principal es un baxo relieve de la Asuncion, obra de Renato Fermin, que como he dicho, y V. sabe, sirvió al Señor Felipe V. en las obras de escultura del Real Sitio de S. Ildefonso [1]. En otras Capillas y parages de la Iglesia se encuentran memorias sepulcrales con algunos ornatos de escultura, que por no ser tan de nuestro asunto dexo de hablar de ellas.

19 Arrimado al primer pilar que se encuentra á mano derecha, entrando en el Templo, hay un gigantesco S. Christobal, con su Ermitaño, y las demas cosas accesorias, al modo de los que hay en nuestras Catedrales: solo que este es de bulto (creo que de estuco), y lo hizo hacer un Caballero llamado *des Essarts*,

---

[1] En la Carta VI. del tom. X. del Viage de España se habla de este, y otros Escultores Franceses, que sirvieron al Señor Felipe V. en dicho Real Sitio.

*sarts*, cuya figura armada está de rodillas enfrente. El S. Christobal, que hay pintado junto á una de las puertas de la Catedral de Sevilla, es mucho mayor, y mejor que este, y aun le llevaria mas ventajas si se mantuviese como lo dexó su Autor Mateo Perez de Alesio, y no hubiera tenido tantos retoques.

20 En el último pilar de este mismo lado de la nave hay una estatua eqüestre de Felipe el Bello; y parece un Caballero andante con su morrion y visera, que le cubren totalmente el rostro, y tal qual allí se representa, es tradicion que entró en esta Iglesia á dar gracias á Dios por la victoria que consiguió contra los Flamencos en *Mons en Pevle* el año 1304.

21 Tiene este Templo magníficos ornamentos para el servicio divino, y preciosas reliquias; pero en esta parte no deben cederle el Escorial, ni varias de nuestras Catedrales. El Cabildo de esta se precia de haber dado á la Iglesia mas Papas que ningun otro particular, y se cuentan Gregorio IX. Adriano V. Bonifacio VIII. Inocencio VI. Gregorio XI. y Clemente VI. En Madrid se ha puesto algun remedio á un abuso, que todavía subsiste en París, particularmente en el ingreso de *Nôtre Dame*, donde embiste y enfada la impor-

tunidad, y el número de los que piden limosna á quantos entran. En el Palacio Arzobispal adjunto á la Catedral hay una famosa Librería, particularmente de libros de Jurisprudencia, adornada de retratos de Magistrados, y Abogados; y tambien hay un buen jardin comun á los Canónigos.

22 En los alrededores de la Iglesia de *Nôtre Dame* se encuentran otras, que son dependientes de su Capítulo, donde no hay cosa notable en nuestro asunto. *L'Hotel-Dieu*; esto es, el Hospital General, que V. ha oido nombrar tanto, está muy inmediato á la Catedral. Se recibe en él á todo el mundo, de qualquier nacion, ó religion que sea. Los enfermos estan divididos en veinte salas, servidos de personas piadosas, &c.; pero una circunstancia causa admiracion á todos, y es ver que en cada cama suele haber tres, ó quatro enfermos, y pocas son las que tienen menos de dos, lo que no puede dexar de ser contrario á la salud, y pronto restablecimiento, que se les debe procurar con verdadera caridad á los enfermos, y al aseo natural de los Franceses. Si en nuestros Hospitales hubiera algo de esto, ¡como nos hubieran puesto de faltos de caridad, de sucios, y de qué sé yo que mas! Es de las cosas mas extraordinarias y contrarias á la humanidad, que pueden

den verse, y no sé como ha de excusarse de crueldad el que freqüentemente acompañen en una misma cama largos espacios los muertos á los vivos.

23 Dicen que se pondrá algun remedio, del qual hace muchos años que se habla. Hay una sala que llaman de Santa Marta, con su portada particular á la calle, donde hay estatuas de S. Juan Bautista, y S. Juan Evangelista, de Francisco Primero, y del que la fundó, que fué el Cardenal de Prat.

24 Una comunidad numerosa de Religiosas sirve en este Hospital, cuyo gobierno espiritual pertenece al Cabildo de la inmediata Catedral, y el temporal á una Junta compuesta de diferentes Magistrados.

25 Enfrente el referido hay otro famoso Hospital de niños expósitos, que llaman *des Enfans trouves*, con muy buenas rentas y establecimiento. Tienen cuidado de las criaturas, y de su instruccion las Hermanas que llaman de la Caridad, fundacion de S. Vicente Paul. En el testero del altar de la Capilla pintó á fresco Mr. Natoire la Adoracion de los Santos Reyes Magos. Otro Hospital del mismo nombre se encuentra en el arrabal de S. Antonio, cuyo establecimiento es mucho mas antiguo, y tambien se reciben niños expósitos.

26 Una de las cosas mas notables en la pequeña Parroquia de S. Landre, perteneciente á este quartel, es el sepulcro del famoso Escultor Girardon, que con sus dibuxos trabajaron sus discípulos Nourrison, y Lorraine, destinándolo para él, y para su muger. Sobre la urna se figura el Calvario con Jesu-Christo difunto, y junto á la Cruz nuestra Señora en acto de dolor, con acompañamiento de Angelitos en diferentes actitudes. Junto á la puerta de la Iglesia hay una Capilla, donde está la pila bautismal, que es una taza de pórfido con bronces dorados, y se reputa la mejor de París.

27 La Reyna Doña Ana de Austria, muger de Luis XIII. restableció una Iglesia de este quartel, y es S. Dionisio de la *Chartre*, donde es tradicion que estuvo preso este Santo. Por ser obra de una Princesa Española la nombro, y por un gran baxo relieve, que hay en el retablo principal, executado por Miguel Anguiere, estimado de los inteligentes, y representa á S. Dionisio, á S. Rústico, y San Eleuterio, á quienes Jesu-Christo da la Comunion.

28 La inmediata Iglesia de S. Sinforiano despues de algunos siglos de su fundacion, se ha reducido á una Capilla particular, que al principio de este se cedió á la Comunidad de

Pin-

Pintores, Escultores y Grabadores. Hoy se llama San Lucas. Hay inmediata á ella una Escuela, ó Academia de Pintura, y se distribuyen premios de medallas todos los años el dia de S. Lucas; pero esta Escuela es diferente de la Academia Real de Pintura.

29 No hablo de otras Iglesias cercanas á las referidas por no haber encontrado cosa notable en nuestro asunto: solo en la de S. Eloy hay una portadita con pilastras dóricas, y jónicas.

30 Al edificio donde se junta el Parlamento llaman *le Palais*, el Palacio, y lo habitaron los antiguos Reyes. En 1776 se arruinó por un incendio una parte de él, que actualmente se reedifica con suntuosidad, interior y exteriormente, y con mucha decoracion de columnas, y otros adornos, baxo la direccion de Mr. Gabriel. La portada ya concluida consta principalmente de quatro columnas dóricas con su frontispicio, en el qual se ven estatuas alegóricas de la Justicia y otras virtudes.

31 Hay diferentes salas, segun las varias jurisdicciones, y Tribunales, que aquí se juntan, y tienen sus adornos.

32 En quanto á pinturas se ve un Juicio final de Vovet; la Muger adúltera de Bourdon, y Susana acusada por los Viejos, de le Brun. La gran Sala donde concurren Abo-

gados, Procuradores, y quantos tienen dependencias en el Parlamento, es suntuosa, con su Capilla en el fondo, donde hay un Crucifixo, y se dice Misa: se ve en ella un baxo relieve de estuco, que representa á Luis XV, de mano de Costou el Jóven, y está entre dos figuras alegóricas de la Verdad, y la Justicia.

33 No dexa de ser un espectáculo curioso en las galerías, y piezas anteriores á las salas, donde estan los Juzgados, un sinnúmero de tiendecillas de todo género de bagatelas, ornatos mugeriles, alhajas, libros, y otras mil cosas, en que emplea su dinero infinita gente que allí concurre por sus negocios, ó á divertirse.

34 Es preciso decir algo de la Santa Capilla, *Sainte Chapelle*, inmediata al edificio del Parlamento, de cuya arquitectura, executada por el Arquitecto Pedro Montereau en tiempo de S. Luis, que fué el fundador, dicen algunos Escritores Franceses ser de las mas bellas obras de la Europa en el género gótico; y Laugier, rígido censor de la Arquitectura, y de los Arquitectos, quisiera que estos viesen en ella, y se confundiesen de su sólida construccion, que resiste á tantos siglos en medio de una sutileza, y ligereza increible, y ahorro de materiales, quando ellos en

sus

sus obras, indurables proporcionalmente, bien que groseras, y mastinas, consumen inmensos caudales.

35 La Santa Capilla se divide en alta y baxa: esta viene á ser Parroquia de sus dependientes, y en su ingreso hay una estatua de la Virgen, que dicen baxó la cabeza á Escoto, quando antes de ir á disputar y defender el misterio de la Concepcion, le pidió su patrocinio, diciendo: *Dignare, me laudare te, Virgo sacrata: da mihi virtutem contra hostes tuos:* y que entónces baxó la cabeza.

36 De estas tradiciones hay en Francia tantas como en España, si no hay mas, á las quales cada qual da el asenso que le parece: lo mismo digo de una multitud de endemoniados, que concurren á la Santa Capilla en Semana Santa para que los exòrcicen, como acudian en la procesion que no ha muchos años se hacia en Madrid á Jesus Nazareno por el mismo tiempo, alborotando las calles por donde pasaba la dicha procesion, hasta que el Señor Arzobispo de Toledo la quitó por muy justas razones, y no se vieron mas estos endemoniados; pero en París aún duran.

37 No hay duda que la parte principal, esto es, la Iglesia alta de la Santa Capilla, merece mucha consideracion, por su antigüedad,

dad, por su gentil construccion, y por ser un Santario tan devoto, donde se guardan en materia de reliquias, nada menos que la Corona de Espinas del Salvador, la Caña, la Lanza, porciones del vestido de púrpura, del Santo Sudario, de la Esponja, y otros instrumentos de la Pasion, que con algunas mas preciosidades de esta clase adquirió el Rey S. Luis á mediados del siglo trece de Balduino, Emperador de Constantinopla.

38 Si fueran ciertas tantas espinas como hay repartidas, y se veneran en muchas Iglesias de Europa, necesariamente debia estar muy despojada de ellas la Corona de la Santa Capilla. Yo no he tenido medio de verla; pero he oido que le faltan muy pocas.

39 Tambien guardan en S. Pedro de Roma el hierro de la Lanza, como el verdadero; pero qual sea de estos dos no lo sabemos; así como las Cabezas que en Italia se enseñan de S. Juan Bautista, empeñados sus poseedores en que la suya, y no otra es la verdadera. No perjudican estas dudas á la devocion christiana; ántes dichas memorias excitan en las buenas almas piedad y ternura.

40 Casi toda la Capilla alrededor son grandes vidrieras pintadas de vivísimos colores; pero sin gusto de dibuxo, ni correccion en las historias que representan de la Escritura. En las
es-

estrechas jambas, que separan las vidrieras, estan colocados los Apóstoles, de mejor estilo. Una estatua de nuestra Señora sobre el órgano es obra muy estimada de Pilon; y volviendo á las alhajas, guardan ademas de las referidas otras muy ricas, y curiosas, entre ellas una cabeza de oro, que representa á S. Luis del tamaño del natural; cálices y cruces del mismo metal; libros de Iglesia, adornados de antiguas pinturas, y de piedras preciosas en las tapas.

41 Sobre todo, aunque por otro término, se reputa por alhaja incomparable, y sin igual, una Agata onix de figura oval, casi un pie de alta, y diez pulgadas de ancha, su fondo negro, y las figuras blancas. En la parte superior hay cinco, en la del medio nueve y en la baxa diez.

42 No ha producido la naturaleza (dicen los Lapidarios) Agata onix de semejante grandeza, y los Antiquarios (añaden), que Roma en su estado mas floreciente no ha hecho cosa tan perfecta como estas figuras; de donde podemos inferir, segun tales opiniones, que en el mundo no hay, por su término, cosa igual. La explicacion de dichas figuras ha exercitado el ingenio de personas doctas.

43 En tiempo de pocas luces creyeron que representaba el triunfo de Josef en Egipto:
des-

despues ya han convenido, ser un asunto tomado de la historia Romana; y Montfaucon, que habla de ella en el capítulo 10 de su quarto libro de las Antigüedades, hace una larga explicacion de cada figura, y dice que las de la parte superior representan la Apoteosis de Augusto; las del medio al Emperador Tiberio, recibiendo á Germánico, que vuelve victorioso de Germania; y las mas baxas á cautivos, trofeos, y otras insignias de guerra. Esta alhaja la compró tambien S. Luis del citado Emperador de Constantinopla Balduino.

44 No hay gran cosa, que me detenga en dos, ó tres Iglesias inmediatas al Parlamento. Por la puerta principal de este se sale á una plaza de figura triangular, cercada de casas altas y uniformes, y por la abertura de enfrente se descubre aquella parte del puente nuevo, donde está colocada la estatua eqüestre de Henrique IV. acabándose en él el quartel llamado *la Citté.*

45 Este es una isla formada de la division del Sena, que se une despues en el expresado puente, y la tal isla se comunica con otras partes de París, mediante otros puentes, como son el de *Nôtre-Dame*, el *de Change*, el *de S. Miguel*, &c. Este quartel tiene calles muy ruines, inmundas, estrechas, y torcidas;

y

y Laugier en su capítulo sobre el ornato de las Ciudades dice, que el centro de esta en casi nada se ha mudado al cabo de trescientos años, permaneciendo el mismo número de calles, que solo respiran impropiedad, é inmundicia, &c. Siendo esto así, no tenian tanta razon los de esta Metrópoli, que iban á Madrid quando aun no se habian limpiado sus calles, de hacer tantos ascos de su suciedad, como ahora tendrian los de Madrid en burlarse de la inmundicia de la mas antigua y principal parte de París.

46 El puente nuevo es de los mas suntuosos y buenos que tiene el rio Sena dentro de esta Ciudad, á lo que contribuyen sus ornatos: primeramente la citada estatua eqüestre de Henrique IV. sobre un pedestal de mármol con quatro esclavos encadenados en sus ángulos sobre trofeos, executadas en bronce, de cuya materia son los esclavos, el caballo y la figura del Rey. Esta, que es de un Escultor llamado *Dupré*, ha logrado mas elogios que el caballo, el qual hizo el célebre Juan Bologna, y lo regaló Cosme II. de Médicis á María de Medicis, Regente entónces de Francia. Tachan el caballo de demasiado vientre, de lo que resulta parecer cortas, y desproporcionadas las piernas del Rey. Si Juan Bologna hubiera hecho tambien la estatua, acaso no

se

se le hallarian los defectos, que ahora los Franceses hallan en el caballo.

47 El pedestal está lleno de letreros latinos por todos lados, expresándose en el principal, que Luis XIII. hijo de Henrique IV. acabó con mayor magnificencia esta obra ya empezada, é interrumpida, &c. Hay tambien en él baxos relieves de batallas, &c. y los esclavos de los ángulos son cosa mezquina.

48 Saliendo del puente para ir hácia el *Louvre* hay en el penúltimo arco á la izquierda un edificio para una bomba, que saca agua del Sena, y se distribuye á varios quarteles. La fachada tiene en lo mas alto un órgano de campanas, que llaman *Carrillon*, y mas abaxo un grupo de dos figuras, que representan á Jesu-Christo hablando con la Samaritana junto al pozo, figurado en una taza donde cae en forma de abanico el agua de una fuente. La Samaritana es de Fermin, y la figura de Christo de un tal Beltran; ambos Escultores de crédito. El puente tiene doce arcos: es ancho, con una espaciosa grada á cada lado, y en sus veinte medias lunas, que se avanzan hácia el rio, hay otras tantas tiendecillas de piedras sillares, donde venden diferentes cosas, y todo contribuye á que sea un parage muy agradable y divertido.

49 No solamente este puente es magní-
fi-

fico y bien construido, sino tambien el que llaman en este quartel *Pont nôtre Dame*, con la circunstancia de tener encima mas de treinta casas uniformes, y adornadas en el exterior. Se atribuye su invencion y arquitectura á Juan Yucundo, Verónés, doctísimo en las Ciencias, y en las bellas Artes. Hácia el medio de este puente hay dos máquinas de bombas, que sacan agua del Sena, y se distribuye á varias fuentes.

50 En los dos Quarteles inmediatos al otro lado del rio, y se llaman *Saint Jaques de la Boucherie*, Santiago de la Carnicería, y *Sainte Oportune*, Santa Oportuna, no hay tanto que llame la atencion del forastero en materia de bellas Artes, aunque se encuentran diferentes Iglesias. En la de Santiago, que da nombre al quartel, se ve sobre la puerta del Coro un Crucifixo de Sarrazin, y algun quadro de razonable mérito, como es una Santa Ana de Claudio Hallé. En la de *S. Gilles*, S. Gil, una Cena de Francisco Porbus, que alababa mucho el Pousino, y algunas otras pinturas, entre ellas un nacimiento de Christo, y un S. Gil, por Oudri, dentro el Coro. Tambien está allí el sepulcro de Madama Lamoignon, que se reduce á una urna con baxos relieves colocada sobre un pedestal: encima una medalla con retrato de
di-

dicha Señora, y dos niños; detras un obelisco, y es obra del famoso Girardon.

51 En otra Iglesia, que llaman del Sepulcro, el quadro del retablo mayor es de le Brun, y una estatua de S. Juan hácia la puerta de la Iglesia, de un discípulo de Bernino, llamado Juan Champagna. A esta barriada pertenece el *Gran Chatelet*, que es una famosa prision, y residencia de un Juzgado, que decide sobre puntos civiles, y criminales, y de la policía de París. La Capilla de S. Eloy de los Plateros en el quartel de Santa Oportuna se hizo por dibuxos de Filiberto de Lorme.

52 Sígame V. á otros dos quarteles, donde hay mas que ver, y son el de el Louvre, y el Real. En el del Louvre se encuentra una de sus principales Iglesias, llamada de S. German de Auxerois.

53 Como á esta Parroquia pertenecen los moradores del inmediato Palacio del Louvre, donde han vivido famosos Profesores de las nobles Artes, habiéndoles dado los Reyes habitacion en él, fueron enterrados en dicha Iglesia los Escultores Coizevox, Vanden Bogert, por otro nombre Desiardins, Sarazin, &c. y entre los Pintores, Noel y Antonio Coypel: tambiem yace allí Claudio Melan, célebre Pintor y Grabador, Francisco Malherba-

ba clásico Poeta Frances, y ademas otras personas célebres por su saber y nacimiento, algunas con suntuosos sepulcros: de los quales no quiero omitir el del Conde de Caylús, tan amante de las nobles Artes, y de las antigüedades, como todos saben, y consiste en una bella urna de pórfido destinada por él mismo para este efecto.

54 La Arquitectura de la Iglesia no tiene particularidad notable: en su ingreso hay varias estatuas de Santos, y otras del tiempo gótico. El retablo mayor es rico de mármoles, y bronces con varias figuras y adornos. Tambien lo es el púlpito, ó parage donde se canta el Evangelio, donde entre otras obras de escultura se expresa un Entierro de Christo de Juan Gougeon, que fué uno de los Artífices mas acreditados despues de la restauracion de las Artes. En una Capilla se encuentra un quadro de Santiago hecho por le Brun, y junto á la pila del Bautismo se ve pintado en mármol el retrato de una muger muriendo, por el mismo artífice. En una Capilla se hallan quadros de Felipe de Champagna, que representan á S. Vicente, y á S. German. Omito otras cosas por llamarme la curiosidad al inmediato Palacio de Louvre.

55 Esta magnifica obra ha sido alabada y criticada segun el tiempo, y el humor de

los que han hablado de ella : por lo general le dan los Franceses preferencia á quantas en esta linea hay en el mundo : si llega el caso de acabarse, no sé adonde llegarán los elogios. Se empezó en el reynado de Francisco I. año de 1528, y la continuó su hijo Henrique II. habiéndose trabajado tambien algo en otros reynados. El Arquitecto fué Pedro Lescot, Señor de Clagni, y tuvo por compañero para los ornatos y obras de Escultura á Juan Gougeon, de quien he hablado.

56 El pabellon principal, ó resalto correspondiente á lo interior, mirando á Oriente, lo hizo hacer Luis XIII. á Mercier su primer Arquitecto. Es de advertir, que al Louvre lo llaman viejo, y nuevo. Viejo Louvre es del que hablo, y nuevo se entiende la parte que se continuó en tiempo de Luis XIV. despues de muchos años que la obra se habia abandonado. En medio de los quatro lienzos, que corresponden al patio, hay cuerpos avanzados con ornato de columnas, y segun yo conté, su número en toda esta parte interior del edificio se acerca á doscientas.

57 El Censor Laugier, á quien son intolerables las columnas empotradas, ó anichadas, dice, hablando de las de este patio, que una vista tan grosera como la que presenta

en

en una obra tan grande, puede tener su rango entre las humillaciones del espíritu humano.

58 El órden del primer piso es corintio, el del segundo, y tercero compuesto. Dicho patio tiene sesenta, y tres toesas en quadro, y en sus quatro lienzos sobresalen ocho pabellones. Los pórticos de los quatro ingresos estan enriquecidos de muchas columnas, y en todo se ve que no se reparaba en gastos, y que las miras eran de hacer una cosa que no tuviese compañera.

59 La parte mas adornada y concluida es la que estuvo á cargo de Lescot, y Gougeon, donde en el ático del resalto del medio hay unas cariátides de grandiosa forma, y otros bellos adornos. Luis XIV. empleó en la continuacion de la obra de Louvre á Luis le Veau, y á su discípulo Francisco Orbai. Hizo poner en execucion la famosa fachada exterior del célebre Claudio Perrault, uno de los mas bellos trozos de Arquitectura, segun dice un Autor, que haya en ninguno de los Palacios Reales de Europa. Consiste en tres cuerpos resaltados, que ocupan los extremos, y el medio de la fachada. Entre ellos hay en cada lado catorce columnas de órden corintio, las doce pareadas, formando espaciosas galerías, en el fondo de las quales corresponden pilastras del mismo órden, y en-

tre ellas nichos con sus frontispicios.

60 El resalto del ingreso, que está en medio, tambien tiene ocho columnas pareadas, y los de los extremos seis pilastras, y dos columnas para la ventana en arco. Las columnas tienen mas de tres pies de diámetro; sus capiteles, y lo demas trabajado á la perfeccion, y sostienen pedazos de piedra en el arquitrabe de doce pies de largo. Los inclinados en el frontispicio del medio aseguran llegar á cincuenta y quatro pies. Todo lo largo de la obra es de quarenta toesas.

61 El gran arco del ingreso principal se eleva sobre el basamento de las columnas, y corta la cornisa de la habitacion baxa. La mezcla de columnas y pilastras en los resaltos de los lados, no hace buena impresion á la vista, pareciendo que degenera la suntuosidad. Sobre la coronacion de la fachada corre una balaustrada, que es impropio, donde se representan tejados.

62 Si se atiende al color de esta celebrada obra, y de otras muchas de París, no parece sino que encierran grandes repuestos de carbon por lo ennegrecidas que estan á causa de la humedad del clima, y del inmediato Sena. Es cosa triste y fea que objetos de esta clase tomen con el tiempo un color tan desagradable.

Hay

63 Hay salida en el Louvre viejo á un Jardin elevado enfrente del rio Sena, y llaman Jardin de la Infanta, donde entra á pasear toda persona decente. Se pasa por piezas bellamente adornadas de estuco, y pintadas á fresco por Francisco Romaneli, Profesor Italiano. La pared que corresponde al Jardin está adornada de una arquitectura con infinitas labores, que aunque bien hechas causan confusion. En el mismo piso inferior, y con puerta correspondiente al patio hay un sinnúmero de estatuas, bustos, obras antiguas y modernas, copias y originales, modelos de las estatuas de Versalles, y otras curiosidades.

64 En otra pieza baxa cerca del referido Jardin, ademas de otras cosas estimables, se encuentran algunos retratos de D. Diego Velazquez, que representan varios de nuestros Príncipes de la Casa de Austria hasta el Señor Felipe IV.

65 No puedo dexar aquí de hacer alto sobre un pasage de Filibien, para que V. se admire, si no lo tiene presente, del modo como habla de nuestros Pintores, y así lo pongo como está en su obra impresa: *Entretiens sur les vies de Peintres.*

66 *Cleante, et Velasque etoient deux Pintres Espagnols contemporains de Cortone.*

*Il i à dans le Cabinet du Roy un paisage accompagne de figures fait par Claute, et dans les apartaments bas du Louvre plusieurs portraits de la Maison d' Austriche peints par Velasque. Que trove vous dit Pymandre d' excelent dans les Oubrages de ces deux inconnus, car je ne me souviens pas d' en avoir oüi parler? Aussi n' est il gueres sorti de grands Peintres de leur Pais.* Famosa sentencia; y continúa:

67 *I' y remarque luy repondi-je les mesmes qualitez qui se rencontrent dans les autres qui n' ont pas tenu le premier rang, hormis qu' il semble avoir la manier de ces deux Espagnols, qu' ils ayent choisi, et regardé la nature d' une façon toute particulier, ne donant point à leurs tableaux, outre la naturelle ressemblance ce bel air qui releve, et fait paroitre avec grace ceux des autres Peintres, dont nous avons parlé* [1].

¿No

---

1 Traducido este pasage, equivale á lo siguiente: "Cleante, y Velasque fueron dos Pintores Españoles contemporaneos de Cortona. En el Gabinete del Rey hay un pais con figuras de Cleante, y en las salas baxas del Louvre muchos retratos de la Casa de Austria pintados por Velasque. ¿Que encuentras, dice, Pymandro, en las obras de estos dos incógnitos, pues no me acuerdo de haberlos oido nombrar? Encuentro, respondí, las mismas qualidades que en los otros fuera del primer rango, á excepcion de que me pa-
re-

68 ¿No quedamos lucidos, y no quedará bien instruida la Francia con este pasage, en quanto á noticias de Pintores Españoles? El citado Autor no debia haber tocado este punto, ó debiera haberse instruido siquiera superficialmente ántes de tocarlo.

69 Nos habla de un Cleante, Pintor que nadie ha conocido en España. Nombra á Velasque en lugar de Velazquez: dice que son autores incógnitos; y en quanto al primero se lo confieso, pues tambien lo es en España, donde no hay noticia de tal Artífice, á no ser que errándolo todo, quiera decir Collantes, ó Escalante, que fueron dos Pintores de muy inferior mérito á otros muchos que ha tenido la nacion.

70 En quanto á Velazquez ¿quien ignora que se dió á conocer en todo el reynado del Señor Felipe IV. no solamente en España, sino tambien en Italia, donde todavía se admiran sus obras, particularmente en Roma, en la Casa Pamfili, que posee el retrato de Leon X. superior á quanto se le pone al lado

"rece que estos dos Españoles han mirado, y esco-
"gido la naturaleza de un modo totalmente particu-
"lar, no habiendo dado á sus pinturas sobre la simi-
"litud natural, aquel bello ayre que realza, y dá gra-
"cia á las de los otros Pintores, de quienes hemos
"hablado."

en esta linea? Creo que sucedería lo mismo con los del Louvre si los colocaran en una exposicion de París.

71 Aun quando dichos retratos no hubieran pasado de los límites del natural, serian preferibles á los de infinitos Autores acreditados en Francia, que se perdieron en lo inverisimil y caprichoso; y estoy bien seguro que los verdaderos conocedores los preferirian.

72 Velazquez ha sido, y cada dia será mas estimado en donde se consideren y encuentren sus obras: es menester verlas en ese Real Palacio de Madrid para formar el debido concepto, y hablar con conocimiento. V. sabe en qué alto grado de estimacion las tenia nuestro amigo Mengs, y como lo juzgó superior á los primeros imitadores de la naturaleza en aquellas partes del arte que le hicieron singular [1].

73 Me mantengo en la opinion de que á muchos Escritores Franceses les son menos conocidas las cosas que suceden á la puerta de su casa, qual se puede considerar España, que las que suceden en la China. Habiendo tenido nuestra Nacion tantos Pintores de

[1] Pueden verse varios pasages de la Carta escrita á D. Antonio Ponz en las Obras de D. Antonio Rafael Mengs, que publicó D. Joseph Nicolas de Azara, y se imprimieron en un tomo el año de 1780. en Madrid.

de mérito, anteriores al Cleante y Velasque de Filibien, en estos incógnitos, como él dice, empiezan y acaban las noticias pictóricas de España, con el fallo de que tal Pais no ha dado grandes Pintores. Cojamos otra vez el hilo.

74 Encima las referidas salas baxas del Louvre está el magnífico Salon, que llaman de Apolo, en el qual le Brun pintó á fresco el Carro del Sol, las Estaciones y el Triunfo de Tetis, y Neptuno: los estucos de que está adornado son obra de Girardon.

75 En las paredes de otra sala igualmente rica se ven las célebres batallas y triunfos de Alexandro del citado le Brun, que todo el mundo conoce por las estampas, que de estos originales se han grabado; pero ellos estan bastante ennegrecidos y deteriorados. No se ha libertado el gran le Brun en esta, y otras obras suyas de la crítica de amanerado, y falto de vigor y variedad en el colorido, habiendo retenido siempre algo de su Maestro Simon Voüet.

76 En otras salas de este Palacio tienen su asiento la Academia Francesa, la de las Inscripciones, y Bellas Letras, y la de la Pintura. En todas ellas hay adornos y quadros, que deben verse. Las salas de la Academia de Pintura estan llenas de retratos de Profe-

sores, y de obras presentadas en sus recepciones de Academicos, así en Pintura, como en Escultura. Hay una quantidad de yesos sacados de las estatuas antiguas; pero no tienen comparacion con lo que ahora posee en esta linea nuestra Academia de S. Fernando.

77 No quiero que se me olvide un gran salon de este Palacio, donde cada dos años se hace la exposicion de las obras de Pintura, y Escultura de los Profesores de la Academia Real. Ha dado la casualidad de encontrarme aquí en tiempo que se ha hecho, y extrañaría V. si no dixese algo de lo que he visto, siquiera para hacer algun concepto del estado de las Artes en esta Ciudad, y de los Profesores de crédito.

78 Esta costumbre bienal de exponer los Artífices sus nuevas obras en dicho salon, hallo que tiene muchas ventajas; pues cada qual procura adelantar, y esmerarse para adquirir, ó aumentar su crédito en el Público. Necesariamente se han de presentar las obras, que por orden, y á costa del Rey se han hecho en el intervalo de una exposicion á otra, que es otro estímulo de emulacion entre los Artífices; y el Soberano tiene las artes en continuo exercicio, y suministra la decente subsistencia á los que las profesan.

79 Las mismas obras, señaladamente las
es-

estatuas, tienen otro objeto digno de tan gran Monarca; porque representando estas á los hombres ilustres, que ha tenido la Francia en armas y letras, se dexa conocer quanto pensarán y harán los vivientes, inflamados de honor, para que se eternice con el tiempo su memoria, por un término tan glorioso, qual es este obsequio, dispensado por el mismo Soberano.

80 Sirve tambien la muestra de las obras de las Artes, que cada dos años se hace en el salon, para que el gusto de los expectadores se renueve, é incite hácia las mismas, hablándose por entónces en todas las conversaciones de las obras expuestas, interesándose todo el mundo, quien por este, quien por aquel Artífice; y la Ciudad tiene una temporada divertida, entrando francamente un mes entero quantos quieren á ver lo que hay allí. En quantas veces fuí, lo hallé tan lleno de toda clase de gentes, que con dificultad se podia trepar; y era gusto oir los pareceres de cada uno, particularmente de las mugeres, que aún se mostraban mas interesadas con tan varios objetos.

81 El número de pinturas, que habia en el salon, no baxaba de doscientas y quince, contando los asuntos heroycos, de historia, bambochadas, paises, marinas, frutas, flores,

re-

retratos, &c. La crítica, que en estas ocasiones se hace de las obras, no se queda en palabras, sino que desde luego salen impresas segun el humor y conocimiento de los que las hacen y publican.

82 Así como estos Críticos no se propasan á dicterios ofensivos, ni usan de expresiones descorteses, tampoco los criticados tienen motivo de desmayar, ni de considerarse abatidos; antes bien de enmendarse en los justos reparos que les ponen.

83 Dicha crítica, que no excede los límites de la buena crianza, debe estimarla el Público, como de suma utilidad para el adelantamiento de Artes y Ciencias. Al contrario la mordacidad y vituperios contra las personas aplicadas, que no los merecen, destruyen y abaten los ingenios, y pueden llegar á ser una especie de parricidios, si producen el efecto de privar al Público de algunas producciones, que pudieran serle útiles.

84 En quanto á los ramos menos considerables de la Pintura expuestos en el salon, como retratos, paises, floreros, &c. habia cosas que me agradaron mucho, por la exâcta imitacion del natural, gusto de color, y otras qualidades; pero en la parte histórica, mas noble, y de grandes composiciones de figuras, se manifiesta este siglo muy inferior
al

al pasado, y qualquiera conoce quanto mas adelante llegaron los Pousines, los le Seures, los le Brunes, y los Mignards, &c. á los que ahora ocupan sus puestos.

85 Este es un mal, de que toda Europa se resiente, sin embargo del gran número de Academias, y del empeño de los Soberanos, y principales Ciudades en fundarlas y promoverlas. Un Profesor, que se queda á medio hacer; esto es, que de su arte no conoció lo alto y lo sublime; pero que sin embargo logró extremadas alabanzas, ó recompensas, es capaz de corromper á un siglo entero en la ciencia, ó arte que profesa, porque la Juventud, que sigue aquel camino, corre sin reflexîon, ni reparo á imitarle para llegar á la misma fortuna. Vamos al salon.

86 Las pinturas principales, mas grandes é historiadas, eran las que iré mencionando brevemente. Príamo en acto de partir de su casa y familia para suplicar á Aquiles le diese el cuerpo de su hijo Héctor; obra del Caballero Vien, á quien despues de una salva laudatoria por lo que respeta al colorido, dibuxo, y composicion, se le ha criticado de poca nobleza, é impropiedad de formas y expresion en las cabezas de Príamo, y de Hécuba: mala disposicion en el campo; porque debiendo la rica Arquitectura que lo forma,

ma, ser parte accesoria, hace un papel principal, y no dexa suficiente lugar para la accion. A este tenor se le hicieron otras observaciones.

87 Un quadro de Mr. de la Grenee el mayor, Director de la Academia de Francia en Roma, en que se representa á una Viuda Indiana en acto de irse á quemar viva, segun las leyes de su pais, en la misma pira donde se habia de quemar el cadáver de su marido, que era uno de los Oficiales de Alexandro, despues de haber disputado esta preferencia con otra, que tambien era muger del difunto.

88 Con la misma salva de alabar alguna parte del quadro, se criticó la mayor de él, de composicion demasiado esparcida, de grupos sin trabazon, escondiéndose casi el principal detras de la pira. Abatimiento en lugar de un ayre intrépido en la que va como triunfante á sacrificarse al lado de su difunto marido, y otras cosas á este tenor.

89 De Mr. de la Grenee el Jóven habia porcion de obras grandes y pequeñas, habiéndose hecho mas estimacion de estas que de aquellas. De Menageot se veian dos grandes quadros; el uno era una composicion alegórica del nacimiento del Delfin; el otro Astianate arrancado de los brazos de su madre

An-

Andrómaca por órden de Ulises, y en ambos se hallaron verdaderos defectos.

90 Aun se notaron mayores en un gran quadro de la Resurreccion de Christo, obra de Suveé, y no se le perdonaron los suyos á Vernet en dos paises que presentó.

91 Una de las mejores cosas que habia era un quadro de Renaud, que representaba la educacion de Aquiles por el Centauro Chîron, muy superior á otros del mismo; es á saber, de Perseo libertando á Andrómeda, y de Aurora y Céfiro. A Lepicié se le tachó mucho un quadro, cuyo asunto era Matatías matando á un Judío, que sacrificaba á los ídolos. Nada menos á Brenet, que pintó á Virginio matando tambien á su hija para libertarla de la pasion de un Decemviro: obra falta de decoro, correccion y propiedad.

92 Del mismo modo se criticaron los demas asuntos históricos, ó fabulosos de Vincent, de Robin, de Barbier, de David, de Vanloo, de Renaud, de Taillason, de Julien, &c. Los retratos, que eran en gran número, tuvieron mas, ó menos aplausos, segun la semejanza, actitudes, y lo demas. Varios que habia de las Señoras Académicas le Brun, Guiard, y Vallayer Coster, fueron muy aplaudidos, en lo que tendria alguna parte la consideracion debida al bello sexô.

No

93 No es asunto de pararnos en los otros géneros de pinturas: Ya dixe al principio, que habia cosas muy bellas; sin embargo merecen nombrarse ciertas de Mr. Sauvage imitando á baxos relieves de mármol, bronce, greda, instrumentos de hierro, y cosas semejantes: es menester llegar á tocarlas para desengañarse que no son cosas de bulto y verdaderas. Tambien hallé mucho mérito en floreros de un tal Van-Spaendonck.

94 Las obras de escultura mas principales y del tamaño del natural eran las estatuas de mármol siguientes: la del Mariscal de Turena, executada por Payou; la de Moliere, por Caffieri; la del Mariscal Catinat por Ioux; la de Montesquieu por Clodion Michel: las de la Fontaine, y del Mariscal de Vauban, que son de greda, y se han de executar en mármol, la primera es de Julien, y la segunda de Bridan. Todas estas estatuas, como los principales quadros del salon, han sido ordenados, y pagados por el Rey, con los ventajosos objetos que ya tengo dicho á V. de tener en continuo exercicio las Artes, y honrar la memoria de los sugetos que se esmeraron en ilustrar por diferentes términos á su patria.

95 Ademas de lo que queda referido habia una gran porcion de obras de Escultura:

ra: retratos en bustos de bronce, mármol, greda cocida, cera y otras materias: modelitos y pensamientos de diferentes obras proyectadas. Muchi, Berruer, le Comte, Houdon, Boizot, Monot, de Moitte, Rolland, &c. son los Profesores Académicos, que han presentado obras.

96 Entre los retratos estaba el de la Reyna, el del Príncipe Federico de Prusia, el del Príncipe y Princesa de Mecklembourg Scheverin, la Princesa de Achkou, Directriz de la Academia de Ciencias de S. Petersburg, y otras personas muy distinguidas, vivientes y difuntas. Ultimamente una buena porcion de medallas cuñadas, de estampas recientes, de miniaturas, esmaltes, &c, y con esto basta de salon.

97 Solo añadiré, que este importante espectáculo de las bellas Artes, repetido tan á menudo, y con todas sus circunstancias, seria muy bueno entre nosotros; ¿pero entrarian en ello nuestros principales Profesores? ¿Habria quien costease tantas obras? ¿Se sufririan las críticas? ¿Se harian estas con la templanza, y conocimiento que es debido? Todo esto es lo que yo dudo mucho. Sigamos nuestra visita Parisiense.

98 El viejo Louvre se comunica con el Real Palacio de las *Tuillerías* por medio de

*Tom. I.*      H    una

una larguísima galería, bien nombrada en todas partes, y dentro de poco tiempo lo será mucho mas por el Museo, que allí se va á establecer, de pinturas, estatuas, antigüedades, muebles preciosos pertenecientes al Rey, que ahora estan esparcidos en diferentes partes. La capacidad de la galería, cuyo largo se reputa de 227 toesas, y lo mucho que se ha destinado para colocar en ella, me hace creer que será una de las mayores magnificencias de Europa por su término.

99 El adorno exterior de este edificio no es uniforme, sino en la enfilada de veinte y seis, ó mas frontispicios, que resaltan sobre la cornisa, y dan idea de otras tantas portadas, y tejados. Laugier dice, que le parece aquello una imitacion bien ordinaria de los tejados alemanes. Se hizo en diversos tiempos por los Arquitectos Perac y Metezeau. El primero fué Autor de la mitad hácia las Tuillerías con pilastras de órden compuesto desde arriba abaxo, y el segundo de la otra mitad hácia el Louvre, con pilastras solo en el piso superior, mezclando nichos y ornatos, que no dicen con el otro lado. Cada parte de por sí ha sido muy criticada en lo que toca á la propiedad arquitectónica; pero los ornatos, que son muchos, se ven trabajados con diligencia.

En

100 En el piso inferior de esta gran galería han dado siempre los Reyes alojamiento á Profesores de señalado mérito en diversas artes, particularmente á Pintores, y Escultores. Hay en él varias oficinas, entre ellas la Imprenta Real, y otra donde se acuñan las medallas. Ambas han producido como V. sabe obras de mucha consideracion desde su establecimiento.

101 Uno de los edificios sagrados en el quartel del Louvre es la Iglesia, y Casa de los PP. del Oratorio del Salvador, que fundó el Cardenal Pedro de Berule, cuyo sepulcro y estatua, obra de Francisco Anguier, se ve á la derecha de la Capilla mayor, con una larga inscripcion, donde entre otras cosas se dice, que traxo desde España, para establecerlas en Francia á las Monjas Carmelitas Descalzas. Hay en la Iglesia otros monumentos sepulcrales suntuosos, y pinturas que deben verse, de Felipe de Champaña, y de Cárlos Coypel. La portada, que corresponde á la calle de *Saint Honoré*, ó S. Honorato, tiene decoracion de columnas dóricas y corintias, hecha por un tal Caqué, y encima un grupo de Angeles, y medios relieves. Todo junto sirve de ornato á dicha calle, que es de las principales de París.

102 En el retablo mayor, rico de ador-

nos, se representa el Sepulcro, y Resurreccion de Christo. Hay en esta Casa una famosa Librería, y ha tenido sugetos muy doctos, y eloqüentes Predicadores, entre ellos el célebre Masillon. En la Iglesia de *Saint Honoré*, que da nombre á este barrio, hay que ver principalmente el Sepulcro del Cardenal Guillermo de Bois, con su estatua de Costou el Jóven, y en el Altar mayor un quadro de Champaña, que representa á Jesu Christo entre los Doctores.

103 En el quartel inmediato, que llaman del *Palais Royal*, Palacio Real, hay bastante que observar: primeramente dicho Palacio, que el Cardenal de Richelieu hizo fabricar en 1629 al Arquitecto Mercier, famoso en aquel tiempo. Habiendo hecho donacion al Rey de este edificio, se llamó Palacio Real, que despues lo dió Luis XIV. á su hermano Felipe de Francia, y pertenece al Duque de Orleans. Aunque la fachada, el primero y segundo patio estan enriquecidos de arquitectura y escultura, falta cierta regularidad, y sencillez, y no es fácil, ni me parece del caso hablar de ello á V.

104 En el patio de comunicacion al Jardin se ven entre un órden dórico ciertas áncoras, y proas de navios, que hacen un efecto muy ridículo. Actualmente al rededor del Jardin

se está aumentando la posesion de dicho Señor con casas uniformes, que cercan tres lados del espacio: obra costosísima, y muy adornada, aunque muy criticada por los inteligentes, y contradecida por los poseedores de las casas inmediatas, que perderán mucho de su valor, debiéndose alquilar las nuevas, donde los vecinos tendrán la ventaja de un jardin á la vista, y la de habitar en un terreno exénto.

105 Lo mas singular de este Palacio es el rico adorno de sus salas, y sobre todo la galería de Pinturas, que el exquisito gusto del Duque de Orleans, Regente del Reyno en la menor edad de Luis XV. y su gran poder, le facilitaron la adquisicion en Italia, Flandes, y otras partes. No solamente colocan algunos Escritores Franceses esta Coleccion sobre todas las del mundo, sino tambien sobre las que posee el Rey de Francia. Si esto fuese así, se quedarian muy á la zaga la de ese Real Palacio, y tambien la del Escorial, lo que yo estoy muy lejos de persuadirme, y creo que lo estarán los que hayan visto aquellas, y esta, teniendo la proposicion por disparatada.

106 Una gran parte de dicha galería se ha grabado, y V. la conoce, habiendo visto las estampas, y las repetidas firmas de Rafael, de Miguel Angel, Corregio, Leonardo de Vinci, Julio Romano, Sebastian del Piombo,

bo, Ticiano, Veronés, y los demas de la escuela Veneciana, como tambien de los Caracis, y muchos de la escuela Lombarda.

107 En esta inteligencia no me detengo en hablar de cada una de estas preciosidades; pero desde luego puede V. estar seguro, que falta mucho para encontrar piezas como la Calle de Amargura, ó Pasmo de Sicilia, como la tabla del Pez en el Escorial, la Perla, y otros quadros, que allí, y en el Real Palacio de Madrid hay de Rafael, y de los mas clásicos Autores: coleccion á la qual no puede comparársele ninguna otra, tanto por la excelencia, número y grandeza de las pinturas, como por el tiempo vigoroso en que sus Autores las hicieron.

108 En la de Orleans son la mayor parte pequeñas y cosas de Gabinete, fuera de algunos quadros de escuela Veneciana, y el que representa la Resurreccion de Lázaro, executado por Sebastian del Piombo con dibuxos (dicen) de Miguel Angel. Merecen el mayor aprecio los siete Sacramentos del Pousin, cuyas estampas grabadas por Pesne todos conocen. En todos los quadros de aquí he observado una cosa, que me hace temer su pronta ruina, y es una especie de barniz fuerte, dado modernamente, que impide el verlos bien por los relumbrones que produce. Me di-
xe-

xeron que era un secreto; pero con tales medicamentos han acabado famosas obras. El tal secreto puede ser otra cosa; aunque todos los visos los tiene de barniz de agua ras.

109 En las bóvedas, ó techos de algunas salas hay pinturas á fresco de Mr. Pierre, actual Pintor del Rey, que representó la Apoteosis de Psichîs. De Antonio Coypel son los quadros de la que llaman galería de Eneas, muy rica de ornatos de escultura, como tambien lo es la escalera principal, de extraña invencion, pero que habrá sido costosa. El año pasado se quemó un Teatro perteneciente, y unido al Palacio, donde se representaban comedias, y óperas, &c.

110 Enfrente del Palacio referido de Orleans hay un reservatorio, ó arca de agua del Sena para repartir á varias partes: el edificio, que es almohadillado, tiene buena forma, con su portada dórica en el medio, y en el frontispicio dos estatuas recostadas, que representan el Sena, y una Ninfa: son de Costou, y la Arquitectura de Cotté.

111 Quando París era poca cosa en comparacion de lo que es al presente, eran tejares los sitios donde ahora está el Real Palacio de las Tuillerías, y el adjunto Jardin, que es uno de los paseos mas agradables, y freqüentados de esta Ciudad. *Tuillé* en frances,

ces, es teja en español, y *Tuilleries*, Tejares. La fundacion del Palacio de Tuillerías se debió á la Reyna Catarina de Médicis, que por los planos de Filiberto de Lorme, y Juan Bullan, famosos Arquitectos en Francia, le dió principio, y lo continuó Henrique IV. uniéndolo con la galería de Louvre. Consta de cinco pabellones, que resaltan y sobrepujan á lo demas de la fachada. Su extension es de ciento y sesenta y ocho toesas, y algo mas.

112 Dichos pabellones tienen varia decoracion: el del medio muchas columnas de órden jónico, corintio y compuesto en sus tres cuerpos principales, con estatuas en la coronacion y frontispicio. Continúa la linea de la fábrica formando una galería baxa, y encima un terrado hasta los dos pabellones colaterales, y tiene dicha galería adornados sus ingresos con columnas faxadas é istriadas con muchas labores.

113 El principal ornato de dichos pabellones colaterales, que constan de dos cuerpos, y un ático encima, consiste en doce columnas de órden jónico en el primero, y otras tantas corintias en el segundo con jarrones sobre pedestales encima del ático.

114 La decoracion del cuerpo de fábrica, que sigue hasta los pabellones de los extremos,

mos, se reduce á pilastras jónicas pareadas, desde la basa hasta el cornisamento, con nichos y ventanas interpuestas. Se acaba despues la fachada con los otros dos pabellones, adornados tambien de pilastras. Por toda la linea sobre la cornisa corre una balaustrada, y pedestales, que sostienen en partes estatuas, y en partes jarrones.

115 Sin embargo de la grandeza, y suntuosidad de esta magnífica fachada, que es la que corresponde al Jardin de las Tuillerías; sus columnas faxadas, los demasiados ornatos en ellas, las pilastras, los cuerpos áticos, y otras cosas, han dado motivo á los Críticos para censurarla, notando de paso mezquindad, y sequedad de perfiles, &c.

116 Por el lado que corresponde á la Ciudad es semejante, é igualmente rica, y adornada la fachada de este Palacio; pero las callejuelas, fábricas ruines que por allí hay, algunas pegadas al mismo edificio, y otras angosturas, le quitan su lucimiento. El pórtico ó vestíbulo, que atraviesa desde este lado al otro donde arranca la escalera principal, en el pabellon del medio está adornado de columnas de órden jónico, y de pilastras, que sostienen las arcadas.

117 No es asunto de dar cabal idea de las habitaciones de este Palacio, que no habi-

bitándolo el Rey, tienen diferentes usos, y atajadizos; pero hay salas magníficas por su adorno de Arquitectura, Pintura, y Escultura, en donde se emplearon Artífices acreditados, como fueron le Moyne, Loyr, Coypel, Girardon, Mignard, &c.

118 He visto una coleccion de quadros, copias de la galería del Palacio Farnés en Roma, del mismo tamaño que los originales, que el célebre Ministro Colbert encargó á los Pensionados de Francia en aquella Ciudad.

119 Estas, y otras varias pinturas de este Palacio son por lo comun representaciones fabulosas, ó alegóricas en obsequio de los Soberanos de Francia, &c: en la Capilla las hay devotas, y son, el Nacimiento, y un Crucifixo de le Brun, un S. Juan Bautista de Anibal Caraci, y la Coronacion de nuestra Señora de Lanfranco, &c. No se puede negar que el Jardin de las Tuillerías es de los sitios mas agradables, mas cómodos y freqüentados de París, en donde toda persona decente puede entrar. Está entre el Sena, que corre por el lado de medio dia, entre la calle de Saint Honoré, interpuestas algunas callejuelas, la fachada del Palacio, y la plaza de Luis XV.

120 El *Parterre*, que es lo mas inmediato al Palacio, tiene de trecho en trecho ador-

adornos de escultura; y consiste en varios jarrones y estatuas. Tres hácia el lado del rio son de Costou, y representan Cazadores: las tres del otro lado son de Coizevox, que representan un Fauno: una Hamadríade, y una Flora. Hay tambien quatro grupos asimismo de mármol; y son Lucrecia, que se mata en presencia de Colatino, Eneas cargado con su padre Anchîses, y que lleva de la mano á Ascanio, Boreas, que arrebata á Oritias, y un grupo de Saturno y Cibeles.

121 Sigue un frondoso bosque de castaños de Indias, que en medio lo divide una espaciosa calle para el paseo, con otras que tiene á los lados: la grande termina en una plaza con estanque, y surgidor en medio. Está adornada de las estatuas del Nilo, y del Tiber, que se encuentran originales en Roma, de donde son copiadas, y de otras alegóricas de los rios Sena, y Loyre, executadas por Vancleve, y Costou. Se encuentran tambien en este espacio otras estatuas, que representan á Julio Cesar, Anibal, Flora, una Vestal, Agripina, á la Primavera, y al Otoño.

122 Al fin de estos Jardines hay un puente levadizo, que da comunicacion á la plaza de Luis XV. y á otro dilatado paseo, que llaman los Campos Eliseos. A los dos lados de dicho puente se ven elevados dos caballos

llos de mármol blanco con la Fama tocando la trompeta montada en el uno, y en el otro Mercurio. Cada grupo es de una pieza, y de doce pies de alto, de mano de Coizevox.

123 Este Jardin, que inventó y dispuso el célebre *le Notre*, lo alaban aquí como uno de los mas excelentes de Europa, y que prueba el ingenio de dicho Jardinero, porque en un espacio de trescientas toesas de largo, y de ciento y sesenta y ocho de ancho, supo colocar tanta variedad de cosas, y hacerlo comparecer mayor de lo que es. Ya dixe antes que es de lo mejor de París en su linea; pero digo tambien, que el conjunto de nuestros Jardines del Retiro, ingreso de la puerta de Alcalá, paseos, y arboledas del Prado, y sus adyacencias del paseo de las Delicias, Canal de Manzanáres, y parte de los alrededores de Madrid, van formando un todo, que no tendrá por que envidiar á las Tuillerías, y á los Campos Eliseos, ni á ninguna otra cosa; mayormente si estos parages se adornan con estatuas, lo que es muy facil, y de poca costa: basta trasladarlas de donde estan escondidas, y de donde no hacen ningun papel á estos sitios abiertos, y patentes á la vista del Público.

Basta por ahora, y espere V. la segunda Carta Parisiense. París... 1783.

CAR-

## CARTA V.

1 Me parece que en la Carta pasada nos quedamos en el Jardin de las Tuillerías, entre el qual, y los Campos Eliseos se encuentra la plaza que llaman de Luis XV. por la estatua eqüestre de dicho Soberano, que con toda magnificencia se ha colocado en ella. Ninguna otra Nacion ha llegado en estos últimos tiempos á los Franceses en el punto de erigir esta clase de monumentos á sus Reyes, así en Paris como en otras Ciudades del Reyno. Solo en esta hay quatro repartidas en diferentes quarteles, sin contar otra de baxo relieve, y varios monumentos executados á gloria de los mismos Reyes, como son arcos triunfales, &c.

2 La mas bien colocada de dichas estatuas es para mi gusto la de Luis XV. porque no habiéndose cerrado su plaza de edificios, como estan otras, se descubre de largas distancias, formando un agradable punto de vista. Toda esta máquina es de bronce, inventada por Mr. Buchardon, y executada por Mr. Pigalle, de una sola fundicion. Su altura es de 16 pies, y desde la cabeza del caballo hasta la cola tiene 15.

3 En los ángulos del pedestal, que es de már-

mármol, hay quatro grandes figuras alegóricas, de pie, executadas en bronce, que representan la Fortaleza, la Justicia, la Prudencia, y la Paz. Ademas en los lados mas espaciosos de dicho pedestal se ven dos baxos relieves, y en los menores dos inscripciones latinas. La figura del Rey se representa á la Romana, con corona de laurel, y en ademan de comando. La plaza forma ochavo, con una grada, que sirve de andito, y su balaustrada.

4 Laugier hace una cruda crítica á las costumbres de hacer plazas para colocar estatuas, destruyendo calles enteras de casas con incomodidad y ruina de los vecinos. Hubo, segun él dice, personas tan aturdidas en París, que propusieron echar abaxo ochocientas, ó novecientas casas, para formar una plaza, donde poner la referida estatua de Luis XV. á lo que aquel buen Soberano se opuso por no incomodar á treinta mil Ciudadanos.

5 Los Romanos ( añade dicho Escritor ) eran mas sabios; pues aunque erigieron mas estatuas, que nosotros podremos erigir jamas, las acomodaban donde podian, sin perjuicio de nadie; siendo su principal cuidado la perfeccion de ellas. Esta opinion es favorable para que no haya en que embarazarse, quando llegue el caso de sacar de sus encierros
las

las dos famosas estatuas que en Madrid tenemos de Felipe IV. y Felipe III. aquella entre unas tapias del Sitio del Retiro, y esta emboscada en la Casa del Campo.

6 En qualquier parte parecerian mejor que donde estan, para satisfaccion del Público, y ornamento de la Capital del Reyno, como seria en sus nuevos ingresos, en el paseo de las Delicias, en el Prado, ó en otros sitios espaciosos de Madrid.

7 A dicha plaza de Luis XV. sigue por el lado de poniente un largo, y frondoso paseo, que llaman de la Reyna, y tiene la misma direccion que la corriente del Sena, y el camino de Versailles intermedio. Entrando en él, quedan á la mano derecha los que llaman *Champs Elisees*, Campos Eliseos; que es una esplanada, con gran número de calles alineadas de árboles, formando plazuelas y espesuras, todo en figura de estrella, con una plaza mayor en el medio. No se puede dar en el buen tiempo cosa mas agradable. Se encuentran á continuacion de este hermoso sitio, espacios bien grandes para divertirse el Pueblo en juegos de pelota y otros, y á cada paso se ven casillas donde se puede refrescar, merendar, &c. Este desahogo de París tiene muy pocos años.

8 Una de las Iglesias Parroquiales mas ricas

cas y grandes de París es la que se halla en este quartel del Palacio Real, intitulada de S. Roque, elevada sobre un plan muy particular, de que se puede decir que resulta un conjunto de Iglesias; pues ademas de la nave hay tres grandes Capillas redondas, una despues de otra, y todas se ven desde el portal, sin que lo impidan los Altares mayores que tiene cada una. En todas estas divisiones es diferente la decoracion. En la nave son pilastras dóricas.

9 Está llena de obras de escultura y de pintura: estas, repartidas en diferentes altares, las hicieron profesores de crédito, como Lorrain, Jouvenet, Antonio Coypel, Vien, Doyen y otros. La cúpula de la Capilla de la Virgen la pintó Mr. Pierre; la distribucion de las pilastras corintias, y todo lo demas perteneciente á la Arquitectura, es muy malo; y en quanto á la pintura le falta mucho para llegar al mérito de las de Corrado. La Anunciacion del retablo, cuyas figuras son del natural en mármol, es obra de Mr. Falconet, de quien es igualmente en la última Capilla el Calvario: capricho muy singular, que consiste en una roca, encima de la qual está el Crucifixo, á los pies la Magdalena, y algunos soldados, figuras del natural tambien de mármol. La parte inferior es una especie de

de Sepulcro y la Capilla da idea de una cueva.

10 Esta Iglesia se comenzó en tiempo de Luis XIV. por su Arquitecto Mercier, y tardó muchos años en acabarse. La portada es suntuosa, adornada de ocho columnas dóricas en el primer cuerpo, y seis corintias en el segundo. Sobre dicho primer cuerpo estan los quatro Doctores, dos en cada lado, y son figuras agrupadas grandes, executadas por un tal Francin. En el frontispicio del segundo cuerpo hay dos Angeles, y la Cruz en medio.

11 Sin embargo de las alabanzas que se dan á Mr. de Cotté por esta portada, tiene sus defectos en resaltos, mezcla de pilastras, rotura de cornisamento &c. Ademas de lo dicho hay dentro de esta Iglesia muchos sepulcros, y algunos de bastante mérito en la escultura, y á los lados del altar mayor dos estatuas de mármol, que son de Christo abrazado con la Cruz, y de S. Roque: obras de Anguierre, y en el Altar de la Anunciacion dos grandes estatuas de bronce, que representan á David, é Isaías.

12 Cerca de S. Roque, y en el mismo lado hay un Convento de Dominicos Reformados, en cuya Iglesia se encuentran algunas pinturas de mérito, y las hay de Hovas,

*Tom. I.*           I        Ri-

Rigaud, &c. y un Sepulcro, que con dibuxos de le Brun se hizo para el Mariscal de Crequi, cuya figura recostada es de Coicevox. Tambien está el Sepulcro del famoso Pintor Pedro de Miñard, que executó le Moine.

13 En la misma calle de S. Honoré hay Convento de Cistercienses Reformados, que llaman *les Fevillans*, cuyo ingreso está enfrente la plaza Vandoma, ó de Luis el Grande. Está adornado de quatro columnas de órden corintio, y de un baxo relieve encima, que representa á Henrique III. recibiendo al fundador de esta Reforma. Entrando en un patio se ve á mano izquierda la gran portada de la Iglesia, que empezó á dar crédito al Arquitecto Francisco Mansart. Consiste en dos cuerpos, el primero de ocho columnas jónicas, y el segundo de quatro corintias. Desdicen mucho las estatuas del primer cuerpo, y ciertas pirámides pesadas del segundo, que no acompañan bien á la gentileza del órden.

14 Lo interior de la Iglesia no corresponde á dicha portada, ni en su capacidad, ni en lo demas, aunque está muy aseada y adornadas sus Capillas, en las quales hay algunos Sepulcros suntuosos, y pinturas de algun mérito, señaladamente de Simon Voüet. Las vidrieras de esta Iglesia merecen verse.

15 La plaza de Luis el Grande enfrente del referido Convento, y el de las Capuchinas, que está en el lado opuesto, es de lo primero que van á ver los forasteros. En medio de ella está colocada la estatua eqüestre de bronce de Luis XIV. obra inventada y modelada por Francisco Girardon, y fundida por Baltasar Keller: la altura de la figura, y del caballo es de veinte y dos pies. El pedestal de mármol, que es á proporcion de la estatua, está lleno de inscripciones latinas en todos sus lados, compuestas por la Academia de las Inscripciones, y bellas Letras, que expresan las alabanzas de tan gran Rey. Del mérito de esta obra ya se sabe las laudatorias que se han hecho, y lo mucho que se ha escrito.

16 La plaza que se hizo nueva para colocarla, y tiene de largo 75 toesas, con 70 de ancho, está cercada de edificios uniformes, que se hicieron baxo la direccion de Julio Arduino Mansart, quien sobre un cuerpo baxo almohadillado elevó otro de pilastras corintias entre las ventanas del primero y segundo alto hasta la cornisa. Dió á dicha plaza figura octágona, cuyos quatro lados, donde habian de estar los ángulos, si fuese quadrada, son mucho mas pequeños que los otros, y en todos hay cuerpos avanzados con sus

frontispicios, que hacen un efecto de poco gusto. Hay en dicha plaza otros ornatos de escultura, escudos de las Armas Reales, &c. Aún duran las quejas de muchas opresiones, que padecieron los moradores de aquel distrito quando se les desalojó para formar esta costosísima plaza; y así tiene razon Laugier en reprobar la colocacion de estos monumentos con tanta incomodidad, dispendio y aparato.

17 En un Convento de Capuchinos cercano hay algunas pinturas que observar, y entre ellas un Christo muerto de le Soeur. Tambien se encuentran en mayor número en la Iglesia de Monjas de la Asuncion, poco distante de la referida, unas á fresco y otras al oleo, que las hicieron dos de los Coipeles, Bologna y otros.

18 Al quartel confinante con el referido del Palacio Real, llaman de *Montmartre*, y enfrente de la plaza de Luis XIV. hay un Convento de Capuchinas, como se ha dicho, con su portada de columnas corintias, y otros ornatos de escultura: dentro se ven dos suntuosos Sepulcros con figuras y otras decoraciones, pertenecientes al Duque de Crequi, y al Marques de Louvois. Tambien está allí enterrada la Marquesa de Pompadour, que murió en 1764. Hay pinturas de Coipel y de Jouvenet.

Lo

19 Lo mas notable de este quartel en linea de curiosidad es la plaza de las Victorias, *Place des Victoires*, en medio de la qual está colocado sobre un gran pedestal de mármol un grupo formado de la figura de Luis XIV. representado jóven, y en el trage que se visten los Reyes de Francia quando les consagran, y de la Victoria, apoyando un pie sobre un globo detras de la figura del Rey, poniéndole á este una corona de laurel en la cabeza, y teniendo en la otra mano un haz de palmas, y de ramos de olivo. A los pies del Rey se representa el Can-Cerbero, símbolo, segun dicen, de la triple alianza que se formó contra dicho Soberano. Hay tambien otros símbolos, como la maza de Hércules, una piel de Leon &c.

20 El referido grupo tiene trece pies de alto, y es obra de Martin de Vanden-Bogaert, conocido por el nombre de *Desiardins*, quien hizo el modelo, y dirigió la fundicion. Sin duda es un monumento soberbio, y lisonjero para los Franceses; pero bochornoso para los forasteros, que acercándose á él, piensan con razon expresarse en aquellos trofeos y particularmente en quatro figuras de esclavos encadenados, sentadas en un sotabanco al rededor del pedestal, á sus respectivas naciones.

21 Bien fácil es de conocer á qual se qui-

so significar en cada una de estas estatuas por las espècies de armas, empresas de escudos y otras señales que hay junto á ellas, fuera de lo que hablan los letreros; al extrangero que piensa rectamente no le entran de los dientes adentro estas significaciones, y antes se rie que se enfada, en la inteligencia de que cada qual hace en su casa lo que se le antoja, aunque lo desapruebe su vecino.

22 Ademas de la escultura que se ha dicho de este monumento, hay baxos relieves en los lados del pedestal, los quales son tambien de bronce, y un monton de inscripciones latinas, y francesas, con una gran porcion de dísticos, que compuso des Marais, Secretario de la Academia Francesa. En el plinto, donde está la figura del Rey, se lee: *Viro immortali*; y al fin de una de las inscripciones se ve notado el año de 1686.

23 Para hacer esta plaza, aunque mucho menor que la de Luis el Grande, tambien se arruinaron muchas casas, todo á costa del Duque de la Feuillade, Mariscal de Francia, que consagró este monumento á su Soberano. La arquitectura de ella, á la qual concurren ocho calles, es un órden jónico de pilastras, sobre otro almohadillado, tambien con pilastras y arcos intermedios.

Jun-

24 Junto á esta plaza está la Iglesia de nuestra Señora de las Victorias, pertenenciente á un Convento de Agustinos Descalzos. La tienen con propiedad, y aseo. Hay que observar el retablo mayor, rico de mármoles; el de nuestra Señora de Saona, cuya arquitectura se atribuye á Claudio Perrault; varias pinturas de Autores acreditados, y algunos Sepulcros suntuosos, entre ellos el del Marques del Hospital: la portada decorada con pilastras jónicas y corintias en sus dos cuerpos, las pinturas de los Claustros y el Refectorio: la famosa Biblioteca, y un Gabinete de Medallas, donde se guardan muchos monumentos antiguos de varias clases.

25 Una de las calles mas rectas, y principales de París es la que llaman de Richelieu, donde está la Real Biblioteca, la mas numerosa y curiosa del mundo, segun dicen los Franceses. Lo mismo oigo repetir de otras mil cosas que voy viendo: modo comun de hablar á todas las Naciones quando hacen ostentacion de sus preciosidades. Tuvo débiles principios; y con diversas colecciones de libros, que de tiempo en tiempo se fueron adquiriendo, llegó á su grandeza en el de Luis XIV. á quien muchos regalaron, ó dexaron en testamento sus Librerías particulares.

26 Se ha ido aumentando despues, y ase-
gu-

guran que el número de libros impresos llega á ciento y ochenta mil, y á ochenta mil el de los manuscritos en todas lenguas, y de todos asuntos. Se abre esta Biblioteca los Martes y los Viernes por la mañana, para beneficio de los literatos y curiosos. Hay en su recinto tres gabinetes: el uno contiene un número grande de libros de estampas, divididos por asuntos y escuelas: el otro una coleccion increible de medallas, en todas series y metales, pertenecientes á Emperadores, Colonias, familias, Reynos antiguos, y modernos, y señaladamente al de Francia, encontrándose las muchas que se acuñaron en obsequio de Luis XIV.

27 Las paredes estan adornadas de diversas pinturas, algunas de Cárlos Vanloó, y de Natoire, con los retratos de Luis XIV. y de Luis XV. Dexo de hablar de los Oficiales que sirven esta Biblioteca en calidad de intérpretes, y con otros destinos, como tambien de dos grandes globos, el uno el celeste, y el otro el terrestre, inventados por el P. Coronelli, de mas de once pies de diámetro cada uno; y con los círculos de bronce añadidos por Mr. Butterfield de mas de trece.

28 El quartel llamado de S. Eustaquio es confinante con el referido de *Montmartre*. A este le da el nombre una Iglesia y Conven-

vento de Monjas, así llamado, cuya situacion está en un montecillo, parte de la pequeña cordillera entre París, y las llanuras del lado del norte. Derivan este nombre, segun la variedad de opiniones, de *Mons Martis*, ó *Mons Martyrum*, y la mas piadosa es, que allí fueron martirizados S. Dionisio, y sus compañeros. En lo pasado fué un lugar de gran veneracion, al qual se hacian romerías, y lo visitaban Príncipes, y personas Santas, freqüentándolo mucho S. Ignacio de Loyola, S. Vicente Paul, S. Francisco de Sales, &c. No tiene cosa particular que decir en materia de Artes; pero es muy agradable el espectáculo que presenta París desde aquella altura, y los demas objetos de las llanuras circunvecinas.

29 S. Eustaquio aunque es una de las mayores Iglesias de esta Ciudad, nada ofrece en punto de buena arquitectura, que viene á ser una extraña mezcla de gótico y moderno; pero tiene otras cosas dignas de verse, como son varias pinturas de Pedro Mignard en la Capilla del Bautismo, y otras de Cárlos de la Fosse en la de enfrente, donde se celebran los matrimonios: obra que le procuró le Brun á dicho la Fosse su discípulo recien venido de Italia, para mortificar á Mignard, quien presumia de ser muy superior á le Brun.

Am-

Ambas obras tienen su mérito, como executadas por dos de los mas acreditados Pintores de la escuela Francesa. Sobre el púlpito hay un quadro de le Brun.

30 El retablo mayor consiste en quatro columnas de mármol de órden corintio con diferentes estatuas de Jayme Sarracin, y dos quadros de Simon Voüet. En el fondo de esta Iglesia se encuentra la Capilla de nuestra Señora, muy rica de mármoles, y á un lado está el Sepulcro del célebre Juan Bautista Colbert, Ministro de Luis XIV. y á quien la Francia fué deudora de gran parte de su esplendor en muchos ramos.

31 Consiste este monumento en la estatua de dicho Ministro arrodillada, y un Angel enfrente, que tiene un libro abierto: en dos figuras del natural sentadas, que representan la Abundancia, y la Religion. Las figuras de Colbert, y de la Abundancia son de Coyzevox, y las del Angel, y la Religion de Tuby; pero la idea y dibuxo de todo es de le Brun. Ademas de otros muchos Sepulcros y obras de escultura dentro de esta Iglesia hay una de Buchardon dentro de una Capilla, y es el Sepulcro de Mr. de Armenonville, y tambien se encuentra un gran Crucifixo de bronce muy estimado por su buena execucion.

32 A continuacion del quartel de S. Eustaquio está el que llaman: *Quartier des Halles*; esto es, Quartel de los Mercados, en cuyo distrito se encuentran calles y plazas destinadas á todo género de mercancías, particularmente de comestibles, de carne, pescados, lacticinios, verduras, legumbres, flores, &c; pero es el recinto mas inmundo y mas ridículo de París, cuyo aspecto segun un Escritor de las grandezas de esta Ciudad, lo compara al de una Judería. Se encuentra en dicho quartel una Iglesia intitulada de los Santos Inocentes, donde no hay cosa notable que decir. Lo que todos admiran en él es la fuente llamada asimismo de los Santos Inocentes, cuya arquitectura es superior á quanto se ha hecho despues, por su elegancia, gentileza, y ornatos en sus dos fachaditas: consiste en pilastras, baxos relieves, y estatuas, que trabajaron á mediado del siglo diez y seis Pedro Lescot, y Juan Goujeon, el primero Arquitecto, y el segundo Escultor, de los mejores artífices de Francia, imitadores del antiguo.

33 Una de las cosas mas notables, que se encuentra en el quartel de *S. Denis*, S. Dionisio, es la puerta que tiene el mismo nombre, y en substancia se reduce á un Arco triunfal erigido á Luis XIV. Se regula de 72 pies

pies de alto, y otro tanto de ancho, con un gran arco en medio, y una pirámide á cada lado con colgantes de trofeos. En los pedestales de dichas pirámides arrimadas al espesor del arco hay dos puertas pequeñas de comunicacion al otro lado de la calle. Los adornos de escultura son dos estatuas colosales de baxo relieve, que figuran, una la Holanda vencida por la Francia; la otra á un rio, que es el Rin, cuyo paso por las tropas Francesas se representa en un baxo relieve sobre el arco, al qual corresponde en el lado opuesto otro, en que se expresa la toma de Mastrick.

34 La arquitectura y propiedad de este Arco triunfal, superior, segun dicen Escritores Franceses, á quanto hay en el mundo por este término, es de Francisco Blondel, y la escultura de Miguel Anguierre. Los Italianos tuercen el hocico á estas exâgeraciones, en particular los Romanos, acordándose de los de Tito, Constantino, y Septimio Severo, célebres monumentos de la venerable antigüedad en aquella Capital de las bellas Artes; así como tambien lo tuercen los Holandeses, quando leen el letrero, y ven la figura que representa á su República humillada y vencida.

35 Laugier no halla términos con que alabar este Arco, y lo pone sobre todo quanto

to se ha hecho en su linea por antiguos, y modernos; pero yo no sé qué efecto me hicieron aquellas pirámides de los costados, cargadas de trofeos, cada una con una bolita de bronce por remate, sobre unos pedestales traforados, que son las puertas menores, que he dicho tiene el arco.

36 En la Iglesia gótica de San Lázaro, situada en un arrabal de este quartel, y perteneciente á los PP. que llaman de la *Mision*, que fundó S. Vicente Paul, hay una porcion de quadros colocados en la nave, y representan la vida de dicho Santo, algunos de ellos pintados por un Religioso Dominico, llamado Fr. Andres: los hay tambien de Mr. de Troy, ambos profesores de crédito: los demas son de otros artífices.

37 En el altar mayor se venera el cuerpo del fundador de esta Congregacion de Sacerdotes, que se ocupan en la hospitalidad, y en instruir, y predicar á las gentes del campo. Cerca de S. Lázaro hay un espacio alineado de árboles, que llaman *la Foire de Saint Laurent*, Feria de S. Lorenzo: efectivamente es una feria, que dura dos ó tres meses en verano, de mucha diversion para París, porque la iluminan por la noche, y es grande el concurso de toda clase de personas aplicadas al pasatiempo.

En

38 En el quartel de S. Martin hay una Parroquia intitulada *S. Merri*, de estilo gótico muy comun; pero dentro se halla que ver: en el altar mayor la urna de dicho Santo, sostenida por quatro Angeles de bronce. Hay varios Sepulcros, adornados, y entre ellos es suntuoso el de Simon Arnaud de Pompone, por Bartolome Rastrelli. Se encuentran en esta Iglesia quadros de Cárlos Coipel, de Cárlos Vanloo, de Simon Voüet, y de otros.

39 El Convento de Benedictinos de S. Martin, que da nombre al quartel, merece una visita, para ver el Claustro de órden dórico, adornado de columnas, y la pieza del Refectorio, que es singular por la delicadez gótica, atribuida al artífice Pedro de Montereau, el mismo que hizo la Santa Capilla junto al Parlamento, de la qual he hablado. La Iglesia es una mezcla de renovaciones y de gótico; pero en la nave, y otros parages se hallan pinturas, entre ellas quatro grandes quadros de Jouvenet, en que representó la resurreccion de Lázaro, y otros asuntos del Evangelio. Tambien hay algunos quadros de mérito en la Sala Capitular. Francisco Mansard fué el Arquitecto del altar mayor, que consiste en quatro columnas corintias de mármol; y la pintura que represen-

senta la Circuncision la hizo Claudio Vignon.

40 En la Iglesia Parroquial de S. Nicolas *des Champs*, de los Campos, se debe observar el retablo mayor por los quadros que contiene de Voüet, y por dos Angeles de escultura de Sarrazin. Es notable la labor del púlpito, la Capilla de la Comunion, y la escultura de una puerta colateral de esta Parroquia, dentro la qual estan sepultados Guillermo Budeo, y Pedro Gasendo, con otras personas de letras.

41 La Puerta, ó Arco Triunfal, llamado de S. Martin, que los curiosos van á ver en este quartel, no le mereció al Laugier las alabanzas que la de S. Dionisio, pues encontró ruda y grosera toda la masa del edificio, pequeños sus arcos, extravagante el almohillado, que le da un ayre gótico muy desagradable, sobre lo qual no hay que añadir. A los lados del arco del medio hay baxos relieves de Desiardins, le Gros, &c. con relacion á las glorias de Luis XIV, y triunfos obtenidos, como dicen los letreros, de Españoles, Alemanes y Holandeses. Se encuentran en este barrio otras Iglesias y lugares piadosos, que paso por alto por no contener obras de particular consideracion. Tambien hay en él un Hospital llamado de S. Luis.

La

42 La plaza de Greve está situada en el quartel que tiene su mismo nombre. Es parage célebre por los espectáculos de alegría que allí se dan al Pueblo con motivo de acaecimientos favorables, y tambien por las execuciones de justicia. *La Maison de Ville*, ó Casa del Ayuntamiento es el objeto principal que hay en ella: tiene una fachada de muy ridícula arquitectura. Encima la puerta del medio se ve una estatua eqüestre bronceada, de baxo relieve, que representa á Henrique IV, obra muy alabada, que executó Pedro Biard, Escultor famoso de aquel tiempo, y discípulo de Bonarrota. Está en partes estropeada por causa de un incendio.

43 En el fondo del patio se ve colocada otra estatua pedestre de bronce de Luis XIV. vestido á la heroyca, con baxos relieves en el pedestal, que es de mármol, y otras decoraciones de columnas, &c. La hizo Coicevox, y se reputa por una de sus mejores obras. El friso al rededor del patio está lleno de letreros, que expresan las glorias de Luis XIV. y sucesos de su reynado. En las salas se ven colocados grandes quadros con alusion al mismo Soberano, &c. y los hay de Porbus, de Francisco Troy, de Cárlos Vanloó, de Mignard, Largilliere, &c.

44 En la cercana Iglesia Parroquial, inti-

titulada de S. Juan *en Greve*, fué enterrado el famoso Pintor Simon Voüet, tan conocido por sus obras grabadas, Maestro de le Sueur, y le Brun, que le superaron en la correccion, y en otras partes nobles del Arte. Es un edificio gótico, sin elegancia particular; pero se celebra la arcada donde está colocado el órgano. El retablo mayor consiste en ocho columnas de mármol, y en un grupo de la misma materia executado por le Moine. Se ven quadros de Coipel, y de otros artifices de menos crédito.

45 No hay cosa que se celebre tanto en Paris como la portada de S. Gervasio y Protasio, titulares de una Parroquia situada en este quartel. Hay Escritor que pone á este trozo de arquitectura sobre quantos hay en el mundo. Consiste en tres cuerpos, el primero de ocho columnas dóricas, el segundo de otras tantas jónicas, y el tercero de quatro corintias. En el segundo cuerpo hay estatuas de los Santos titulares, y en el tercero de los Evangelistas, de un mérito muy inferior al de la arquitectura.

46 Dicha portada, que es muy grande, está en una angostura, donde no se puede ver con toda comodidad. Se hizo por dibuxos de Jayme de Brosse en el reynado de Luis XIII. y ciertamente es de lo mas sun-

tuoso, agradable y sencillo que se encuentra en materia de arquitectura dentro de esta Ciudad; pero Laugier, que nada perdona de lo que no va conforme á sus principios, ataca fuertemente á las columnas dóricas embebidas un tercio en la pared, y nada menos al frontispicio de este primer cuerpo, como insignificante, superfluo y absurdo, en lo que me parece que le sobra la razon para no considerarla una obra tan perfecta y singular como la consideran otros.

47 Entrando por ella, nadie que no lo sepa creerá encontrarse con una antigua Iglesia gótica, que fuera de su elevacion, no tiene nada de singular. Sin embargo se hallan en su recinto obras de pintura y escultura de le Sueur, Bourdon, Champagne, &c. El Crucifixo sobre la puerta del Coro es de Sarracin: un Sepulcro en la Capilla de Santa Genoveva, de le Moyne: un Ecce-Homo en otra Capilla, de Pilon; y otro Sepulcro enfrente del Coro, muy adornado de figuras, bien que de estuco, ha sido modernamente erigido á un Cura de esta Parroquia. Una de las cosas mas notables de ella son sus grandes vidrieras pintadas, que debe ver qualquier curioso, y el Sepulcro del Chanciller de Tellier, enriquecido de escultura.

48 El quartel de S. Pablo toma el nombre

bre de una antigua Parroquia de fea arquitectura. En ella estan sepultados los dos acreditados Arquitectos Francisco Mansart, y su sobrino Arduino Mansart; y aunque la habilidad del tio fué muy superior á la del sobrino, este le pasó muy adelante en la fortuna. En una Capilla hay una Sacra Familia de le Brun, en otra una Anunciacion de Jouvenet; y se encuentran algunas otras obras, así de pintura, como de escultura, que tienen su mérito.

49 La cercana Iglesia, que fué de los Celestinos (suprimidos poco hace), aunque es de un gótico muy ordinario, contiene mas curiosidades que ninguna otra en materia de monumentos sepulcrales, erigidos á grandes personages. Hay uno, que consiste en un pedestal con las tres Gracias encima, que sostienen con sus cabezas una urna de bronce dorado, donde estan los corazones de Henrique II. y de Catarina de Médicis su muger: obra de German Pilon, y de mucho mérito. Las estatuas son de alabastro.

50 Otro Sepulcro, donde está guardado el corazon de Francisco I. se reduce á un pedestal de pórfido triangular con labores, é inscripciones. En los tres ángulos hay tres niños con hachas, y de entre ellos se eleva una columna de mármol brotando llamas, con alusion

sion á la que guiaba á los Israelitas en el desierto. Encima la columna hay un Angel, que sostiene una urnita de bronce. El Sepulcro del Condestable Montmorenci consiste en una columna salomónica de mármol, y sobre su capitel compuesto hay una urna, donde está su corazon. El pedestal sostiene tres figuras de bronce, que representan Virtudes, y la obra es de un Bartolomé Prior.

51 El Sepulcro del Almirante de Chabot, donde está su estatua medio recostada sobre la urna, con muchos ornatos al rededor, dudan si es de Pablo Ponce, ó de Juan Cousin; pero la obra es muy buena, de mediado del siglo diez y seis. La tumba de un Duque de Rohan, obra de Anguier, que consiste en su estatua medio descubierta, echada sobre la urna, y dos niños llorosos, es muy digna de estimarse por el artificio.

52 Otro suntuoso monumento de la Casa de Orleans, que consiste en un obelisco cargado de trofeos, en dos baxos relieves de bronce, y de quatro estatuas de Virtudes tambien de bronce, &c. merece ser observado, como obra de las mejores de Francisco Anguierre. Asimismo el de un Duque de Brissac, donde se eleva una columna, sobre la qual hay una urna dorada, y encima el pedestal dos Genios llorosos, &c. Igualmente el de Cárlos

los Maigni, y es una estatua armada, y sentada, apoyando la cabeza sobre su mano izquierda, obra creida de Pablo Ponce, que dicen celebraba mucho el Bernino.

53 Seria largo de contar las cosas de esta clase, que hay en esta Iglesia, y todo curioso debe ver, como de las cosas mas notables de Francia; y si lee los letreros, hallará que muchas personas de la primer calidad, y de singular mérito en varias carreras, eligieron este sitio para reposo de sus cadáveres. Uno de los mas principales fué Leon Lusignan, Rey de Armenia, á quien los Turcos despojaron de su Reyno. Todo lo dicho, y mucho mas, está colocado en la nave y Capillas de la Iglesia. El altar de la mayor contiene una Anunciacion de escultura de German Pilon, y tambien hay allí estatuas de bronce, que representan á los Evangelistas.

54 El claustro de este, que antes fué Monasterio, es cosa sumamente delicada en el estilo gótico. Junto á la puerta de la escalera principal ví en la pared un epitafio de Antonio Perez, Ministro de Felipe II. de cuyas manos pudo escaparse, y recobrarse en Francia, donde le protegió Henrique IV.: dice así: *Hic jacet illustrissimus D. Antonius Perez, olim Philippo II. Hispaniarum Regi á Secretioribus Consiliis, cujus odium*

ma-

*male auspicatum effugiens, ad Henricum IV. Galliarum Regem invictissimum se contulit, ejusque beneficentiam expertus est. Demum Parisiis diem clausit extremum, anno salutis MDCXI.*

55 Con el quartel de S. Pablo referido confina el que llaman del Temple, denominado de una Casa muy principal de los Templarios, que suprimidos, fué dada á la Religion de S. Juan de Jerusalen, hoy de Malta, y es la Casa del Gran Priorato de Francia. Ocupa un gran espacio, y es lugar exênto. El ingreso al patio está adornado de columnas dóricas, y las hay al rededor con pedestales muy desproporcionados. La Iglesia es gótica, y contiene porcion de Sepulcros con estatuas de Caballeros muy principales de esta Orden.

56 En dos Iglesias cercanas de Monjas hay poco de lo tocante á nuestro asunto; pero se puede ver la portada de la de Santa Isabel con adorno de pilastras dóricas; y la pintura de la Anunciacion de le Brun en el retablo mayor de las que llaman de *Nazaret*, con otro quadro de Jouvenet en la misma Iglesia, en que representó á Marta y María. Hay en este quartel otras Iglesias, y Conventos, pero sin cosa particular que decir.

57 En el confinante, llamado de S. Anto-

tonio, está la Plaza Real, que es la mayor de París, aunque mas tiene aspecto de un Jardin cerrado. Es quadrada, con edificios al rededor, nueve pabellones, que se elevan en cada uno de sus tres lados, y ocho en el otro. Tiene pórtico con arcos y pilastras dóricas, y entre los edificios y el espacio que ocupa la estatua eqüestre de Luis XIII. colocada en el medio de un gran *Parterre*, corre por todo un enverjado de hierro.

58 La Plaza Real, la mas espaciosa de todas, podria ser bella (dice un Autor) si quitasen el enverjado de hierro, parecido á la cerca de un jardin; si murasen los pórticos aplastados, que reynan al rededor, de menos valor que un ruin claustro de Frayles; si se abatiesen los dos grandes pabellones que desfiguran el ingreso; si se abrieran quatro grandes calles en sus quatro lados: entónces, dice, tendria idea de plaza; pero ahora la tiene de un patio, cuyo medio se ha destinado á formar un jardin.

59 La estatua eqüestre de bronce de Luis XIII. está colocada sobre un gran pedestal de mármol con varias inscripciones en alabanza de dicho Monarca, y de su primer Ministro el Cardenal de Richelieu. El Caballo sin duda es bueno, y merece las alabanzas que le dan; pero la figura del Rey es de un

mé-

mérito muy inferior, por haber muerto Daniel Ricciareli de Volterra, discípulo de Miguel Angel, que hizo el Caballo antes de empezar la figura, que se encargó á un tal Biard.

60 Por mucha aficion que V. tenga á las obras de las tres Nobles Artes, y por muy grande que sea el gusto que yo tengo en comunicárselas, no puede menos de cansarle una relacion tan seguida de las que se encuentran en esta gran Ciudad, como tambien á mí me cansa formarla y escribirla. Cortando, pues, ahora dicha relacion, será bueno para entrambos tomar un poco de reposo, y hacer gana para la Carta siguiente... París, &c. 1783.

## CARTA VI.

1 Concluí mi Carta anterior con las noticias que di á V. de la Plaza Real, y ahora continuaré en la forma que pueda, comunicándole las demas. A espaldas de dicha Plaza hay un Convento de Mínimos con su Iglesia, donde se encuentran cosas buenas. Aunque la portada es de Francisco Mansard, está embrollado el órden dórico. Se encuentran en esta Iglesia quadros de Voüet, de la Hyre, de Coipel, y de otros, y algu-

gunas obras de escultura de Sarracin, Costou, &c. El retablo mayor está adornado de columnas corintias de mármol. Se pueden ver varios Sepulcros magníficos en sus Capillas, particularmente el del Marques de Villacerf, el del Duque de Vieville, el de Diana de Francia, &c.

2 Una de las calles grandes de este quartel y de París, es la de S. Antonio, y en ella se encuentra la que fué Casa Profesa de los Jesuitas, cuya gran portada de Iglesia corresponde á un parage espacioso de dicha calle. Los ignorantes de Arquitectura le dan las mayores alabanzas, como sucedia ántes en Madrid con la del Hospicio de S. Fernando, bien que esta de los Jesuitas, aunque con muchos defectos, tiene idea de Arquitectura y de magnificencia en sus tres órdenes de columnas, los dos inferiores corintios, y el último compuesto.

3 Laugier, aunque Jesuita, la criticó fuertemente por sus columnas anichadas, por sus diversos cuerpos confundidos de ornatos, y por otros varios capítulos. Fué invencion de un Jesuita, llamado Derrand. A los defectos del arte se puede añadir el que le da la naturaleza del clima de este pais, y es la negrura que las piedras reciben, con lo que se ven mascaradas muchas fábricas de las mas princi-

cipales. Esta portada tiene diez y seis columnas en cada uno de sus dos cuerpos, y quatro en el último. Están en ella las estatuas de nuestra Señora, S. Ignacio, y S. Xavier de escultura de poco mérito.

4 Suprimidos los Jesuitas, se dió esta Iglesia á los Canónigos Regulares de Santa Genoveva. Al lado derecho de la Capilla mayor se ven dos Angeles de plata, que sostienen el corazon de Luis XIII. encerrado en otro corazon de oro: debaxo la inscripcion hay niños en ademan de llorar, y baxos relieves, que representan la Justicia, la Prudencia, y otras figuras alegóricas: la invencion es de Sarracin.

5 Al otro lado está el monumento donde se colocó el corazon de Luis XIV. parecido al anterior, y por dibuxos de Costou. En la Capilla del Crucero del lado del Evangelio se ve el magnífico monumento de Henrique de Condé, padre del gran Condé, y consiste en muchos ornatos, baxos relieves, y figuras de bronce, modeladas por Sarracin. Otras cosas se pueden ver en esta Iglesia dignas de atencion, particularmente preciosas alhajas de oro y plata, y en la clausura hay una Biblioteca, que se franquea al Público dos veces á la semana.

6 Una gran sala tuvieron los Jesuitas,
se-

segun me han dicho, en esta casa, adornada de famosos quadros, del Sarto, de Dominiquino, de Caraci, del Piombo, de Ticiano, de Albano, de Durero, de le Brun, y de otros célebres Profesores; pero yo no la ví, ni pude averiguar si estas preciosidades eran tales como decian, ni si se habian extraviado. En esta Casa Profesa vivió y murió el famoso Orador Luis de la Bordaloüe, y de ella fueron individuos otros hombres grandes, como tambien los Confesores de los Reyes de Francia, desde Henrique Tercero hasta Luis XV.

7 En esta calle de S. Antonio se encuentra un Convento de la Visitacion, que á instancia de S. Francisco de Sales vino á fundar Santa Juana de Chantal, cuya Iglesia executada por dibuxos de Francisco Mansart merece verse. El nombrado Castillo de la Bastilla está al fin de la misma calle de S. Antonio, y es un quadro compuesto de ocho torres, y sus cortinas intermedias, cercado con fosos, destinado principalmente para prision de reos de estado. La arquitectura es de estilo gótico.

8 Ademas de la calle de S. Antonio se encuentra el arrabal del mismo nombre, en donde habia dos especies de arcos triunfales: el uno era la Puerta de S. Antonio, pero ambos han sido destruidos sin quedar nada. Se
en-

encuentran en este quartel, y arrabal diferentes Iglesias, Conventos, Abadías, y otras Casas de piedad; pero poco que ver en aquellas: solo en la de los Franciscos Reformados hay algunas obras de razonable escultura, y en el Refectorio un gran quadro de le Brun, muy retocado y gastado, en que representó los Israelitas adorando la Serpiente de metal.

9 En el adjunto quartel, llamado de la Plaza de Maubert, hay una porcion grande de Colegios, Seminarios, Hospitales, Conventos, é Iglesias. El mas famoso entre los Colegios es el de Navarra, donde fué Alumno Henrique Quarto, y otras grandes personas, como tambien diferentes sugetos de virtud y letras. Tiene un arrabal llamado de *S. Marceu*, donde se encuentra la famosa fábrica Real de Tapicerías, nombrada vulgarmente *de Gobelins*, por haber venido á establecer en este sitio una manifactura de tintes Gil de Gobelins, tintorero de Reims muy famoso, particularmente para el color de la escarlata, en tiempo de Francisco Primero. El célebre Ministro Colbert la compró de órden del Rey Luis XIV. y se puso en el mejor pie el texido de tapicerías, de que tantas alabanzas se han hecho. Se guardan allí muchos quadros de diferentes Autores, executados para los

ta-

tapices, como de Vandermulen, Jouvenet, le Brun, y otros.

10 Al otro lado del Sena, esto es, á la izquierda de su corriente, se halla un grande Hospital, que llaman de *la Sal petriere*, situado fueia de la Ciudad, y gobernado muy bien, en el qual suele haber hasta diez mil, entre niños y personas mayores de ambos sexôs, á quienes se les instruye y enseña, alimenta y cura en las enfermedades. Tambien hay parage destinado para correccion de mugeres perdidas. Aunque es el mayor Hospital de París, el edificio no tiene regularidad, por ser un conjunto de casas que se unieron para este objeto. Solo la Iglesia se hizo de planta, y es de una arquitectura para mi gusto muy pesada, con su cúpula octógona, y quatro naves que se cruzan. En el pórtico hay columnas jónicas con un ático encima.

11 En un barrio de dicho quartel, y se llama de S. Victor, está el Jardin Botánico, ó Jardin Real, y unido á él el Gabinete de Historia Natural. Sin embargo de los años que ya tiene este Gabinete, y de los pocos que cuenta el nuestro de esa calle de Alcalá, puede V. asegurar que acaso no tiene en alguna linea tantas, y tan raras curiosidades el de París como el de Madrid; y al órden y curiosidad del nuestro no llega ciertamente

te el de esta Ciudad. Podrá tener mas número de cosas, pero no mas singulares en los ramos que forman estas colecciones.

12 El Jardin Botánico es muy bello, y grandemente situado, sirviendo no solamente para las plantas, sino para paseo público. Actualmente le dan una gran extension hasta la orilla del Sena, y cada dia se aumenta con nuevas adquisiciones de plantas.

13 Dicen que este establecimiento se debió á las instancias de Mr. de la Brosse, Médico de Luis XIII. quien fué el primer Intendente. Ahora lo es Mr. Buffon, cuya fama está bien extendida en el mundo, y bien merecida por sus obras. Tuve gusto de ver colocada en la escalera por donde se sube al Gabinete su estatua de mármol, con un escrito debaxo, que dice: *Majestati naturæ par ingenium*, por señas que me gustó mas que la misma estatua, casi oprimida de atributos, y con una especie de manto, ó manta por mejor decir, que cubre una parte de la figura, estando en lo demas desnuda.

14 Como quiera, es este un modo el mas lisonjero de premiar el mérito de los hombres grandes, aun sin esperar que llegue el término de su vida, cuyos efectos ya dixe á V. hablando del Salon del Louvre, quan ventajosos son para estímulo de la virtud,

y

y del verdadero mérito. Siempre he creido que las estatuas y monumentos públicos, que los Griegos, y Romanos tenian costumbre de erigir á sus hombres famosos, no fueron el menor estímulo de que otros les imitasen, y sudasen en todas lineas para alcanzar igual honor.

15 En la antigua y cercana Abadía de S. Victor de Canónigos Regulares ha habido en todos tiempos personas muy santas y doctas, como se reconoce en varios Sepulcros de la Iglesia, cuyo altar mayor tiene adorno de pinturas de Juan Restout, en que representó la Cena de Christo en un quadro, y en otro á Melchîsedech bendiciendo á Abrahan, &c. Tiene fama la Librería de esta Casa.

16 Uno de los muchos Colegios que hay en este quartel tiene el nombre del que lo fundó; es á saber, el Cardenal de le Moine. Se ha preciado siempre de excelentes Profesores para instruccion de la Juventud, entre ellos Turnebo y Mureto, en cuyo tiempo enseñaba en él la Filosofía Juan Gelida Español, natural de Valencia.

17 Es debido entrar en la cercana Iglesia de S. Nicolas del Colegio y Seminario llamado de *Chardonet*, para observar el Sepulcro del célebre Cárlos le Brun, y el de su

ma-

madre. Esta se ve representada en mármol, como saliendo de la tumba al sonido de la trompeta de un Angel, que está en lo alto. La invencion fué del mismo le Brun, como tambien la decoracion de toda la Capilla, dedicada á S. Cárlos, cuyo quadro en el Altar es asimismo de su mano. Al otro lado del de la madre está el Sepulcro del hijo, que consiste en un busto al pie de una piramide, y otros ornatos, executados por Coycevox. De paso se pueden ver en esta Iglesia Parroquial otras obras de las Artes, que tienen su mérito.

18 En donde estuvo la puerta de S. Bernardo, que es una de las de París, se erigió despues una memoria triunfal por direccion de Mr. Blondel á gloria de Luis XIV: consiste en dos arcos y un pilar en medio, con un ático sobre la cornisa, y en baxos relieves por ambos lados. Mirando á la Ciudad se representa Luis XIV. en actitud de repartir la abundancia á sus súbditos; y en el lado que corresponde al arrabal se figura el mismo Rey en aspecto de Neptuno, gobernando un navío, que navega viento en popa. Son obras del Escultor Bautista Tubi.

19 De dicha Puerta ó Arco triunfal ya dixo el Laugier, muy amante de su nacion, lo que podia decir qualquier extrangero menos

nos interesado en sus glorias, y es, que dicha obra es del todo chocante; porque debiendo en la pompa de un triunfo ocupar el parage del medio el triunfador, en este ingreso, ó iría á desbaratarse las narices en el pie derecho del medio, ó se veria en la necesidad de torcer á derecha, ó izquierda, cuyo defecto lo tiene por insoportable, y que echa á perder el resto del edificio [1], aunque por lo demas lo considera de un trabajo de mérito. En un Arco de triunfo, ó ha de haber una sola puerta, ó tres.

20 Yo añado, que aunque tenga mas de este número hasta cinco, estaria acaso mejor, como nuestra magnífica puerta de Alcalá de Madrid lo estaria, aunque se hubiese destinado para Arco de triunfo, como se pensó al principio. París, que en el dictámen de los Escritores Franceses es la mejor Ciudad del mundo, no tiene una puerta tan suntuosa, como la referida puerta de Alcalá de Madrid, ni un ingreso que le iguale.

21 Tambien el quartel llamado de S. Benito está lleno de Capillas, Conventos, Iglesias, Colegios, &c. pero hablaré solamente de

[1] La misma figura tienen las dos ordinarias puertas de Madrid, llamadas de Segovia, y de Toledo; pero es de creer que se harán con otra magnificencia, como se han hecho la de Alcalá, y de S. Vicente.

de los recintos donde haya algo que notar relativo á nuestro propósito. Una de las principales calles de este quartel es la de *S. Jacques*, Santiago, donde hay mucha parte de los Libreros de París, y junto á ella hay otra llamada de S. Juan *de Beauvais*, donde está el Colegio de Beauvais, y es uno de los que siempre han florecido mas en la Universidad de París. Lo nombro porque en él fué Maestro de Filosofia S. Francisco Xavier, lo que tiene á gran gloria el mismo Colegio.

22 En dicha calle tuvo su Imprenta el célebre Roberto Estéfano, uno de los mas sabios y doctos Impresores que ha habido, muy erudito en el hebreo, griego, latin, &c. y á quien solia ir á visitar á su oficina la Reyna de Navarra Margarita, hermana de Francisco Primero. Dicen varios Escritores, que Roberto Estéfano hacia fixar en las esquinas las últimas pruebas de los libros que imprimia, ofreciendo premios á los que notasen algun defecto.

23 Hay inmediata una casa con su Iglesia, que es encomienda de S. Juan de Letran, y en ella se encuentra una memoria sepulcral del Comendador de Souvré, obra de Miguel Anguierre, executada en mármol, y consiste en un fronton, cuyo cornisamento

sos-

sostienen dos términos: en medio está colocada la urna, y sobre ella la estatua de mármol medio recostada, y medio desnuda, y un Angelito sosteniéndole un brazo.

24 En la cercana Iglesia Parroquial de S. Benito hay enterrados varios Profesores de las bellas Artes, de distinguido mérito, como fueron Gerardo Audran, Claudio Perrault, y su hermano Cárlos, Autores de varias obras, y Claudio traductor de Vitrubio. Tambien está enterrado en ella el célebre Antiquario Vaillant, que así él, como Claudio Perrault fueron famosos Médicos. Por dibuxos de este se hizo la decoracion de la Capilla mayor.

25 En esta calle de Santiago estuvo el célebre Colegio de Clermont, ó de Luis el Grande, que ocuparon los Jesuitas, y uno de los primeros, y mas acreditados Profesores que en él hubo fué el P. Juan Maldonado Español. Del mismo Colegio fueron los eruditos Jacobo Sirmondo, Juan Harduino, y otros grandes literatos.

26 Se encuentra en ella el Convento principal, y de los mas antiguos de la Orden de Predicadores, en cuya Iglesia yacen gran número de personas Reales, y estan depositadas las entrañas de otras: ademas muchas personas ilustres en todas lineas. El retablo ma-

yor tiene decoracion de columnas corintias con las armas del Cardenal Mazarini, que lo costeó: se ven algunas pinturas estimables, entre ellas una de Valentin, en que representó el Nacimiento de la Virgen, y pasa por uno de los mejores quadros de Francia.

27 Las escuelas, ó sala que llaman de Santo Thomas, estan al lado de la Iglesia: hay allí varias estatuas, entre ellas la de Santo Domingo, Alberto Magno, Santo Thomas, &c. con otros retratos de diferentes hombres de mérito. Los ha habido, y muy grandes en esta casa, donde residió algun tiempo el célebre Natal Alexandro. La Cátedra, donde enseñó aquí Santo Thomas la guardan como reliquia. La portada de la Iglesia está adornada de pilastras y de las estatuas de los referidos Santo Domingo, y Santo Thomas.

28 Es increible el número de Colegios que habia, y aun hay en este quartel de Santiago, fundados por personas poderosas y caritativas para pobres Estudiantes de varias Provincias del Reyno, los quales Colegios estan incorporados casi todos á la Universidad de la Sorbona, valiéndoles para obtener los grados que dispensa la misma, los estudios que en ellos hacen de las diversas ciencias, segun la fundacion.

Una

29 Una de las casas mas considerables de este quartel es la Abadía de Santa Genoveva Patrona de París, cabeza actualmente de una Orden de Canónigos Regulares de S. Agustin, y fundacion de los Reyes Clodoveo y Clotilde, que fueron enterrados en ella. Antes lo habia sido en este parage la misma Santa, en un subterraneo de dicha Iglesia, trasladada despues á la superior, y colocada detras del altar mayor, sobre un cuerpo de arquitectura.

30 Consiste dicho cuerpo en quatro columnas grandes de órden corintio, sobre las quales hay quatro estatuas de Vírgenes, sosteniendo la caxa de la Santa, la qual es de plata dorada, cubierta de piedras preciosas, y una corona de gran valor encima, que dió la Reyna María de Médicis.

31 Tambien es de mucha riqueza el tabernáculo del altar con columnas compuestas, de la piedra llamada *brocatelo*, y adornado de otras preciosas y raras. Es digno de observarse el facistol en medio el Coro, que remata en una águila, y en medio del mismo Coro está el Sepulcro de Clodoveo, obra muy posterior á su muerte.

32 En una Capilla al lado del altar mayor se ve un suntuoso Sepulcro del Cardenal Francisco de la Rochefoucauld con su

es-

estatua de rodillas, obra de Felipe Buister. En uno de los pilares de la Iglesia hay un busto que representa al célebre Renato Descartes, con muy ingeniosas inscripciones, cuyo cadáver fué transportado desde Stocolmo, donde murió en 1650.

33 En la nave del Templo hay colocados quatro grandes quadros, que representan votos hechos á la Santa por la Ciudad de París, y uno en accion de gracias por haber recobrado la salud Luis XV. en Metz el año de 1744: son obras de Troy, y de su hijo, que fué Director de la Academia de Francia en Roma, de Argilliere, y de Turniere.

34 Dentro la clausura no faltan cosas notables, que deben verse, entre otras la Biblioteca, muy copiosa y singular. El Gabinete de medallas, que se debió á la destreza, é inteligencia del P. Molinet, Canónigo de esta Casa, es muy estimable habiéndose aumentado de colecciones de todos tiempos, de todas series, griegas, romanas, y modernas, pertenecientes á Francia, y á otros Reynos: de piedras grabadas, de instrumentos matemáticos, armas y trages de diferentes naciones, &c. Dicho P. Molinet publicó un libro de este Gabinete.

35 En el medio de la Biblioteca, que forma cruz, hay su cúpula con una gloria pinta-

tada en ella, donde se representa S. Agustin, &c. obra de Restout. Se ven en esta Biblioteca muchos bustos de personas de mérito, algunos executados por Girardon, y Coicevox. Logra esta Casa de un grande y bello jardin.

36 Cerca de la antigua Iglesia de Santa Genoveva se está fabricando la nueva á honra de esta misma Santa, en figura de una cruz griega de muy grande extension, como de cincuenta toesas, y en el brazo del pórtico pueden considerarse diez mas. Los pilares del medio son triangulares, y han de sostener una cúpula de sesenta y dos pies de diámetro, debiéndose colocar debaxo de ella en el pavimento la caxa de la Santa. La cúpula está por hacer: la portada, que ya está concluida, forma un pórtico, al modo del de la Rotunda de Roma, sostenido de veinte y dos columnas corintias. En sus paredes y frontispicio se han executado baxos relieves relativos á la Santa, que no hacen muy buen efecto por ser obra demasiado menuda, y rebaxada: los follages del friso y la planta total han padecido sus críticas; pero todas estas partes, que lo son de una gran máquina, como es la de esta Iglesia, superior á las otras de París, se verá como acompañan en estar concluida 1.

_____
1 Ha muerto últimamente el Arquitecto de esta grande
y

37 Cerca de la Abadía de Santa Genoveva está la Parroquia de S. Esteban, interiormente medio gótica, y la portada muy confusa, cargada de ornamentos, y de escultura de corto mérito. Dentro hay algunas estatuas de German Pilon, y un baxo relieve de Jesu-Christo en la oracion del Huerto. El púlpito es cosa singular por sus ornatos, y figuras, siendo la de Sanson la que lo sostiene, y encima hay un Angel con una trompeta, como convocando á los fieles para oir la palabra de Dios. En el recinto de esta Iglesia están enterrados el célebre Pintor Eustaquio le Sueur, el famoso Poeta Racine, y el insigne Botánico Joseph de Tournefort, nombres bien conocidos.

38 En el arrabal de Santiago se encuentra tambien un buen número de Iglesias, y Conventos. La Parroquial dedicada á dicho Santo, y á S. Felipe, tiene muy bella portada con quatro columnas de órden dórico, y dentro hay uno de los mejores quadros que hizo Lorenzo de la Hire, en que representó el martirio de San Bartolome. En ella está enterrado el famoso Astrónomo Juan Domingo Casini. En el cercano Monasterio de Benedictinos Ingleses yace sin fausto el cadáver

y costosa obra Mr. Suflot, y queda en su lugar Mr. Puisio.

ver de Jacobo Segundo, Rey de Inglaterra, que perdió sus Estados, y se recobró, retiró, ó refugió en Francia, donde murió el 1701, y tambien lo está el de su hija Luisa María de Stuard.

39 Entre las Iglesias mas aseadas y bien adornadas de París, es una la de las Monjas Carmelitas Descalzas de este arrabal, cuya Comunidad está muy acreditada. Es el primer Convento que tuvieron en Francia, y para su fundacion vinieron de España seis Religiosas de esta misma Orden á instancias del Cardenal de Berulle, habiendo contribuido á la decoracion de la Iglesia la Reyna María de Médicis.

40 Las pinturas de la bóveda son de Felipe de Champagna. Entre la nave y el Coro hay un Crucifixo de bronce de Sarracin. El altar mayor es rico de bronces y mármoles con columnas corintias, baxos relieves, &c. El quadro es de Guido Rheni, y representa la Anunciacion. Debaxo las vidrieras, que dan luz á la nave, hay doce quadros, los seis del un lado son del citado Champagna: dos del otro lado de le Brun, y representan á la Magdalena á los pies de Christo en casa del Fariseo, y al mismo Señor, á quien sirven los Angeles en el desierto, obras de mucho mérito. Los otros son de Stella, y de la
Hy-

Hyre, y todos son asuntos de la Escritura.

41 Uno de los quadros mas acreditados de le Brun es el que está en la Capilla de la Magdalena, á quien representó del natural; despojándose de sus joyas. Ha sido grabado repetidas veces, y lo enseñan por cosa rara y singular. En esta misma Capilla hay una estatua de mármol arrodillada sobre un pedestal, del Cardenal de Berulle, que introduxo las Carmelitas Descalzas en Francia, y fué fundador de los PP. del Oratorio del Salvador, como queda dicho. La figura es de Sarracin.

42 La dignísima Española, y Reyna de Francia Doña Ana de Austria, muger de Luis XIII. fundó en este barrio de Santiago uno de los mas suntuosos Conventos de Monjas que hay en París, entrando en esta cuenta la Iglesia que llaman *Val de Grace*, Valle de gracia. La portada que se eleva en el fondo de un gran patio, cerrado de verjas por la calle, consiste en un pórtico sostenido de ocho columnas corintias, á cuyos lados hay dos estatuas de Miguel Anguierre, que representan á S. Benito, y á Santa Escolástica. En el segundo cuerpo está el escudo de las armas de Francia unidas á las de España. Así este primer cuerpo, como el de encima tiene mezcla de pilastras; y de las mismas
del

del órden corintio es la decoracion interior de la Iglesia.

43 Del citado Anguierre son varias obras de escultura en la bóveda, &c. El retablo mayor consiste en seis columnas salomónicas de mármol, cubierto de dosel, ó *baldaquino*, y Angeles sobre el vivo de las columnas, á imitacion del de S. Pedro en Roma. El objeto principal del altar es el Niño Dios recien nacido, y la Virgen con S. Joseph á los lados, estatuas del natural, executadas en mármol por Anguierre.

44 La cúpula la pintó Pedro Mignard, y tiene la reputacion de ser la mejor, ó de las mejores obras á fresco que hay en Francia, y aun en Europa; pero es entre los que juzgan que solo lo de su Pais es lo bueno, y superior. Estas ponderaciones son causa de que el forastero exâmine las obras sobre que recaen con mayor atencion, y ademas de algunas flaquezas substanciales encuentra en esta obra un color desagradable, que tira al morado, y lo atribuyen á los retoques del Autor. Es preciso que soñase quien tuvo valor de comparar á Minard con el Corregio. Fué grabada dicha obra por Gerardo Audran.

45 Esta pintura, ya bastante deteriorada, representa una gloria con la SS. Trinidad, y muchos Santos. En las pechinas sobre

bre los arcos de las Capillas, y en otras partes, hay quantidad de obras de escultura. El Arquitecto fué Francisco Mansart, que la dirigió hasta cierta altura; pero otros la continuaron.

46 Con motivo de haber nombrado á la Reyna fundadora de este Monasterio, me ha ocurrido una especie graciosa, que quisiera exâminase, y rectificase V. ¿Se les podria decir á los Señores Franceses, que una Dama Española, nacida en Valladolid, fué quien fundó su famosa, y Real Academia de la Pintura? Proposicion escandalosa, y ridícula paradoxa, si me la oyeran aquí: pero vamos á ver, y sirvan de algo las especies siguientes.

47 Esta Dama fué la Reyna de Francia Doña Ana de Austria, muger de Luis XIII. hermana de nuestro Rey Felipe IV. y madre de Luis XIV. Luis XIV. su hijo nació en 5 de Septiembre de 1638. La Academia de Pintura se fundó en 1648, quando el Rey solo tenia diez años. Salió el Rey de la menor edad el año de 1651 á 6 de Septiembre, y tomó las riendas del gobierno.

48 De lo dicho saco yo, que la Academia se fundó por la Reyna Gobernadora Doña Ana de Austria, que es la Dama nacida en Valladolid. Ningun Frances ignora la afición de dicha Señora á las Nobles Artes, y
lo

lo mucho que honró á sus Profesores. Se habia criado en una Corte donde lo habia aprendido, y donde se hizo particular estimacion de dichas Nobles Artes, que no se desdeñó la misma Reyna de exercitar, como tambien su hermano el Señor Felipe IV. y los demas Infantes, que se dedicaron al dibuxo.

49 No sé yo que sea facil quitarla á la Reyna la gloria de esta fundacion, aunque en el año de 1663 se le diese mayor extension, y se rectificasen sus estatutos, privilegios, &c. Y aun en esto ¿quien ha de dudar que la Reyna tendría el principal influxo? Ademas que estas fueron modificaciones al establecimiento hecho en el año de 1648.

50 Uno de los que mas concurrieron á la fundacion de esta Academia fué Felipe de Champagna, Pintor Flamenco, dotado de habilidad y excelentes prendas, especialmente de tal desinteres, que el sueldo que se le daba, como á uno de los Rectores de la Academia, lo repartia entre Profesores necesitados. La Reyna le honró muy particularmente, y tenia la complacencia de verle pintar algunos ratos en la habitacion que S. M. tenia reservada para sí en el Monasterio de Val de Gracia.

51 Valga el episodio por lo que valiese,

y

y vamos adelante. Al cabo del barrio de Santiago, y fuera de la barrera de la Ciudad se encuentra el Observatorio Astronómico: obra muy celebrada, y del Arquitecto Claudio Perrault, que se hizo en tiempo de Luis XIV. y de su Ministro Colbert: es un quadro de unas quince toesas por cada lado, con dos torres octógonas á los extremos del de Mediodia. Otra torre quadrada tiene en medio de la fachada del Norte, que es por donde se entra. No se elevan mas que el resto del edificio, y todo él está fabricado en bóvedas, sin haber entrado hierro ni madera, sino en el pasamano de la escalera, que es de hierro.

52 En lo mas elevado hay un terrado, y en él se encuentra una especie de mastil para poner un anteojo de mas de 70 pies de largo. En las piezas del edificio hay varias máquinas, é instrumentos para las observaciones astronómicas. En una se ve un planisferio terrestre, que sirve de pavimento, hecho con la posible correccion, dirigido por Casini. La escalera de caracol, que empieza desde los subterraneos, y llega hasta la altura del terrado, tiene cerca de doscientos escalones, y la correspondiente profundidad, formando un vacío en el medio á manera de pozo, para hacer desde lo mas
hon-

hondo diversas observaciones, y para otros fines.

53 En el quartel de S. Andres se encuentran multitud de Iglesias, Comunidades, y lugares pios, como en los demas. Una de estas Iglesias es la Parroquia de S. Severino, cuyo retablo principal, adornado de bronces, y de columnas de mármol de órden compuesto, fué invencion de Cárlos le Brun: hay en ella dos quadros de S. Joseph, y de Santa Genoveva, de Felipe de Champagna. En esta Iglesia está enterrado Luis Moreri, primer Autor del Diccionario Histórico, que todo el mundo conoce.

54 En la de los *Maturins*, que son los Trinitarios Calzados, tambien hay algo que ver, como la escultura de la portada, el retablo mayor con columnas de mármol, y el tabernáculo, asimismo de un mármol muy particular. En el claustro de este Convento hay un parage donde tiene sus asambleas la Universidad de París para la eleccion del Rector.

55 Entre diferentes Colegios que hay en este quartel, el principal es la Sorbona, cuya fundacion primitiva se debió á Roberto de Dovai, Canónigo de Senlis y Médico de Margarita de Provenza, muger de S. Luis, confiando la execucion á su amigo Roberto de Sorbona, que fué un gran bienhechor,

co-

como tambien lo fué el Rey S. Luis. En su principio solo era un Colegio como los demas para pobres Estudiantes. Se da por supuesto, que ha hecho grandes servicios por los sabios y doctos Teólogos que ha tenido. Habia sido siempre famoso por su antigüedad y sus escuelas: pero el Cardenal de Richelieu quiso que tambien lo fuese por el edificio.

56 Se valió para ello del Arquitecto Jacobo Mercier, que formó un gran quadrilongo con sus pabellones unidos á lo demas del edificio, en el que hay espaciosas salas, y habitaciones para treinta y seis Doctores Teólogos pensionados del Colegio, los quales se juntan el primer dia de cada mes para tratar asuntos de dogma, de disciplina, de costumbres, &c. La Biblioteca es de las mas suntuosas, y apreciables por el número y preciosidad de los impresos y manuscritos en todas lenguas. En medio de dos alas del edificio, en el fondo de una plaza se eleva la portada de la Iglesia, que consiste en dos órdenes de arquitectura, el primero de columnas corintias, y el segundo de pilastras compuestas. En los intercolumnios y entrepilastras, que son seis en cada cuerpo, hay estatuas de mármol: con todo no hace bien la mezcla de pilastras y columnas, y causa un efecto algo mezquino.

57 Interiormente se ve adornada la Iglesia

sia de pilastras corintias, y entre ellas hay nichos con estatuas. La cúpula la pintó Felipe de Champagna. La idea del Altar mayor la dió le Brun, y consiste en seis columnas de mármol corintias con remates de bronce. Se celebra mucho el Crucifixo que en él está colocado, de Francisco Anguierre: los demas adornos consisten en estatuas de Angeles, y otras. En la Capilla de la Virgen se ve en medio de un cuerpo de arquitectura una bella estatua de nuestra Señora con el Niño, de Desiardins, executada en mármol.

58 Sobre todo es digno de verse el Sepulcro del Cardenal Richelieu en medio el Coro, en donde echó el resto de su habilidad el Escultor Girardon. Se representa la figura del Cardenal medio recostada sobre la urna, sostenida por otra, que expresa la Religion: á los pies está sentada otra, que representa la Ciencia, con un libro abierto, y en ademan de afliccion. En el otro extremo hay dos Angeles, que sostienen el escudo de armas del Cardenal.

59 Esta máquina, que es toda de mármol, merece muchas alabanzas por el pensamiento, y por la execucion, y ciertamente es de lo mejor que hay en Francia en linea de escultura y de sepulcros. Hay tambien en la Sorbona un pórtico de diez columnas

*Tom. I.* M co-

corintias en el lado que corresponde á las habitaciones.

60 Uno de los edificios hechos á toda costa en estos años pasados ha sido la Academia Real de Cirugía en la calle de *Cordeliers*, baxo la direccion de Mr. Gondouin, Arquitecto del Rey. La decoracion exterior es un peristilo de gran porcion de columnas jónicas, que forman un espacioso pórtico, y encima la puerta hay un baxo relieve, donde está representado Luis XV. como entregando á una figura alegórica de la Cirugía el plan de este suntuoso edificio, acompañando otras figuras.

61 Sigue un patio, y enfrente de su puerta se ve un cuerpo de arquitectura de seis grandes columnas corintias, con otro baxo relieve en el frontispicio, cuyas figuras alegóricas significan la teórica y práctica del Arte dándose la mano, &c. Se entra por aquí á un teatro anatómico, muy capaz y cómodo para que puedan observar, aunque sean mil concurrentes, al Maestro que hace las demostraciones. Este edificio tiene interiormente muchas comodidades, y salas para Biblioteca, Gabinete, piezas de estudio, y otras para camas, &c.

62 En Francia llaman *Cordeliers* á los Religiosos Observantes de S. Francisco, por la
cuer-

cuerda, ó cordon con que se ciñen. Su principal Iglesia, que llaman *des grands Cordeliers*, es muy grande, y muy poco aseada, sin cosa reparable por lo respectivo á la arquitectura, que es una especie de medio gótico. El testero del Coro, que hace frente á la nave, es otra cosa, pues está adornado de columnas de mármol, de las estatuas de S. Pedro, y S. Pablo, &c.

63 Se encuentran en esta Iglesia varias memorias sepulcrales de hombres famosos, como tambien en otros parages del Convento, y Claustro, que es de los mejores de París, Alexandro de Alés, Ingles, y Nicolao de Lira, Frances, el primero Maestro de Santo Thomas, y S. Buenaventura, fueron los mayores literatos de sus respectivos tiempos, y tienen aquí sus sepulcros, y epitafios.

64 En la Iglesia de San Andres *des Arcs*, de los arcos que da nombre al quartel de que voy hablando, hay algo que ver. En el altar mayor las pinturas, cinco de ellas de Restout, y una de un tal Sanson. Del célebre Girardon es la escultura del Sepulcro de la Princesa de Contí, María Martinozzi, adornado de mármoles, y bronces. Lo principal es una figura de la Esperanza con un corazon en la mano.

65 Hay otro Sepulcro enfrente, parecido

do al anterior en sus ornatos, donde yace Francisco Luis de Borbon, hijo de dicha Señora. Se encuentra entrando en esta Iglesia la Capilla de los Señores de Tou, y en ella está el Sepulcro del célebre Presidente Jacobo Augusto de Tou, uno de los mas grandes literatos y historiógrafos de Francia; aunque por error, ó credulidad atribuyó la arquitectura del Escorial á Luis de Fox, quitando injustamente esta gloria á Juan Bautista de Toledo, y á Juan de Herrera.

66 El Sepulcro forma un cuerpo de arquitectura con quatro columnas de órden jónico, cuyos capiteles, y basas son de bronce. En el medio hay una urna con un baxo relieve, y sobre ella se ven sentadas dos figuras, como sosteniendo el cornisamento, sobre el qual está de rodillas la estatua de mármol de Jacobo de Tou, llamado el Tuano, entre otras dos que representan á sus dos mugeres: tiene este monumento otros adornos de escultura, siendo lo mejor y mas principal de Francisco Anguierre. Yacen aquí otros literatos, como Du-Chesne, Tillemont, &c.

67 En el Coro de la gran Iglesia de los Agustinos se han celebrado varios Capítulos de la Orden de *Sancti Spiritus*, y sus paredes se ven adornadas de quadros de Cárlos Vanloó, de Troy, y de Champagna. La de-

coracion principal del altar mayor consiste en doce columnas de mármol. El testero del Coro, que corresponde á la nave, está adornado de diez de la misma materia, y de dos estatuas de nuestra Señora y de S. Nicolas de Tolentino. Se encuentran algunas otras curiosidades en esta Iglesia, y Convento de los Agustinos, aunque no en su general arquitectura, que es de estilo gótico, sin elegancia.

68 Lo mas considerable en el quartel de Luxêmburgo es el Palacio que tiene el mismo nombre, y es uno de los mas suntuosos edificios de París, y aun de los mas arreglados de Europa, segun los Escritores Franceses, cuyo Arquitecto fué Jacobo de la Brosse. En medio de la fachada que corresponde á la calle, resalta un pabellon, adornado de dos cuerpos de columnas, que son del órden toscano, y del dórico, y remata en una cupulilla adornada de estatuas, con su lanterna.

69 La entrada principal al patio es por dicho pabellon, y se ve adornado de columnas dóricas y nichos. En los extremos de esta fachada se elevan tambien dos grandes pabellones quadrados, desde los quales hay comunicacion por dos largas galerías, sostenidas de arcos y pilares.

70 Lo principal del edificio corresponde

en el fondo del patio: tambien consta de un pabellon en cada uno de sus quatro ángulos, y de una portada, ó resalto con tres ingresos para el Jardin, y para subir á las habitaciones. Encima las puertas estan los bustos de Enrique IV. de María de Médicis su muger, y de su hijo Luis XIII. Sobre el segundo cuerpo hay quatro estatuas de pie, y otras dos recostadas en el frontispicio.

71 En toda la fábrica reyna el órden dórico y toscano, sobre los quales está añadido el jónico en los pabellones de la habitacion principal, por ser mas altos. Dicen que la Reyna María de Médicis envió á Italia á Mr. de la Brosse para que llenase su imaginacion de aquellos suntuosos edificios, particularmente del de *Pitti* en Florencia, y tambien se asegura, que la Brosse consultó para esta obra á los mayores Arquitectos de su tiempo.

72 Con todas estas diligencias se notan varios defectos, como la estrechez del ingreso para un edificio tan grande: los arcos de los pórticos muy altos en proporcion de su ancho: las pilastras muy gruesas: el vestíbulo angosto: el plano del patio interrumpido por una balaustrada, y escalones, que impiden llegar los coches á la portada y vestíbulo.

73 Como la mayor parte de la obra es

al-

almohadillada, da una cierta idea de rusticidad; y por tanto dice Laugier, que el bello Palacio de Luxêmburgo no está poco desfigurado por esta causa. Milicia añade, que aquel órden Toscano con columnas almohadilladas no parece conveniente á un noble Palacio de la Capital, y que las metopas del órden dórico no son exâctamente quadradas. Con mucha razon se critica la escalera, por grosera, falta de luces, y sobre todo porque ocupando parte del vestíbulo, dexa un miserable paso de comunicacion entre el patio del Palacio, y el Jardin.

74 Las salas y habitaciones del Luxêmburgo son bellas, cómodas y espaciosas; pero esto lo sé de oidas; porque habiendo cedido el Rey este magnífico edificio á su hermano el Señor Conde de Provenza, se halla todo embarazado con nuevas obras y trabajadores. Aunque me hubiera alegrado de ver la famosa galería de Rubens, que consiste en veinte y tres quadros grandes, en que representó con mezcla de figuras poéticas y alegóricas la vida y sucesos principales del Reynado de María de Médicis, y de su marido Enrique IV.; tampoco es cosa que me causó gran sentimiento, así por conocer la obra en las estampas que de ella se grabaron, como porque la execucion del pincel, nunca po-

drá superar á otros célebres quadros de este Artífice, que yo he visto en España, y fuera de ella. El ayre de París es malo para las pinturas. Estas se han compuesto varias veces, y lo mismo sucede con otras muchas.

75 Mas gusto hubiera tenido de ver algunos gabinetes, y otras piezas adornadas de quadros, que pasan por de Rafael, Corregio, Vinci, el Sarto, Ticiano, Guido, Dominiquino, Veronés, y de otros muchos Pintores Italianos; como tambien de los Franceses Pousin, le Brun, Rigaud, Miñard, Valentin Voüet, &c. y de los Flamencos, y otras escuelas, que dicen hay en gran copia; pero oigo que todo esto, ó gran parte de ello, se ha de llevar á la nueva galería del Louvre.

76 El Jardin de este Palacio es grande y espacioso, con muchas calles de árboles: todo el mundo puede gozar de esta comodidad para pasearse en él, y con este motivo concurre mucha gente. El pequeño Luxêmburgo es un Palacio inmediato de muy buena arquitectura, dirigida por German Bosfrand, y goza de la vista de los Jardines del grande.

77 En una calle de este quartel se encuentra la Cartuxa, cuya fundacion la hizo el Rey S. Luis; y de aquel tiempo es la Igle-

Iglesia, construida al modo de las de otras Cartuxas, con Coro de Sacerdotes separado del de los legos. Hay que ver en ella varias pinturas de los profesores, que aquí han adquirido el primer crédito, como de Champagna, que pintó el quadro del altar mayor, y es Jesu-Christo entre los Doctores: los de la nave de la Iglesia representan asuntos del Evangelio, y son de Jouvenet, Bologna, Coipel, Audran, Cornelio, &c.

78 Antes todo el mundo iba á ver el claustro pequeño de esta Cartuxa para observar la vida de S. Bruno, que el famoso le Sueur pintó en veinte y dos quadros; pero estos Religiosos los han cedido al Rey para adorno de la proyectada galería del Louvre. Yo no entiendo que sea muy acertado amontonar tantas cosas en un solo parage: bueno es que las preciosidades estén repartidas, y estas venian como nacidas para la Cartuxa. Ví depositadas dichas pinturas en el mismo Louvre para colocarlas á su tiempo, y ciertamente son de mucho mérito; pero no para comparar á su Autor, como algunos Escritores le comparan, con Rafael de Urbino, que es una comparacion extravagante, y ridícula. Tiene esta Casa un espacioso jardin, y una gran huerta.

79 En la Iglesia de la Trinidad de PP. del Oratorio hay un monumento hecho en

már-

mármol por Sarracin, con la estatua del Cardenal de Berulle, fundador de dicha Congregacion en Francia. Muchos se retiran á esta Casa para hacer exercicios espirituales.

80 En la Iglesia de las Religiosas de la Abadía llamada de *Port Royal*, como tambien en la cercana de Carmelitas Descálzos, se encuentra algo que merece observarse. La última se ve muy adornada de mármoles, y de algunas pinturas de mérito. La portada de la del Noviciado de los extinguidos Jesuitas es de una arquitectura arreglada, y consiste en dos cuerpos, dórico y jónico: la dirigió un Religioso de dicho Orden.

81 No me valieron las diligencias para verla interiormente, como deseaba, solo por el quadro celebradísimo del retablo mayor, que representa á S. Xavier resucitando á un muerto: obra de Nicolas Pousin, y por un Crucifixo de Sarracin, no menos alabado.

82 El Palacio de Borbon, ó de Condé, que da nombre á una calle, es obra de varios Arquitectos, y alguna parte está sin acabar: la puerta de una idea de arco triunfal, con columnas corintias entre dos pabellones, y encima el escudo de armas sostenido de figuras alegóricas. El patio es grandísimo con varios edificios que lo cercan, unos con columnas, y otros con pilastras. En el fondo hay un re-
sal-

salto de quatro columnas corintias, y encima se representa de escultura el Carro del Sol. Resulta de este gran edificio un todo muy falto de simetría, y unidad.

83 No hay que hablar de la riqueza de muebles con que están adornadas las habitaciones. Se ven en ellas varios quadros, que representan victorias obtenidas por el gran Condé, y en una sala es mayor el número de pinturas, las mas de estilo Flamenco. La situacion de este Palacio es muy ventajosa al lado izquierdo de la corriente del Sena, y enfrente la plaza de Luis XV. y las Tuillerías, que están al otro lado.

84 Los varios patios de este edificio, las caballerizas, y habitaciones de dependientes, indican la grandeza de su dueño, como tambien ciertas habitaciones pequeñas situadas del lado del Jardin, que sirven de retiro, donde la curiosidad ha sido mas considerada que lo magestuoso del arte; pero esta curiosidad habrá costado infinitos caudales. Aunque el Jardin, executado sobre el gusto ingles, no es grande, tiene todos los atractivos que pueden desearse.

85 Una de las mayores Parroquias de París, ya sea por el número de feligreses, ó por lo grande y costoso de su Iglesia, es la de S. Sulpicio, cuyos dispendiosos ornatos,

par-

particulatmente los últimos executados por el Arquitecto Servandoni, han sido la admiracion del vulgo, y al mismo tiempo un singular objeto de crítica para los inteligentes. Tiene tres portadas: la una con decoracion de columnas dóricas, y jónicas en sus dos cuerpos, y de las estatuas de S. Juan, y S. Joseph. La otra portada consta de columnas corintias, y compuestas, y de las estatuas de S. Pedro, y S. Pablo, executadas por un tal *du Mont*, como las anteriores, y de varias figuras de niños.

86 La nave es altísima, con arcos y pilastras corintias entre ellos: el altar mayor tiene la forma de un Sepulcro: encima se representa la Arca del Testamento, ó de la Alianza, y mas arriba el Propiciatorio sostenido de dos Angeles de bronce. En lo alto está suspendido un *baldaquin*, ó dosel dorado. Dentro el Coro hay Angeles de bronce dorado, que mantienen los libros, y en los pilares que lo cercan se ven estatuas de Jesu-Christo, la Virgen y Apóstoles, executadas por Buchardon.

87 La Capilla de la Virgen es muy rica de pinturas, estatuas, mármoles, y de todo género de ornatos. La estatua de nuestra Señora es de Mr. Pigale: las pinturas á fresco, que representan una gloria, de Francis-

co le Moine, y un tal Collet ha añadido otras. Hay tambien quadros de Cárlos Vanloó. El órgano es suntuoso, y nada menos un cuerpo de ocho columnas sobre un semicírculo á los pies de la Iglesia para sostenerlo.

88 En las Capillas hay algunos Sepulcros, que merecen verse por el artificio: sobre todos es magnífico el de Mr. Linguet, penúltimo Cura de esta Parroquia, y persona de la primer estimacion en París por su literatura, piedad, y otras circunstancias, que lo hicieron amable de todos los pobres; porque ademas de la doctrina les suministró muchos medios de vivir honestamente. La invencion de este Sepulcro es de Miguel Angel Slodts: consiste en varias figuras alegóricas de la Inmortalidad, de la Caridad, Religion, &c. La estatua de este digno Pastor está de rodillas con hábitos Sacerdotales, y en ademan de orar. Todo este rico monumento es de diferentes mármoles. En esta Iglesia están sepultados Francisco Blondel, y Rogerio de Piles; el primero Escritor de Arquitectura, y el segundo de Pintura: ambos inteligentes, y profesores.

89 Volvamos ahora á la portada principal de esta Iglesia: Lo primero que se ofrece en ella es un doble pórtico de columnas, elevado de la calle lo bastante: son de órden

den dórico, uno sobre otro; en ambos nada menos hay que sesenta y tantas columnas de gran diámetro con dos torres á los lados de treinta toesas de elevacion. Preguntaba un Escritor de París si se podria aplicar á esta portada: *fecisti majorem, fecisti minorem?* aludiendo sin duda á la gran mole, á la estrechez de la calle de donde se ha de ver, y á que para que tuviese un justo punto de vista seria menester arruinar el Seminario de enfrente, y otra gran porcion de casas.

90 Laugier estuvo severo en su crítica de esta costosa obra, atacando la gran cornisa del primer cuerpo dórico: las de las torres: el haber puesto pareadas las columnas en el fondo del pórtico, debiendo estarlo enfrente: el no haber hecho aisladas las del segundo órden: la pesadez y falta de gentileza de las torres, y otras mil cosas. Entra su crítica en la Iglesia (la mas considerable, dice, que se ha hecho en nuestros tiempos sobre el gusto de la arquitectura antigua), y no encuentra en ella sino enormes, y monstruosas masas, y macizos: gruesos arcos entre gruesas pilastras de un órden corintio, feo, y sin gentileza: una mastina bóveda, cuya pesadez hace temer la insuficiencia de su apoyo, bien que tan grueso; y concluye despues de otras observaciones, que aunque este edificio será
siem-

siempre una prueba del zelo de Mr. Linguet, excitará igualmente el llanto de los inteligentes del arte, y probará que no es este el siglo de la Arquitectura.

91 He hablado demasiado de la Iglesia de S. Sulpicio, porque esta ha sido la obra que mas ruido ha hecho en París estos años últimos, y como dixe, ha sido el objeto de la admiracion de unos, y de la justa crítica de otros.

92 Enfrente S. Sulpicio hay un célebre Seminario, donde es debido entrar á ver las pinturas, particularmente las de la Capilla, obras del célebre le Brun: en la bóveda pintó la Asuncion de la Virgen, y debaxo los PP. del Concilio de Efeso en varias actitudes de mucha expresion. El quadro del altar representa la Venida del Espíritu Santo del mismo Autor, el qual se retrató á sí mismo en una de las extremidades.

93 En este quartel de París es mucho lo que hay de Comunidades Religiosas, y de otras, que no nombro por no haber en ellas cosa notable de lo que pertenece á nuestro asunto. No hay tiempo para mas, ni yo me he propuesto escribir mas por ahora, y asi mande V. á su amigo de corazon . . . . . . . .
París . . . . . 1783.

## CARTA VII.

1 Amigo: ¿como quiere V. que yo le diga nada de importancia, con que satisfaga su curiosidad en lo que me pregunta de las particulares costumbres del vulgo Parisiense, que como V. dice, gradúan algunos por el mas advertido de toda Europa? Es poquísimo el tiempo de mi mansion aquí para tales observaciones, ni tampoco entran en el plan de mis caminatas. Esto seria bueno para ciertos Viageros Franceses, que han recorrido algo de España, y en un momento lo penetran todo, lo publican, y esparcen por el mundo, sin pararse en barras, sea cierto, ó no lo sea.

2 Por otra parte no sé como negarme á nada de lo que V. me pide; y así me he movido á escrudiñar algo sobre la materia, en la qual es bien cierto que no me hubiera detenido jamas, por ser de aquellas cosas que piden mucho tiempo, trato y experiencias para decir algo con fundamento, no hallándose al instante testimonios públicos, como los halla luego el Viagero, quando quiere hablar de las Ciencias, y las Artes, en las obras, y en los libros que se le presentan á la primera ojeada.

3 Saldré, pues, del apuro como Dios me ayude; y así digo, que en lo poco que he ido notando, y por las noticias que he procurado adquirir, me parece que nuestro vulgo de Madrid le lleva muchas ventajas al de París en cierto discernimiento, y sagacidad, de que es capaz la baxa plebe, que carece de cultivo y educacion: así me acuerdo ahora de una proposicion que repetidas veces decia nuestro amigo Mengs, y era, que en Madrid no habia vulgo, comparado con la rusticidad de los que él habia observado en otros Reynos, y Ciudades, sin exceptuar la gran Roma.

4 Tengo por cierto que tambien hubiera incluido el de París, si lo hubiera visto, y me lo hace creer cierta casualidad bien extraña, que en algun modo me saca del empeño en que V. me pone. Un sugeto, natural de aquí, de los que me he valido para poder decir algo en la materia, conocedor de costumbres, y de libros, me ha puesto uno muy reciente en la mano, cuyo Autor trata de propósito en un artículo de lo que V. quiere que le informe.

5 La circunstancia de que dicho Autor es Frances, y lo mismo otro algo mas antiguo, á quien extracta sin nombrarle, ambos buenos conocedores de este gran Pueblo,

parece que debe dar autoridad á lo que profieren: y aunque ello es una especie de *plaisanterie*, como aquí dicen, sobre algo va fundada su crítica. En fin, valga por lo que valiere, *quis vetat ridendo dicere verum?* Voy á traducir el pasage puntualmente, y V. tendrá á bien que en este modo salga de mi empeño.

6 Dice, pues, en el artículo referido lo siguiente, que pongo en nuestra lengua: *Des parfaits Badauds*; esto es: "De los perfec-
"tos bobos, ó badulaques [1]. ¿De donde pro-
"viene el sobrenombre de *Badauds*, ó bo-
"bos, que se aplica á los Parisienses? Será por
"haber cascado las espaldas á los Normandos?
"Provendrá de la antigua puerta Baudaya, ó
"Badaya, ó del carácter del Parisino, que de
"todo se ocupa inútilmente?

7 "Sea lo que fuere de esta etimología,
"se puede decir que el Parisino que no ha
"salido de sus hogares, solo ha visto el mun-
"do por un agujero: todo le sorprehende, par-
"ticularmente lo que es extrangero, y su ad-
"miracion va acompañada con no sé qué de
"necio, y de ridículo.

8 "Para burlarse oportunamente de la igno-
"ran-

---

[1] *Tableau de París*, ó Retrato de París, nueva edicion del año 1782, tom. 1. cap. 26.

"rancia y de la indolencia de ciertos Parisinos
"que no salieron de su casa sino para llevarles
"á las amas de leche, y para volverles á ella;
"que no osan apartarse de la vista del Puente
"nuevo y de la Samaritana [1], á que estan acos-
"tumbrados, y que creen paises muy remotos
"los mas vecinos, escribió un Autor veinte
"años hace cierta obrilla, intitulada: *Le Voya-*
"*ge de Paris à Saint Cloud par mer, et le*
"*retour de Saint Cloud á París par terre.*
"Esto es: *El Viage de París á S. Cloud*
"*por mar, y la vuelta de S. Cloud á Pa-*
"*rís por tierra* [2]. Yo daré aquí un breve ex-
"tracto.

9 "El Parisino que emprende este largo
"viage, carga con toda su guardaropa, va bien
"pertrechado de provisiones, se despide de
"sus parientes, y amigos; y despues de haberse
"encomendado á todos los Santos, en parti-
"cular á su Angel de Guardia, entra en la
"galeota, que para él es un navío de alto bor-
"do. Admirado de la velocidad del bastimen-
"to, se informa, y pregunta si encontrarán
"pres-

[1] Parage público de París, como si dixésemos la Puerta del Sol en Madrid.

[2] De París á Saint Cloud hay dos leguas, adonde acostumbra ir la gente los dias de fiesta para divertirse, y regularmente van en ciertos barquitos, que estan prontos en el Sena.

"presto la Compañía de las Indias. Piensa que
"los banquillos de las lavanderas de Chai-
"llot [1] son las escalas de Levante. Se consi-
"dera como muy lejos de su patria, se acuer-
"da de la calle de *Troussevache*, y se le caen
"las lágrimas.

10 "Imaginándose luego en los vastos ma-
"res, se pasma de que la merluza vaya tan
"cara en París: mira por todas partes para
"descubrir el Cabo de Buena Esperanza; y
"quando ve el humo que sale de los hornos
"de la porcelana de Seve [2], exclama: He
"allí el monte Vesuvio, del qual he oido
"hablar tanto.

11 "Llega por fin á *Saint Cloud*: oye
"Misa en accion de gracias: escribe á su ma-
"dre los temores y desastres del Viage, par-
"ticularmente, que habiéndose sentado sobre
"un monton de cuerdas nuevamente em-
"breadas, sus bellos calzones de terciopelo se
"habian incorporado con ellas, sin poderse des-
"pegar, á no haber dexado considerables frag-
"mentos. Concibió en *Saint Cloud* la exten-
"sion de la tierra, y entrevió, que la natu-
"raleza viviente y animada puede extender-
"se

1 Lugarejo cerca de Paris.
2 Fábrica perteneciente al Rey, de cuyos hornos sale regularmente humo, al modo de los del Salitre de Madrid.

"se mas allá de las barreras de París.

12 "El retorno por tierra es por el mis-
"mo término. Extático y pasmado llega á co-
"nocer que la merluza, y el arenque no se
"pescan en el Sena. Se desengaña que no es
"el Bosque de *Boulogne* [1] donde habitaron los
"Druidas, como él creia, y asimismo que
"*Mont Valerien*, Monte Valeriano, no es el
"verdadero Calvario, donde murió Jesu-
"Christo, y derramó su preciosa Sangre, co-
"mo hasta entónces habia tenido por cierto.

13 "Juzga sabiamente que aún está en-
"tre Católicos, pues oye las campanas, y
"por consiguiente que su fe se mantiene en-
"tera. Ve atravesar un ciervo, y este es el
"primer paso que ha dado en la historia na-
"tural. Le enseñan el Palacio de Madrid [2]:
"al momento responde: *¿La Capital de Es-*
"*paña?* Se le dice, que no es este el Castillo
"donde Francisco Primero estuvo prisionero:
"se admira de la noticia, y esta singulari-
"dad pone en exercicio todo su entendimien-
"to.

14 "Es sin embargo de lo dicho un buen
"patriota, y no reniega de su pais, pues á
"quan-

---

[1] Inmediato á París, y á la derecha de la corriente del Sena.

[2] Palacio viejo así nombrado en el bosque de *Boulogne*.

"quantos encuentra les anuncia que ha naci-
"do, y que es nativo de París: que su ma-
"dre vende estofas de seda en la Barba de
"oro; y que tiene un primo Notario.

15 "Entra en su casa, le reciben con acla-
"maciones: sus tias, que en el espacio de vein-
"te años no han estado en las Tuillerías, se
"asombran de su corage, y le tienen por el
"Viagero mas intrépido, y atrevido del
"mundo.

16 "Tal es la graciosa historieja, que en
"su tiempo fué muy bien recibida, porque
"pinta al natural la imbecilidad nativa de un
"verdadero Parisino.

17 "Añádase á esto, que quando él vuelve
"á sus hogares, todavía le faltan grandes co-
"nocimientos, pues no se puede aprender to-
"do de una vez. Ignora, y no sabe distinguir
"en un campo la cebada de la avena, ni el
"lino del mijo.

18 "Yo he visto Ciudadanos honrados,
"por otra parte muy bien instruidos de pie-
"zas de Teatro, y buenos Racinistas, que creen
"firmemente (porque lo han visto en estam-
"pas y estatuas) la existencia de las Sirenas,
"de las Esfinges, de los Unicornios, y del
"Fenix. Diciéndome que habian visto en un
"gabinete los cuernos del Unicornio, fué ne-
"cesario enseñarles, que aquellos eran des-
"po-

"pojos de un pez marino. A los Parisinos no
"es menester darles espíritu, sino desenseñar-
"les sus boberías, como dice Montaña. Aquel
"badea, á quien hicieron levantar muy de
"mañana para ver el paso del Equinoccio so-
"bre una nube, era de París.

19 Hasta aquí el Autor, ó Autores insinuados. Es cosa muy notable ver en un conjunto de hombres, qual es el de una gran Ciudad, una distancia tan extrema en linea de conocimientos, y aun es mas particular, que donde mas abundan los Cuerpos literarios, Academias, libros, Maestros, y doctos, haya de ser mas ignorante el baxo Pueblo. ¿No seria digno de premio, y alabanza quien inventase un modo facil de instruirle, sin obligarle á que abriese ningun libro, para que su entendimiento saliese de una cierta rusticidad, y suma ignorancia, hasta de las cosas mas triviales del propio pais donde nace, y muere? Creo que con motivo de tratar de Madrid, hemos hablado alguna vez sobre esto, y de algunos medios oportunos, y fáciles de lograrlo.

20 Todo lo que es enseñar al que no sabe, es obra de caridad, y sube de punto quando se hace sin molestia, ni trabajos del que recibe la enseñanza. El dar cierta instruccion á todas las clases de moradores de un

gran Pueblo, poniendo aun á los de menos alcances fuera del riesgo de creer, ni decir badajadas, seria una virtud política de primer órden, y yo pienso que los de nuestros barrios de Lavapies, Barquillo y Maravillas se pondrian mas presto en los autos que los moradores de los arrabales de París, y Roma.

21 No me parece que he podido satisfacer mejor la curiosidad de V. que usando de las expresiones, con que los mismos Franceses han discurrido del vulgo de París. Otra vez no me proponga V. semejantes qüestiones, y déxeme concluir mi excursion Parisiense; que es lo que nos hace al caso, y á lo que somos venidos.... París &c.

## CARTA VIII.

1 En esta Carta pienso dar fin por ahora á mis apuntamientos artísticos de París, y luego continuar mi viage segun lo proyecté. Voy á empezar por una de las mas famosas Abadías, ó Monasterios de Francia, así por su antigüedad desde el tiempo de Childeberto, tercer hijo de Clodoveo, que la fundó en el siglo sexto, como por los hombres insignes en letras, que ha tenido, particularmente en este siglo, y el pasado, y son los

Pa-

Padres de la Congregacion de S. Mauro, que tantas luces han dado al mundo con sus obras.

2 Se intitula esta Iglesia y Abadía *Saint Germain des Prez*, que quiere decir S. German de los Prados. Del primitivo edificio de la Iglesia se supone que no queda sino una parte de la torre, que está en el ingreso. Algunas antiguas estatuas del pórtico las creen desde la primera fundacion, ó de poco despues, y representan, segun los eruditos, á Childeberto, Clodomiro, Clotilde, &c.

3 La arquitectura de la Iglesia no merece atencion: es un gótico del siglo onceno, sin gusto, ni elegancia. La Capilla mayor, y el Coro son obras modernas. El retablo principal es una semielipsi, adornado de seis columnas de mármol de órden compuesto, y encima forman las curvas, que se elevan de la cornisa, una especie de corona. Hay varios Angeles de escultura en el altar: unos que sostienen el suspensorio del Santísimo, otros la caxa preciosa de oro y pedrería, donde estan las reliquias de S. German Obispo de París, con mucho adorno de figuras, &c. El antiguo frontal tiene tambien que ver por sus labores. Así en el Coro como en la Capilla mayor, y náve de la Iglesia hay quadros grandes de diferentes Autores de crédito, entre

tre ellos de Pierre, le Moine, Restout, Natoire, Hallé, &c. Representan asuntos de la vida de S. Pedro, y S. Pablo, &c.

4 Entre las obras de escultura, que merecen verse, son las de algunos Sepulcros, particularmente en una Capilla el del Príncipe de Fustemberg, hecho por Coicevox; en la Capilla de S. Casimiro un monumento erigido al Rey Juan Casimiro de Polonia, y consiste en su estatua, como ofreciendo el cetro, executada por Marsi. Este Rey despues de su abdicacion fué Abad de S. German, y Cardenal. En la Capilla de Santa Margarita, que es sepultura de la familia Castellan, hay otro Sepulcro obra de Girardon. A un lado de la de S. Plácido un baxo relieve de Pigalle, que representa á dicho Santo, y tambien se encuentran otras curiosidades, en que no me detengo.

5 El Refectorio es pieza digna de verse en su término gótico, y lo mismo una Capilla interior de la Virgen, que se atribuyen á Pedro de Montereau, de quien he hablado otras veces, y fué Arquitecto del tiempo de S. Luis, y quien hizo la Santa Capilla. Tambien la Biblioteca merece observarse, por el número y variedad de sus libros impresos, y por sus manuscritos singulares. Nada menos por la coleccion de medallas, y de todo género

de

de antigüedades, que el Padre Montfaucon, como tan erudito en estas materias, puso en el mejor estado. Hay tambien en la Biblioteca varios bustos antiguos y modernos, con un medallon de Luis XIV. hecho por Coicevox, y en el fondo de la misma está sobre una columna el busto colosal de Luis XV. por Buchardon.

6 Saliendo de la calle llamada *de Grenelle*, que es una de las principales de la Ciudad, y del quartel de S. Dionisio, se encuentra un espacioso plano, llamado tambien *de Grenelle*, al occidente de París, donde está el famoso Hospital de los Inválidos, cuya fundacion fué una de las grandes empresas de Luis XIV. en favor de Militares viejos y estropeados. El edificio es quadrado, con un gran patio en medio, y quatro mas pequeños á los lados: aquel tiene doble galería al rededor, una sobre otra, con arcos.

7 La portada principal, que da ingreso al patio y está colocada dentro de un arco, me pareció algo extravagante: en lo alto se ve una figura eqüestre de baxo relieve, que representa á Luis XIV. y á los lados dos figuras alegóricas de la Justicia y la Prudencia: mas abaxo dos estatuas al parecer de Marte y Minerva, y son obras de Costou el jóven. Todos los texados estan llenos de trofeos militares, y armaduras, en cuyos medios

dios hay ventanas para dar luz á las últimas habitaciones. Me han parecido cosa pesadísima, y la negrura, que con el tiempo contraen aquí las fábricas, no desfigura poco la de los Inválidos.

8 En el fondo del gran patio está la Iglesia, ó por mejor decir las Iglesias, cuyo ingreso es por una portada de dos cuerpos, de á seis columnas cada uno, y un vestíbulo. Lo primero que se presenta es una nave muy larga, dividida de otras dos mas pequeñas por un cuerpo de columnas corintias á cada lado. Sobre las colaterales hay galería.

9 Desde esta Iglesia se ve como en perspectiva otra que está detras del altar mayor. Consiste dicho altar en seis grandes columnas salomónicas, agrupadas de tres en tres, y enlazadas de pámpanos, espigas, &c. Sobre el cornisamento hay Angeles, y dos haces de palmas, que formando línea curva, van á sostener un doselito muy mezquino. Encima de este altar hay una Gloria pintada á fresco por Noel Coipel.

10 De esta se pasa á la segunda Iglesia, que es un quadrado con seis Capillas en los ángulos, y en dos de los lados, elevándose en el medio una gran cúpula, con buena distribucion de luces por todo el recinto. Las pinturas que la adornan son primeramente los
do-

doce Apóstoles, de Jouvenet: despues una Gloria, de Cárlos la Fosse, de quien tambien son los Evangelistas de las pechinas; y se celebra esta obra por una de las mejores de la Fosse, pero sin embargo de su genio para grandes máquinas, y conocimiento del claro y obscuro, se le nota pesadez y descorreccion en las figuras.

11 Quatro de las Capillas referidas están dedicadas á los quatro Doctores de la Iglesia. En la de S. Agustin estan las estatuas de este Santo, de Santa Mónica, y de Alipio; y las pinturas á fresco, que la adornan, son de Bologna. En la de S. Ambrosio las estatuas del mismo Santo, las de S. Sátiro, y Santa Marcelina, y las pinturas de Bologna.

12 En la Capilla de S. Gerónimo se ven las estatuas de Santa Paula, Santa Eustoquia, y la de dicho Santo, con pinturas á fresco de Bologna: en la de S. Gregorio su estatua con las de Santa Silvia, y Emiliana, y pinturas de Doyen. En las Capillas de nuestra Señora, y Santa Teresa hay tambien dos estatuas que las representan, y todas son de mármol, executadas por diferentes Escultores.

13 La fachada mas suntuosa de esta Iglesia es la que mira al medio dia, cuya puerta solo se abre quando entra el Rey, y su

prin-

principal ornato consiste en un cuerpo de doce columnas dóricas debaxo, y otras tantas corintias encima, con muchas estatuas colocadas en ambos cuerpos. La de S. Luis es de Girardon, y la de Carlo Magno de Coicevox. En los ángulos del plano, ó terrado de donde se empieza á elevar la cúpula, estan puestas de dos en dos las estatuas de los Padres de la Iglesia: dicha cúpula se ve adornada de un cuerpo de columnas pareadas de órden compuesto, que me parecen llegan á quarenta, y de su ático encima: todo está lleno de estatuas, así en la portada, como en la cúpula: unas son alegóricas, otras de Santos. Hasta la extremidad dicen que hay cincuenta toesas desde el suelo de la Iglesia: está cubierta de plomo, adornada tambien de esculturas, fajas doradas, &c.

14 No hay duda que dicha cúpula es de las mas suntuosas, así por su adorno (aunque ya causa alguna confusion) como por su grandeza, que se las apuesta á las mayores que conocemos; y tambien se puede decir que el total del edificio de los Inválidos corresponde á la magnanimidad del Rey que lo hizo; bien que faltó la circunstancia de lograr Arquitectos mas correctos de lo que fueron Liberal Bruant, y Julio Arduino Mansart.

15 Laugier dice, que siempre que iba á
los

los Inválidos ( habla de la segunda Iglesia cubierta de la cúpula ) se admiraba de aquel monumento de arquitectura ; pero que quedaba sorprehendido de su total inutilidad. El encontrar primeramente una Iglesia completa, y luego dar con otra, que tambien lo es, y tan adornada , sin particular objeto , solo le hacia ver la idea fantástica de un Príncipe que quiso llevar á efecto una belleza sin idea clara de lo que iba á hacer. Sugiere el pensamiento de que seria tal edificio á propósito para sepultar en él los Soberanos de Francia , en lugar de que ahora estan esparcidos en S. Dionisio, y otros parages. Critica con razon el altar por las columnas salomónicas , contrarias al natural, figurándosele lo mismo que un hombre con las piernas estropeadas. Lo dificil que es hacerlas bien , ha dado motivo para considerarlas bellas , sin serlo , y muy apartadas de la razon. A mí se me figuran unos sustentantes de greda blanda , ó de masa , que los tuerce el peso sobrepuesto. Nadie como los Franceses ha imitado tanto este exemplo, que dió el Bernino en el Altar de S. Pedro en Roma. En España se han hecho infinitas de un siglo á esta parte ; pero confio que no se harán mas.

16 En el mismo plano, ó campo de *Grenelle*, mas al medio dia, se ha concluido poco

co hace otro edificio, que casi compite con el de los Inválidos, y es la Escuela Militar, que ha fundado Luis XV. para el mantenimiento y educacion de quinientos Caballeros jóvenes, que de otro modo no lograrian una crianza correspondiente á su nacimiento, y son preferidos los que han perdido sus padres en la guerra. Se les instruye en los principios del Arte Militar, y en todo lo demas que corresponde á esta carrera.

17 Este suntuoso edificio lo confió el Rey á su Arquitecto Mr. Gabriel, que vive con grandes créditos en este Reyno. En medio de la fachada, que está enfrente del que llaman *Champ de Mars*, Campo de Marte, se eleva una suntuosa portada, que comprehende toda la altura del edificio, y consiste en diez grandes columnas corintias, sobre cuyo cornisamento hay una especie de ático con estatuas. Se entra por tres puertas en un vestíbulo muy adornado, y se atraviesa á un patio, dispuesto á modo de jardin, con galería alta y baxa por los tres lados; cuya decoracion es en la inferior de columnas dóricas pareadas, y en la superior de jónicas.

18 En medio de este patio está sobre un pedestal la estatua de Luis XV. obra de le Moyne, vestida á la heroica, y mostrando con una mano diferentes insignias de Ordenes
Mi-

Militares. A la mano izquierda del vestíbulo está la Capilla, muy adornada de columnas corintias, que sostienen la bóveda, y de pinturas en todos sus altares, que representan asuntos de la vida de S. Luis, figurándose su santa muerte en el mayor. Dichas obras son de varios Profesores vivientes, y de quienes se han visto quadros en la exposicion del Louvre de este presente año.

19 La escalera es cómoda, y espaciosa, por la qual se sube á las principales salas de los Xefes, y del Consejo, donde hay retratos de famosos Generales, y otros guerreros. El resto de las habitaciones para Maestros, discípulos y oficinas es muy grande.

20 El Campo de Marte, que está enfrente de la fachada, es un dilatadísimo quadrilongo, donde suele la tropa hacer sus exercicios, y pasar revista los Regimientos. Se regula este espacio capaz de contener diez mil hombres con toda comodidad. Lo cerca una terraza plantada de cinco lineas de olmos: luego un foso, y despues otra terraza exterior tambien con árboles, &c. sin que la altura de la pared intermedia pueda impedir la vista del Pueblo, que concurre á ver los exercicios.

21 En la calle cercana de Santo Domingo está la Iglesia y Noviciado de su Orden.

En dicha Iglesia y Convento hay muchas pinturas de Fr. Andres, Religioso de la Casa, de quien creo haber dicho que logró crédito de muy hábil, y en efecto hizo cosas buenas. En la bóveda del Coro pintó Francisco le Moine la Transfiguracion de Christo: la Iglesia, que es arquitectura de un tal Bullet, tiene buena proporcion, con su adorno de pilastras corintias. La Capilla del Rosario, y otras contienen Sepulcros de grandes Señores.

22 El Colegio Mazarini, que tambien llaman de las quatro Naciones, entra en la clase de los edificios de mejor arquitectura que hay en París. Su situacion es enfrente el Palacio del Louvre, y por entre ambos atraviesa el rio Sena. Fué empezado por el célebre Arquitecto Luis le Vau, y concluido por Lambert y Orbai. La fachada es un semicírculo, en medio del qual resalta la portada que da ingreso á la Capilla, formando un pórtico adornado de quatro columnas, y de dos pilastras corintias, desde donde se extienden las dos porciones de círculo, adornadas de pilastras jónicas, hasta unirse con dos pabellones, ó cuerpos quadrados, en que termina toda la fachada. Estos pabellones tienen pilastras corintias, y hacen juego con el pórtico.

23 A los lados del frontispicio, que es
trian-

triangular, y en la continuacion de un sotabanco, se ven pareadas las estatuas de los quatro Evangelistas con las de los PP. de la Iglesia Griega S. Basilio, S. Atanasio, S. Juan Chrisóstomo, y S. Gregorio Nazianceno; y de los Doctores de la Iglesia Latina S. Gerónimo, S. Agustin, S. Ambrosio, y S. Gregorio Magno. La cúpula es considerada como una perfeccion del arte: su decoracion es de pilastras pareadas entre las ventanas, con faxas de plomo dorado en la cubierta.

24 Esta cúpula, que por fuera es de figura redonda, por dentro es oval, muy adornada de pilastras corintias y compuestas, de varias figuras alegóricas, que representan las Obras de Misericordia, executadas de estuco por Desiardins, de quien tambien son las medallas de los Apóstoles, &c. El quadro del Altar es de Alexandro Veronés, en que expresó el misterio de la Circuncision.

25 En esta Iglesia está el suntuoso Sepulcro del Cardenal Julio Mazarini: magnífica obra, executada por Coycevox. Sobre la urna elevada encima un pedestal se ve la figura de rodillas con sus hábitos Cardenalicios, en ademan de orar: en las fachadas de la tumba, y sentadas sobre el pedestal están las Virtudes representadas en estatuas de bronce con sus insignias, del tamaño del natural.

La del Cardenal es de mármol blanco, y la urna de mármol negro, con un largo epitafio en la pared.

26 Este Cardenal ya se sabe que gobernó la Francia en la menor edad de Luis XIV. y continuó despues que el Rey salió de dicha menor edad, á pesar de grandes enemigos que tuvo. Quiso que este Colegio sirviese para la Juventud de quatro naciones, sobre las quales habia extendido la Francia sus conquistas; es á saber, del Rosellon, de parte de Flandes, de parte de Alemania, y de Italia, de donde era el Cardenal, y por eso se llamó el Colegio de las quatro Naciones. Interiormente tiene el edificio muchas comodidades de patios, librería, habitaciones, y escuelas con buenos Maestros, y está incorporado, como los mas Colegios de París, á la Universidad.

27 En la Iglesia de S. Nicolas de Tolentino, perteneciente á los Religiosos llamados *Petits Agustins*, esto es, pequeña Casa de los Agustinos, fundacion de la Reyna Margarita, cuyo corazon está depositado en una Capilla, hay que ver algunas obras de escultura, executadas de tierra cocida, muy estimadas de los inteligentes, y son, en el nicho del medio del retablo principal un moribundo, á quien un Angel le señala el Cielo,

lo, y junto á él S. Nicolas de Tolentino. Sobre las puertas colaterales dos estatuas de Santas, cuyas obras se atribuyen á un tal Birdau.

28 En la Iglesia del Hospital de la Caridad, que es de los Religiosos de S. Juan de Dios, se ve una pintura de este Santo en gloria, executada por Jouvenet, &c. Las salas del Hospital estan adornadas de buenos quadros, y los hay de la Hyre, le Brun, &c. La portada de órden dórico, y jónico tiene correccion y simplicidad. No hablo de la Iglesia de los Teatinos, situada enfrente la galería del Louvre, al lado izquierdo de la corriente del Sena, porque su arquitectura es muy pesada y extravagante.

29 Se me olvidaba la suntuosa obra de la Casa de la Moneda cercana al Colegio Mazarini, la qual se empezó doce, ó trece años hace, baxo de la direccion y dibuxos de un Arquitecto del Rey llamado Mr. Antonio. Es edificio que debe haber costado millones por su extension y decoracion: esta consiste principalmente en una larga fachada, adornada de varios modos. En el medio resalta un cuerpo con cinco arcos y seis columnas de órden jónico, que abrazan dos planos del edificio, y á plomo de dichas columnas hay seis estatuas alegóricas de la Fuerza, la Abun-

dan-

dancia, la Ley, la Prudencia, la Paz, y el Comercio.

30 Se entra por esta portada en un vestíbulo, adornado de veinte y quatro columnas de órden dórico, que forman tres galerías: la principal decoracion de la escalera es de diez y seis columnas jónicas. Despues del vestíbulo se entra en un gran patio, cercado de galerías, y en él estan colocados los bustos de Henrique IV. Luis XIII. Luis XIV. Luis XV. Tiene el edificio otros quatro, ó cinco patios, á los quales corresponden varias oficinas para trabajar la moneda.

31 La entrada de la sala donde estan los volantes tiene una portada de quatro columnas dóricas, y encima dos medallas de baxo relieve. En fin no se reparó en adornarlo todo, aun mas de lo que era necesario. ¿En donde mejor se podia gastar, que en una Casa de Moneda? Los Franceses dicen ser la mejor, y mas suntuosa de Europa, sin que se le pueda ni aun comparar la Zeca de Venecia. Ya era mas de un siglo, que pensaban en semejante edificio, como muy necesario, y al fin lo han hecho sin ahorros.

32 En Madrid hace diez y ocho, ó veinte años, que oí hablar de una Casa suntuosa para el mismo fin; pero despues no se ha chistado. Los caudales que se emplean en obras pú-

públicas para el uso, ó magnificencia de los Pueblos, son los únicos que en algun modo se fixan y aseguran á beneficio de la posteridad; porque todos los otros desaparecen casi momentaneamente, sin dexar rastro de que se poseyeron. Los Italianos particularmente en Roma, han entendido, y practicado grandemente esta máxîma, y los Franceses hacen lo mismo ahora.

33 En este quartel de S. German se encuentran muchos Palacios, y Casas magníficas de Señores, Escuelas, Conventos, é Iglesias, que no he nombrado, por ser poco, ó nada lo que he visto relativo á mi propósito. No es posible segun él, descender á menudencias. He hablado de las Iglesias principales de París, en las quales, como siempre sucede, es donde se encuentra lo mejor de las Artes, y son las mas accesibles para los forasteros. De paso he referido los principales monumentos que se encuentran de las mismas en varios sitios de la Ciudad.

34 Seria imposible hacer otro tanto respecto á las preciosidades que en esta linea encierran los Palacios y habitaciones de los grandes Señores; porque ni el tiempo de mi mansion, ni otras circunstancias permiten verlo todo, ni escribirlo, y bastará decir, que ademas de los Palacios, que he nombrado, hay otros

otros muchos, donde se encuentran muy buenas cosas pertenecientes á las tres nobles Artes, como en los de Richelieu, de Noailles, de Montmorenci, de Rohan, de Broglio, de Brisac, de Bretonvilliers, de Aumont, de Mónaco, del que se llamó de los Embaxadores, del de Beauveau, y de otros muchos.

35 El Palacio que llaman de Tolosa, enfrente la plaza de las Victorias, es muy particular en esta linea. La arquitectura es de Mansard, con un buen patio, y galerías del órden dórico, magnífica escalera, grandes salones, y muy adornados, particularmente de numerosa coleccion de quadros de los mas célebres Autores, así Franceses, como Italianos. Sobre el portal para entrar en el patio hay dos estatuas de Marte, y Venus, y en fin, dentro se ven otras mil obras, &c.

36 La Casa que llaman Guarda muebles de la Corona, es uno de los suntuosos edificios modernos enfrente la plaza de Luis XV. En tres grandes salas se encuentran preciosos muebles y alhajas, armaduras antiguas, tapicerías, buen número de pinturas, camas, doseles, espejos, bordaduras, &c. La costumbre de hacer patente al Público las cosas de este género es muy comun en esta Ciudad, y así la Casa del Guarda muebles está abierta para todo el mundo el primer Martes de
ca-

cada mes. Lo mismo sucede con muchas Bibliotecas y Gabinetes, que tienen dias señalados para beneficio del Público: costumbres laudables, y dignas de imitarse.

37 Yo me he encontrado en París cabalmente el dia de la *Fete-Dieu*, que es el dia del *Corpus*, y en su octava, y con eso he visto expuestas en las paredes de esta Casa, y en las de la colateral, que es de igual suntuosidad, como tambien á lo largo de la galería del *Louvre*, por cuyos parages pasan Procesiones, muy bellas tapicerías, que se guardan en la expresada Casa del Guardamuebles. Primeramente la Historia de Scipion en veinte y dos tapices, executados en Bruselas por obras de Julio Romano: en diez piezas de varios asuntos, que Rafael de Urbino pintó en el Vaticano, para lo qual se hicieron copias, entre ellos el Heliodoro, la Escuela de Atenas, la batalla de Constantino, y Magencio, &c. y es manifactura de los Gobelins.

38 En siete piezas los Hechos Apostólicos, invencion del mismo Rafael, y fábrica de Inglaterra; pero no son estos tapices de la primera suerte; esto es, hechos á vista de los cartones originales, como los que hay en Roma, y los que el Duque de Alva posee. En diez y seis piezas la historia de Luis XIV.
in-

inventada por le Brun, y executada por los Gobelins, como tambien otro juego que habia expuesto de doce piezas de la historia de Alexandro por el mismo le Brun. En quatro piezas la historia de Ester por Mr. de Troi. En cinco diferentes asuntos del nuevo Testamento por Jouvenet. En ocho historias del antiguo Testamento por Coipel: todas de la manifactura de Gobelins, y con sus realces de oro en unas mas que en otras.

39 Despues de mi arribo se ha concluido un grandísimo, é importante edificio, que llaman la *Halle des grains*, Mercado de los granos, qué en substancia es una alhóndiga de figura circular, con sus galerías alta y baxa, donde se venden granos de todos géneros y harinas. La cubierta, ó gran cúpula la han hecho toda de cristales unidos, para lograr la claridad posible. Admira á la verdad un gasto tan grande; pero, atendiendo al objeto, muy importante, y que hace grande honor á la policía.

40. La situacion de París en medio de Europa: las riquezas que en esta Ciudad se congregan de toda la Monarquía Francesa, y de su gran comercio: el concurso, y largas mansiones que hacen opulentos Señores extrangeros: la buena acogida á todo forastero ingenioso: el genio activo de los naturales:
el

el amor á la novedad, las modas y otras cosas contribuyen á la riqueza, y prestan medios para llevar á efecto empresas de gran costo.

41 Una Ciudad que se va acercando á un millon de vecinos, donde no solo el Soberano promueve Ciencias, Artes, Industria, &c. sino tambien los Príncipes de la Sangre Real, y á su imitacion otros poderosos, necesariamente ha de tener en todos géneros mucho mas que otras Cortes, ó Ciudades, no tan bien situadas, menos pobladas, ó menos ricas. Una buena parte de los ingeniosos Artífices, que se ocupan en las manifacturas mas curiosas, son Alemanes, Suizos, Flamencos, y de otras Naciones, que aquí son bien recibidos, gozan de libertad, y se establecen. Con todas estas ventajas hay Autores, que consideran á París como un cofre, que engulle toda la moneda de Francia, y que para complemento de su mal, alimenta tambien ciertos desenfrenados y sedientos especuladores, que al instante la hacen salir á casa del extrangero.

42 Hay en París infinitos objetos de diversion, que es un poderoso atractivo para que vengan, y vivan con gusto gentes de todas clases; y no son los menores de estos atractivos los concursos en paseos públicos, y
en

en los teatros. Aquellos, que los hay en gran número, y muy agradables, ocupan largos espacios de la Ciudad; asi son los de los Jardines de las Tuillerías, de los Campos Eliseos, del Jardin del Rey, ó Botánico, del de Luxêmburgo, y Arsenal, los del Priorato de Malta, de S. Lázaro, de Soubise, del Palacio Real, de Santa Genoveva, y otros infinitos sitios de concurso y recreacion, donde todo el mundo pude ir.

43 Los *Bolvards*, que quiere decir murallas, de que París carece, con cuyo nombre llaman impropiamente dos grandes paseos, alineados de arboledas, que ciñen la mayor parte de la Ciudad, no son el menor atractivo que aquí hay. Todo está lleno de ciertas casillas aseadas para comer, y beber el que quiere; de otras destinadas al bayle, á la música, y á mil diversiones; de algunos teatrillos, donde se dan varias suertes de espectáculos, adaptados al gusto del alto y baxo pueblo. En fin, en estos recintos se alegra cada qual á su placer, y se entretiene segun su genio.

44 ¿Y que atractivo no es el de los grandes teatros para Comedias, Tragedias, Operas, y otras piezas, siempre concurridos, siempre llenos, y siempre continuo asunto para alabar, ó censurar la invencion, y la execucion

de

de lo que allí se representa? De esto se habla en las conversaciones, en los Cafés, en los papeles periódicos, y toman algun partido quantos freqüentan dichos teatros.

45 Un sugeto que haya estado en París, y se revolviese á dar al Público sus observaciones sin hacer un largo capítulo de los teatros, seria tal vez tenido por ridículo, extravagante y sin gusto: tal es la pasion dominante del dia, y el interes que toma el Público en este ramo. Sin embargo es punto que lo pasaré en silencio, por haberlo ya desempeñado, y publicado últimamente en nuestra lengua el Señor D. Francisco María de Silva en el libro intitulado: *Década Epistolar*; lo que yo jamas pudiera haber hecho con igual acierto, y conocimiento, aun quando fuese objeto de mi inclinacion, y de mi viage.

46 Y por quanto dicho libro comprehende tambien los demas ramos de la actual literatura Francesa, con juiciosas observaciones en cada uno de ellos; nombra á los mas célebres Literatos de estos últimos tiempos: compara el mérito de unos con otros, y juzga sobre sus producciones; qualquiera que apetezca instruccion en este ramo, la encontrará allí; y muy particularmente en la parte que trata de las composiciones teatrales.

Sin

47 Sin embargo de que mi genio no es muy llevado á esta clase de espectáculos, no pude menos de ver una Opera, y una Comedia, siquiera por no ser tenido por un bárbaro: ¿y quien sabe si me libraré de esta tacha, diciendo que generalmente ofendió mis oidos en la Opera el desentonado canto de la mayor parte de los Actores, sus violentas acciones, la ensalada de bayles mezclados con la misma Opera, sin venir al caso, y otras cosas? Tendrán estos teatros abundancia de buenas mutaciones; pero cabalmente las encontré muy mal entendidas, y mal pintadas en la Opera que yo ví. Puede darse que mi vista y mis oidos se gastasen en varias funciones de esta clase, que ví en ese teatro del Retiro en el Reynado del Señor D. Fernando VI. y en otras que he visto en diferentes teatros de Italia.

48 La costumbre de aquí parece que no es el ceder á nadie, ni en nada, trátese de lo que se quiera; pero dexemos estas historias, agenas de mi conocimiento, que como he dicho, se podrán ver en el citado libro, así por lo que toca á la parte literaria, y poética del teatro Frances, como á la de su decoracion, música, y canto. Solo digo, que la concurrencia en estos teatros es muy grande: los edificios no sé si tan propios como costosos,

sos, con pórticos de columnas en sus ingresos; y concluyo, que si el luxo de los teatros es, como algunos quieren, una señal de la opulencia de los Estados, París tiene muy buenas pruebas de la suya.

49 Concluiré mis noticias Parisienses con hablar separadamente de algunas otras cosas, y con decir mi parecer, ó el ageno sobre el mérito de las mismas. Tiene París sobre el Sena quince, ó diez y seis puentes, algunos de piedra, y otros de madera. Los mas célebres son el Puente nuevo, y el Real; este enfrente el Palacio de las Tuillerías, y es de cinco arcos, el del medio muy grande, y se debió su sólida construccion á un Frayle Dominico, llamado *Fr. Romain*.

50 Del Puente nuevo donde está la figura eqüestre de Enrique IV. ya he dicho algo. Es sin duda magnífico, de doce arcos, y comprehende los dos brazos del Sena, que se unen en aquel parage. Tiene adorno de cabezas de Sátiros y Dríadas, y una magnífica cornisa. Lo comenzó Androvet de Cerceau, y lo concluyó Guillermo Marchand en mil seiscientos y quatro.

51 El Puente llamado de *Nôtre Dame*, y el que llaman *Petit Pont*, Pequeño Puente, son obras de Fr. Jocundo, tambien Dominicano, natural de Verona, insigne en varias

rias Ciencias, y Artes, particularmente en la Arquitectura, con cuya pericia sirvió al Rey Cárlos XII. Este Puente tiene casas encima, como tambien el *Pont Saint Michel*, Puente S. Miguel, *Pont aux Changes*, Puente de los Cambios, y la mitad del Puente de S. Bernardo [1].

52 Las fuentes repartidas en los diferentes distritos de París no baxan de quarenta. Laugier ataca á las mas celebradas, que son la de los Inocentes, y la de la calle Grenelle. De la arquitectura de la de los Inocentes ya he hablado. En lo demas soy del dictámen del Laugier, que dice: se podrá alabar la destreza del Escultor; pero ¿se dirá que la idea de un edificio quadrado con ventanas entre pilastras pareadas es la idea de una fuente? De la de la calle Grenelle añade que encuentra en ella bello mármol, y bellas estatuas (son de Buchardon) y que mas cree ver un retablo, que otra cosa, admirándose de que la agua que sale por debaxo, haya de conside-

rar-

[1] El haber permitido edificar casas encima de los Puentes, que se tendria en otro tiempo por una bizarra y laudable determinacion, hoy se mira como una locura contra la policía, y humanidad, que vive expuesta en tiempo de inundaciones; y aunque este mismo año de 1785 se trata de demoler las casas, todavía se ignora si tendrá efecto. Tambien se trata de añadirle un puente al Sena entre el Palacio Borbon, y la Plaza de Luis XV., y se llamará el Puente Triunfal.

rarse como de una fuente. Confiesa que los Italianos en este punto son muy superiores á los Franceses, y que conviene ir á Roma para tomar el gusto de hacer buenas fuentes.

53 La expresada de la calle de Grenelle forma un semicírculo con su resalto en medio, adornado de estatuas, que representan la Ciudad de París sentada sobre la proa de un navio, y recostadas á sus pies otras dos figuras alegóricas del Sena, y del Marne, con baxos relieves de las estaciones en los lados, &c.

54 El agua que se bebe generalmente en París es la del rio Sena, que se saca y eleva con bombas, que aquí llaman *pompes*, y son máquinas hidráulicas, á modo de geringas, que se componen de un grueso cilindro, ó cañon, y una especie de mazo con su ventilla, que subiendo y baxando por medio de un mango, ó manilla, introduce, y hace subir el agua.

55 Son estas bombas de varias especies, y de ellas se distribuye el agua á la mayor parte de las fuentes. Tiene tambien París un aqüeducto, y arca de agua cerca del Observatorio Astronómico, el qual aqüeducto se extiende doscientas toesas, y consta de veinte arcos, arquitectura de Jacob Desbroses, hácia donde estan las ruinas de otro del tiempo del Emperador Juliano, como se creé, para

*Tom. I.* P con-

conducir las aguas del Lugar de Arcueil, distante dos leguas de aquí.

56 El agua de París es blanda y desabrida respecto de la nuestra de Madrid. Esto, y la aprehension de que al rio van todas las inmundicias de un Pueblo tan grande, y de que aquella es la que se ha de beber, causa no poca repugnancia; pero este es un elemento, que fácilmente depone sus inmundicias, mediante la filtracion en grandes vasijas, por el guijo y arena. A poco tiempo todo el mundo acostumbra su paladar, y dexa los escrúpulos, y mas persuadiéndose de que, como dicen, es muy ligera y saludable la del Sena.

57 Pueblos tan desmedidos como este, y aun mucho menores, son recintos de confusion, de libertinage, y abrigo de mucha canalla, por mas vigilante que sea el Gobierno, y tambien me parecen contrarios á las máximas de la poblacion util.

58 La cerca de París ó su recinto no excede en suntuosidad á la de un miserable Pueblo. La mayor parte consiste en palizadas entre árboles, escombros, ó estercolares. Nada mas malo, ni mas pobre, dice Laugier, que estas barreras, é ingresos de París; y ningun extrangero, que se acerque á ellas podrá creer que ha llegado á la Capital de Francia, sino que todavía se encuentra en

al-

algun Lugarejo vecino [1]. Es cierto que barreras, é ingresos carecen de toda suerte de ornamento; y no hay uno hasta ahora que llegue á los nuestros de las Puertas de Alcalá, y de S. Vicente.

59 En un papelejo que ha salido aquí estos dias, se ha pronunciado dicha sentencia: su título es: *Observations generales sur le Sallon de 1783, et sur l' etat des Arts en France*. Su Autor es el Abate Pech, práctico de Madrid, de Roma, y de otras partes de Europa, que ha visto con conocimiento, y gusto; y aunque él habla particularmente de los ingresos de la Puerta de Alcalá, y de la de Atocha, yo substituyo á esta por lo que toca á la Arquitectura, la de S. Vicente; aunque no por los objetos que se presentan de espaciosas calles, que, como él dice, no se les pueden comparar las de nin-
gu-

---

[1] En este mismo año, y actualmente á instancia de los arrendadores, ó *Fermieres*, se han empezado á elevar las murallas hasta la altura de catorce pies, para evitar contrabandos, y algo se ha hecho; pero esto encuentra grandes contradicciones, y citan al célebre Buffon, como que lo juzga contrario á la salubridad del ayre, y evaporaciones mal sanas de tan gran Pueblo. Añaden que los Médicos siguen generalmente este dictámen, y que el Público clama porque cese la obra. Si no hay otra razon que la salubridad del ayre, la opinion sea de quien quiera parece muy ridícula para impedirla.

guna otra Ciudud de Europa, el Real Jardin Botánico, el soberbio paseo del Prado, el Arco de Triunfo; esto es, la Puerta de Alcalá, la actual policía, la iluminacion, &c. La entrada de la Puerta de S. Vicente, el anterior camino, y paseo de la Florida, y otras obras accesorias á Palacio, que se presentan por dicho ingreso, tampoco ceden á ninguno de lo que yo he visto hasta ahora.

60 Este es un Escritor Frances, amante de su patria y de las bellas Artes, cuyo dictamen no puede ser sospechoso á sus Nacionales, y por quanto me ha venido ahora á la mano, expondré algunos de sus pasages relativos á las mismas. Continúa con las entradas y barreras de París, y dice, que es de admirar como despues de un siglo no han desaparecido estas afrentosas barreras, que desacreditarian el mas pequeño Lugar de Italia. ¿Que se responderá quando á vista de unas malas verjas, ó de simples palizadas, diga un extrangero: esta es la Capital de Francia? ¿Esta es la Nacion poderosa, é ilustrada, que piensa tener el cetro de las Artes en Europa?

61 En quanto á las fuentes dice: Hasta ahora hemos dado este nombre á pabellones octógonos, ó quadrados: pesadas masas que mas sirven de embarazar, que de adornar
al-

algunas de nuestras plazas: muchos quarteles de París se mantienen en la confusion, y trastorno que les dió la ignorancia, y rusticidad de nuestros padres: montones de casas, acumuladas unas con otras; calles estrechas y tortuosas, donde la infeccion va acompañada con el riesgo de los carruages, que pasan por ellas: tal es el espectáculo que presenta la mitad de esta inmensa Capital. Compara los magníficos edificios de las antiguos para adorno de sus Ciudades con los de ahora, y saca quan inútiles han sido aquellos exemplos de magnificencia para ser imitados.

62 Se admira de la increible facilidad con que se fia á particulares la construccion de edificios públicos, en prueba del poco caso que se ha hecho en Francia, y de no haberse conocido el punto político de las Artes, y señaladamente de la Arquitectura, que es la poderosa para hacer impresiones de grandeza y utilidad, y que inspiran á todos la magestad, y poder de una Nacion. Con este motivo, mencionando la Carta circular, que de órden de S. M. escribió el Excelentísimo Señor Conde de Floridablanca á todos los Prelados del Reyno, dice lo siguiente: *il y à qualques années que le Roi d' Espagne fit defendre d' elever dams toute l' etendue de*

P 3 *ses*

ses etats aucun edifice public, dont son Academie des Arts n' eut approuvé le plan. Voila, si je ne me trompe la seule chose de la part des Gouvernemens modernes, qui feroit supçoner qu' ils ont entrevu ce but politique des Arts* [1]. Lo que puesto en castellano equivale á que: *Hace algunos años que el Rey de España ha prohibido hacer ningun edificio público en toda la extension de su Monarquía, cuyos planes no hayan sido aprobados por su Academia de las Artes. Véase, si yo no me engaño, la única cosa de los Gobiernos modernos, que nos puede hacer sospechar haber entrevisto este blanco político de las Artes* [2].

63 Hace memoria el expresado Autor del Reynado de Luis XIV. y extraña que, siendo un Príncipe enpeñado en agasajar, y atraer los extrangeros, no hermosease mas su Capital, y que no hiciese de París una especie de espectáculo, que hubiese admirado á la Europa, é inmortalizado su tiempo. Solo se le debió, añade, el edificio de Louvre (entiende hablar de la columnada) y es el solo que tiene carácter de grandeza; pero se enoja

---

[1] Observations sur le Sallon de 1783. pag. 36.
[2] Para rectificar este pásage véase la Carta circular de S. M. en el Prólogo del tom. VII. del Viage de España, pag. VIII.

ja de la supersticiosa admiracion del Público, que ha mas de un siglo que no encuentra en él sino bellezas, sin pararse en la deformidad del basamento; de su puerta que, cortando la principal habitacion, impide que se comuniquen los dos peristilos; de la inutilidad del frontispicio, que supone un tejado, incompatible con la balaustrada sobrepuesta, la qual necesariamente anuncia un terrado; el parear las columnas, prueba siempre del abuso, y poco valor del Arte en nuestras manos.

64 Todo se ha visto, dice, todo se ha medido, todo se ha analizado en Arquitectura: á la vista de nuestros Artífices estan los monumentos de Grecia, de Roma, y de la Francia: las obras de Desgodetz, de Clerisseau, y de le Roi no dexan que desear: no faltan buenas disposiciones, y aun grandes ideas del arte. ¿De donde nace, pues, que los Artífices no tocan en la belleza que conocen?

65 Un siglo hace que la Capital estaba en expectacion de dos Teatros: un sinnúmero de proyectos se habian presentado al Gobierno, anunciándose á toda Europa, y habiéndose disputado con todo el aparato de crítica sobre lo tocante á la construccion de este género de monumentos. Por fin se han erigido; ¿y que es lo que se ve? En lo exte-

rior nada grande, ni decidido: peristilos sin proporciones oportunas, áticos monstruosos, cubiertas góticas, y masas de edificios, sin unidad, ni carácter, cuyo destino solo lo anuncia la inscripcion que ha sido preciso poner en la fachada.

66 Entra Mr. Pech á exâminar los defectos interiores de estos nuevos Teatros; pero yo lo abandono, porque ya hice propósito de no engolfarme en dicho género.

67 Este es el modo de explicarse del citado Escritor sobre los monumentos del arte, que han merecido grandes aplausos en esta Capital, sin que yo entre á exâminar si el zelo con que habla excede, ó llega á los términos de una justa crítica. Parece que le ha servido de guia el Jesuita Laugier varias veces citado; pero no puede negarse que ambos Escritores exhortan, gritan y critican llevados del amor á su patria, sin hacer caso de los que se empeñan en alabarlo, ó defenderlo todo.

68 Parece que estos pasages pueden justificar por muy moderadas las expresiones con que en el Viage de España se habla de tantas obras monstruosas, y afrentosas á nuestro siglo. Cortemos el hilo, que ya estoy muy cansado de escribir, y hasta la otra, que Dios sabe desde donde será. Mil abrazos á los amigos, á quienes me encomiendo, &c. París....

CAR-

## CARTA IX.

1 Desde París á la Ciudad de Calais cuentan sesenta y dos leguas, ó treinta y quatro postas, que los que tienen prisa las andan sin parar; pero yo no lo he hecho así. Los Pueblos donde se mudan caballos son: *Saint Denis, Ecoven, Lucharces, Chantilli, Lingueville, Clermont, Saint Iust, Wavigni, Bretevil, Flers, Hebecourt, Amiens, Pecquigni, Flixcourt, Aylli-le-Haut Clocher, Abbeville, Nouvion, Bernay, Nampont, Montrevil-sur-Mer, Clermont, Samers, Boulogne, Marquise, Haut-buisson, Calais.* Voy á decirle á V. primeramente lo que me ha parecido del cultivo, y aspecto de estos territorios.

2 Las dos leguas desde París á Saint Denis, ó S. Dionisio, son de camino llano, y alineado de árboles: la campiña abundante de granos, y bien cultivada, no tan frondosa al principio como despues. Para ir á S. Denis se atraviesa el Lugar de Chapelet. Los territorios de Ecoven, y Lucharces me gustaron mucho por su cultivo, y frondosidad. Desde allí se va á Chantilli, de cuyo delicioso sitio hablaré luego.

3 Se siguen Lingueville, y Clermont con
buen

buen cultivo de granos, legumbres y árboles frutales entre valles y collados. Desde Clermont á Saint Iust, primer Pueblo de la Provincia de Picardia, todo el camino en el intervalo de dos postas está alineado de manzanos, y perales; y aunque lo restante de la campiña se observa bastante pelado, no faltan de trecho en trecho algunos bosques, de que se cuida tanto, como de las cosechas mas importantes. El excelente camino de Saint Iust á Wavigni va alternando de nogales, y olmos á los lados.

4 Se descubren grandes llanuras al modo de las de Madrid, destinadas al trigo, centeno, y otros granos. El mismo aspecto tienen las de Bretevil, Flers, y Hebecourt; pero no faltan, como dixe arriba, manchones de monte de distancia en distancia, de lo qual y de la alineacion de los caminos resulta suficiente frondosidad, que yo me holgaría ver en todos los nuestros. Por consiguiente á pesar de la pobreza que presentan las casas de estos Pueblecitos, ó Aldeas, que por lo regular son miserables barracas, parecen agradables, acompañadas de árboles.

5 Sigue la hermosa, y bien situada Ciudad de Amiens, Capital de Picardia, que dexo para despues. Desde Amiens varía la figura del territorio entre valles y collados de

cor-

corta consideracion. Los Lugares ántes de llegar al Abbeville son pobres al modo de los referidos; pero agradables por la misma razon que lo son aquellos.

6 Tambien son frondosos territorios los Lugares entre Abbeville, y Boulogne, abundantes de Praderías, que ahora, sin embargo de los calores del verano, verdean por todas partes. Las muchas plantas en los caminos y fuera de ellos van formando con los prados objetos graciosos, que recrean al Viagero en lugar de cansarle; y lo mismo sucede con los que se presentan entre Boulogne, y Calais.

7 Ademas de los referidos Pueblos donde se mudan caballos, se atraviesan otros muchos; y despues de haber dicho á V. lo que me ha parecido de la calidad, y cultivo de los terrenos, haré lo mismo de las curiosidades mas notables de esta ruta, empezando por Saint Denis.

8 La piedad christiana elevó á Saint Denis de una muy pobre y corta Aldea que fué en otro tiempo, á ser ahora una linda Ciudad. Se llamó *Chatuel* por una Señora llamada Catula, que recibió los Cuerpos de S. Dionisio Martir, y de sus Compañeros S. Rústico, y S. Eleuterio, á los quales erigió un Sepulcro en su hacienda; y la devocion de los Christianos añadió despues una Iglesia, que

San-

Santa Genoveva reedificó al fin del siglo quinto. Hízola construir de nuevo con toda magnificencia el Rey Dagoberto Primero, y engrandecer la habitacion de los Monges Benedictinos, que ya se dedicaban á servir en este devoto lugar.

9 S. Luis y su madre, la sabia y gloriosa Española Doña Blanca, contribuyeron á la reedificacion que en su tiempo se hizo; y á esto se atribuye el ver las Armas de Castilla unidas con las de Francia en varios parages del Coro, del crucero, y en otros de la Iglesia. Su arquitectura es de las mas gentiles y magníficas en el estilo gótico, con dos delicadas torres en los lados de la portada. En sus puertas hay baxos relieves de bronce, relativos á la historia de S. Dionisio. Tiene tres naves de igual altura; esto es, de noventa pies, y el largo de toda ella es de trescientos treinta y cinco: el crucero y las naves son anchas á proporcion: el Coro ocupa el medio, como regularmente en nuestras Iglesias de este género. Al presbiterio y retablo mayor los divide del Coro el crucero; y al testero de la Iglesia se sube por algunas gradas, formando un plano mas elevado, que aumenta la magnificencia.

10 Así como el Escorial en España es el sepulcro de nuestros Reyes, *S. Denis*
lo

lo es en Francia de sus Monarcas. El primero que fué enterrado en este parage fué el Rey Dagoberto en el año de 638. Se ven á un lado y otro de las verjas, que dan ingreso al Coro por el crucero, porcion de Sepulcros, que S. Luis mandó hacer á sus predecesores: en una parte los de la estirpe de Pepino, y en otra los de la de Hugo Capeto. Entre aquellos los de Carlo Magno y el Rey Luis su hermano, de Clodoveo Segundo, y Cárlos Martel, los de la Reyna Isabel de Aragon, de Felipe su marido, y de su hijo Felipe el Bello, que son de mármol.

11 Al otro lado que mira al norte estan los depósitos de Hugo Capeto, de Roberto, de Enrique Primero, y Luis Sexto, de Costanza de Castilla, segunda muger de Luis Séptimo, de Carloman Rey de Austrasia, &c. Los hay executados en piedra regular, y algunos de mármol: uno es el de Luis Décimo, y Juan Primero su hijo, y otro de la Reyna Juana de Navarra, hija de Luis Décimo.

12 El Sepulcro de Cárlos Octavo cercano al Santuario es mas suntuoso, executado en mármol negro, y con figuras de bronce: se ven las figuras de otros Principes, y Princesas echadas sobre sus Sepulcros de mármol negro cerca del altar mayor.

Los

13 Los hay tambien en las Capillas segun el gusto y estilo de los tiempos en que fueron executados. Los mejores y mas suntuosos son los de Luis XII. y de Francisco Primero, ambos de mármol blanco con figuras de rodillas. Asimismo el de Enrique Segundo, que inventó Primaticio, el de Enrique Quarto, y algunos otros: siendo de notar que desde este Rey, á ningun otro de sus grandes succesores de la Casa de Borbon se le ha erigido Sepulcro suntuoso, estando todos enterrados en dos bóvedas, y no son ménos de cincuenta los cadáveres de esta augusta familia. Algunas de las figuras echadas sobre las Urnas se representan desnudas, y descarnadas, sin duda por manifestar inteligencia de anatomía los que las hicieron.

14 Hay otros en la Iglesia de algunas personas ilustres, sin ser de familias Reales, por grandes servicios hechos á su patria; entre ellos se ve uno muy suntuoso de mármol en la parte elevada del templo, ó testero erigido al Mariscal de Turena, obra de Tubi, con dibuxo de le Brun. Se compone del Mariscal moribundo en brazos de la Victoria: acompañan la Prudencia y el Valor en actitudes convenientes; todas figuras en mármol, con otros ornatos.

15 Por lo menos estan sepultadas en esta

ta Iglesia las Princesas Españolas siguientes: Isabel de Aragon, muger de Felipe Tercero, llamado *l' Hardi*, ó el Atrevido: Costanza de Castilla, muger de Luis VII: Ana de Austria, esposa de Luis XIII: María Teresa, muger de Luis XIV; y María Teresa, muger de Luis Delfin, hijo de Luis XV.

16 Tendria yo mucho que escribir, si hubiera de contar á V. las reliquias y curiosidades que se guardan en la parte elevada de esta Iglesia, y en una sala que llaman del Tesoro, empezando por los Cuerpos de S. Dionisio Apostol de Francia, de S. Rústico, y S. Eleuterio, de S. Hilario el Obispo de Poitiers, y el de S. Hilario Obispo de Mende, con otros muchos, y últimamente el de S. Luis Rey de Francia. Tambien estaba aquí el Cuerpo de S. Eugenio, Discípulo de S. Dionisio, que Cárlos IX. dió á nuestro Rey Felipe Segundo, y fué transportado á Toledo, en cuya Santa Iglesia se colocó el año de 1565.

17 Es grande el número de alhajas, y preciosidades de dicha sala del Tesoro, y consisten en relicarios, cruces, custodias, coronas, cetros, espadas de varios Reyes, mitras, báculos, pectorales, anillos, cálices, patenas, imágenes y otros ricos muebles de oro y plata, adornados de todo género de piedras precio-

ciosas, muchas de ellas grabadas, y de artífices griegos.

18 Logra la primera estimacion un gran Vaso de ágata oriental, de dos mil años de antigüedad, segun los Eruditos, pues se cree que fué de Ptolomeo Filadelfo, Rey de Egipto, trabajado con incomparable primor. Se ven esculpidos de relieve varios bacanales, &c. y se reputa que seria esta una labor de treinta años.

19 En fin los Reyes, y Príncipes de Francia parece que á competencia han enviado á este parage lo mas precioso y singular. Hay mil adornos que han servido en sus consagraciones, entre ellos los mantos, coronas, &c. de Carlo Magno, y S. Luis. Enseñan uno de los Clavos, con que fué crucificado el Señor, y un Misal y Evangelios de mil años, cubiertos de oro, y piedras preciosas, &c.

20 Saint Denis, de una corta Aldea ha llegado á ser, como he dicho, una linda Ciudad, en la qual hay siete, ú ocho Parroquias, y varios Conventos. En el de Monjas Carmelitas Descalzas es actualmente Religiosa, y Prelada Madama Luisa, tia del actual Rey de Francia Luis XVI. y á costa de esta Princesa se está actualmente edificando una nueva Iglesia, que da indicios de que

será

será suntuosa y executada de buen gusto.

21 A varias obras antiguas del Monasterio de S. Dionisio se han añadido otras muy recientes, de las quales habla Laugier [1], y dice, que los menos inteligentes desaprueban ver que se han malgastado grandes caudales en substituir paredes de Ciudadela á una obra, que era la misma delicadez: estas nuevas restauraciones, añade, al lado de la antigua Iglesia probarán largo tiempo quan inferiores son los Arquitectos de nuestra edad á los del siglo undécimo, y duodécimo en lo gentil y ligero de las obras, unidas, ó con la solidez.

22 Entendemos, continúa, mejor que ellos la parte de la decoracion; pero ellos eran mucho mas hábiles que nosotros en la de la construccion. En efecto esta es una parte de suma importancia, y que pertenece al ahorro de grandes caudales que se emplean malamente, y así advierte, que para perfeccionar la Arquitectura se huya de los Artífices de aquellos tiempos, quando se trate de decoracion; pero que se les consulte sin cesar en la parte de la construccion.

23 Si hemos de seguir el lenguage de aquí, no hay sitio mas delicioso en el mundo

---

[1] Essai sur l' Arquitecture chap. 3. art. 1.

do que el de Chantilli. No se puede negar que lo es, y consiste en un Palacio de campaña del Príncipe de Condé, con dilatados bosques, jardines, canales, fuentes, estanques, prados, huertas, calles dilatadas de árboles, plazas, y quanto se puede imaginar de ameno, y deleytable. Se halla inmediato á un Pueblo del mismo nombre.

24 Se llega á este ameno sitio por una espaciosa y dilatada calle en medio de otras muy frondosas. En una media luna, que se forma al fin de ella, se halla la entrada de un patio llamado por su figura *fer à cheval*, y se sube á una terraza, donde hay una estatua eqüestre de bronce del último Condestable de Montmorenci, que fué Señor de este sitio. Está armado y es obra de mediano mérito.

25 El antiguo Palacio estaba sobre una roca cerrada de un gran foso que se forma de algunos manantiales: su patio es triangular con varios adornos de escultura, y otros. Está mas adornado que el nuevo Palacio, y se comunican por un arco. En la escalera se ve una estatua pedestre de marmol, que representa al gran Condé, hecha por Coycevox. En una galería hay varios quadros de Miguel Corneille, y los asuntos son conquistas de Luis XIII. y Luis XIV. En uno se ve el Príncipe de
Con-

Condé, como rasgando las hojas de la historia donde estan escritas sus acciones militares hechas en servicio de España en tiempo de Felipe IV. contra la Francia su patria.

26 La exquisita Librería, el Gabinete de medallas con toda suerte de preciosidades antiguas, y el de Historia Natural, son colecciones dignas de un Soberano. El de Historia Natural le aumentó notablemente el Rey de Suecia años pasados, habiéndole regalado al Príncipe de Condé una coleccion de muestras de los minerales de aquel Reyno.

27 Una de las cosas mas aplaudidas en Francia por su linea es el edificio adjunto de las Caballerizas, Picaderos, &c. que termina en dos grandes pabellones con tres arcos. El de la portada principal se ve muy adornado de pilastras, figuras de caballos, &c. En fin las obras mas recientes de este ameno sitio estan llenas de varia decoracion, á cuya grandeza y gasto se dexa ver que no ha correspondido siempre la elegancia de la Arquitectura.

28 El Parque está cercado de pared. Tiene legua y media de largo, y mas de media de ancho, con gran porcion de calles, que se atraviesan, bosquecillos, plazas, &c. Al rededor de *l' Orangerie*, ó Jardin de los naranjos, se ve un cuerpo de Arquitectura con pi-

lastras, y arcos, sobre los quales hay cabezas de ciervos. Estos jardines tienen diversas fuentes con juegos de agua. El que llaman Isla del Amor está sobre todos adornado de varios planes y elevaciones de arquitectura formada con las mismas plantas, ayudadas con enverjados de diferentes formas, para cenadores, salas, gabinetes, galerías, &c. Hay en este jardin porcion de estatuas, algunas copiadas del antiguo, y se ve cercado de un canal.

29 No es cosa de detenerme mas tiempo en contarle á V. las amenidades de Chantilli, porque no acabaríamos, habiéndolo de decir por menor: son dignos de observarse el bosque, y sus calles, el laberinto, las varias direcciones del canal, y sus cisnes, la casa de los animales, y de los faysanes, con otras curiosidades, que solo pude ver de paso.

30 Siguiendo el propósito de hacer alto en las cosas mas notables de esta ruta, voy á decir algo de la Ciudad de Amiens, Capital de Picardia. Es una de las que mas me han gustado en Francia por su frondosidad, y situacion sobre el rio Somma. Esta Ciudad la tomó con estratagema D. Hernando Tello, Gobernador de Dourlens, en 10 de Marzo de 1599, entrando disfrazados de paisanos labradores algunos Soldados Españoles, y dexando suelto un carro de nueces, á que se arrojó

jó la centinela, como para cogerlas.

31 Las calles de Amiens son rectas, espaciosas y largas, con cómodos y grandes edificios, plazas, &c. La Catedral es de las grandes, y delicadas de Francia en el estilo gótico. En los pilares hay pinturas, y baxos relieves de mármol, que representan asuntos de nuestra Señora. Enseñan entre las reliquias de esta Iglesia la Cabeza de S. Juan Bautista, que dicen traxo de Constantinopla un Caballero de Picardia llamado Sarton. ¿Quien sabe qual será la verdadera Cabeza del Santo Precursor? Solo en Italia enseñan tres como tales.

32 El rio Somma suministra tres canales, que entran en la Ciudad y son de grande uso para manifacturas, y para regar sus calles, &c. Se juntan despues estas aguas en el puente de S. Miguel, donde está el muelle de los bastimentos que vienen de Abbeville, cargados con las mercancías que llegan del mar por S. Valeri, donde desagua el Somma en el Océano.

33 Enrique Quarto sintió mucho la sorpresa, y pérdida de Amiens, y no le costó menos de seis meses y medio de sitio el recobrarla, hasta que los Españoles capitularon, y salieron con todos los honores de la guerra. Murió en la defensa de la Plaza el famo-

so Hernando Tello, y otros valerosos Oficiales Españoles.

34 Desde luego hizo Enrique IV. en Amiens una Ciudadela, que se contó entre las mejores de Europa. Hay un buen número de Iglesias y Monasterios en esta Ciudad, excelentes paseos con hileras de árboles, un grande arrabal, hermosas huertas y praderías en el Campo, que, como toda la Picardia, es abundante de cosechas, y por eso se llama el Granero de Francia. Esto es lo que pude observar en mi corta detencion.

35 A la Ciudad de Abbeville, que dista diez leguas de Amiens, llaman los Franceses la *Pucelle*, esto es, la Doncella, porque jamas, dicen, ha sido conquistada. Es muy industriosa, particularmente en las manifacturas de paños, á cuya finura contribuye grandemente la lana de España, de donde vienen muchas sacas al año. Tiene para su comercio la comodidad del rio Somma entrando los bastimentos en la Ciudad, que del mar dista tres, ó quatro leguas, y de tierra llevan y sacan lo que ha menester. No hice mansion ninguna; pero sus murallas y bastiones me parecieron muy fuertes, y mas con el acompañamiento de los fosos. Está en la Picardia baxa, y es cabeza del Condado de Ponthieu con muchos Conventos, é Iglesias. Tambien

bien los hay en Boulogne, Ciudad igualmente de la baxa Picardia.

36 La Iglesia Catedral la hizo edificar Santa Ida, Condesa de Boulogne, madre de Godofredo, y de Balduino, ambos Reyes de Jerusalen, que nacieron en esta Ciudad. Se divide en alta, y baxa, y dista del mar como un tiro de cañon. Tiene un puertecito en la embocadura de un rio llamado Liane, y solo siete leguas de mar la separan de la costa de Inglaterra.

37 Calais, distante ocho leguas de Boulogne, es Ciudad fuerte con varios bastiones, y una Ciudadela tan grande como la Ciudad. Sus fosos, que se llenan con el agua del mar, son en parte tan grandes, que parecen estanques. El Puerto es seguro y espacioso con dos brazos, y dos muelles; el mayor baxo el cañon de un fuerte llamado Risban.

38 Aunque Calais es pequeña, está bien poblada, es llana y de espaciosas calles, &c. En esta y otras tierras marítimas inmediatas se ven en práctica algunos usos ingleses. Las mugeres llevan capas largas hasta el suelo, como las que en España usaban años pasados los hombres: son de grana, azules, y de otros colores.

39 Los caminos desde Amiens son por lo co-

comun muy buenos; las campiñas son llanuras muy dilatadas, y abundantes de granos. Acaban de hacer un Canal de navegacion desde Calais á Saint Omer, Ciudad de los Paises Baxos en el Condado de Artois, perteneciente á Francia, distante unas catorce leguas.

40 Calais da su nombre al famoso estrecho de siete leguas entre Francia, é Inglaterra, que se suele pasar en tres, ó quatro horas; pero yo tardé doce, ó trece por el viento contrario. Me embarqué por la tarde, y llegué á Dowres el dia siguiente al amanecer.

41 Con estar tan cerca de Francia esta Ciudad, en todo se observa notable diferencia; en el lenguage, genio, edificios, posadas, caminos, postas, &c. Es algo mayor que Calais: su situacion en llano al pie de un alto cerro, que se eleva al lado del norte, cubierto todo de verde yerba en este tiempo de verano. Hay allí un Castillo antiguo. Aunque el Puerto de Dowres se cuenta entre los principales de Inglaterra, no pueden fondear los navíos mas grandes por haberse retirado el mar; con todo dan fondo hasta de cincuenta cañones.

42 El Viagero logra en Inglaterra la gran ventaja de no ser registrado en parte ninguna del Reyno, habiéndolo sido una vez despues que desembarcó. Yo no experimenté el rigor que me habian dicho se practicaba en esta operacion,

cion, ni á mi entrada por Dowres, ni á mi salida por Harwich. Verdad es, que los Guardas parece que conocen por el olfato á los que van á sacar el dinero con contrabandos, y á los que van á dexarlo llevados de su curiosidad.

43 La posada donde me alojé tiene la circunstancia de haber estado algunos años en Cádiz la dueña de la misma, de hablar el Español, de ser muy agasajadora y cortés. Esta última circunstancia, segun entiendo, se encuentra en todas las de Inglaterra. De la propiedad, aseo, abundancia, y aun de la magnificencia de muchas posadas inglesas habrá ocasiones de hablar.

44 En las mismas posadas se encuentran las sillas, y coches de posta y asimismo los caballos, todo pronto para la hora que el Viagero quiera partir.

45 Desde Dowres á Londres hay veinte y quatro leguas, que se andan cómodamente en un dia; pero yo, que deseo ver las cosas quanto permite mi plan, he gastado mas tiempo. Estas veinte y quatro leguas se reputan setenta y dos millas inglesas, que es como se cuenta aquí, correspondiendo á tres millas cada legua francesa. De Dowres se va á Cantorbery, hasta donde cuentan diez y seis millas. Luego que empecé á andar y descubrir aquellas dilatadas

cam-

campiñas llenas de verdor, y los campos alindados de árboles, me llené de gozo, y al mismo tiempo me melancolizó la memoria de que pudiendo estar á este modo todos los nuestros, y con plantas, en muchas Provincias, mas útiles, é importantes, no lo esten.

46 Cantorbery es Ciudad muy antigua, cercada de murallas, pero no muy grande, aunque su longitud la reputan de una milla, contando los arrabales. Pasa por allí el rio Stower, uno de los tres de la Provincia de Kent, dividido en dos brazos, que con sus aguas rápidas, y claras baña la Ciudad, y le da sabrosas truchas. No hay cosa notable en Cantorbery en linea de edificios, que poder contar á V. fuera de la Catedral, famosa Iglesia gótica de tres naves, con dos altas y delicadas torres, y varias torrecillas. Catorce grandes columnas dividen dichas naves, y tienen anditos en lo alto al rededor de toda la Iglesia adornados de infinito número de columnas y columnitas.

47 Desde la nave se sube al Coro por catorce, ó quince gradas, pareciéndose en esto á la Iglesia de S. Dionisio cerca de París, de que hemos hablado. En el tal Coro hay una especie de retablo de madera con quatro columnas de órden corintio, y la mesa con un libro á cada lado. Hay otra especie de
Co-

Coro detras del referido, donde enseñan el parage en que fué martirizado Santo Thomas, de apellido Becquet, que conocemos por Santo Thomas Cantuariense. En las paredes de este parage se conservan mal tratadas algunas pinturas del tiempo de los Católicos. Esta Iglesia es Primada de toda Inglaterra, y su Arzobispo era Legado *nato* del Papa; pero en tiempo de Enrique Octavo le obligaron á renunciar este título, quedándole el de Metropolitano, y Primado.

48 Aunque el dependiente de la Iglesia, que me enseñaba estas cosas, no creo que rezará muchos Padre nuestros á Santo Thomas, con todo me hablaba con una cierta predileccion hácia el mismo, y tambien hácia S. Agustin, llamado el Apóstol de Inglaterra, enviado para la conversion de este Reyno por S. Gregorio Magno.

49 Desde la misma Catedral me enseñó otra Iglesia medio arruinada fuera de los muros de la Ciudad, donde fué enterrado dicho Santo, y se conserva este epitafio: *Hic requiescit Dominus Augustinus Dorobernensis* [1] *Archiepiscopus primus, qui olim huc à Bea-*

---

[1] *Dorobernium* llamaron los Romanos á Cantorberi, que es como la llaman los Franceses: los Ingleses pronuncian Canterbury, y nosotros Cantuaria.

*Beato Gregorio Romanæ Urbis Pontifice directus et a Deo operatione miraculorum suffultus, et Ethelbertum Regem, ac gentem illius ab idolorum cultu ad fidem Christi perduxit, et completis in pace diebus officii sui defunctus est.*

50 Dicha Iglesia fué tambien entierro de los antiguos Reyes de Kent. Se conservan todavía en ella varios Sepulcros de mármol de los Obispos Católicos con sus efigies echadas sobre las urnas, y con sus insignias Episcopales. En otro tiempo la Sala Capitular era otra especie de Iglesia quadrada debaxo del Coro, que ahora sirve para los Calvinistas Franceses, donde se juntan á exercitar las funciones de su secta.

51 Los campos al rededor de la Ciudad son frondosísimos, con perfecto cultivo, alineados de árboles, sobre todo la campiña de Feversham, que queda á mano derecha, y se reputa el territorio mas fertil de la Provincia: Hay en él varias cavernas de estrecha entrada, y mucha amplitud en lo interior, de donde se cree que los antiguos sacaban la *Marl* para fertilizar las tierras. Los Franceses llaman á esta especie de greda *Marne*, y nosotros *Marga*.

52 De Cantorberi se va á Rochester, antigua Ciudad del Condado, ó Provincia de Kent,

Kent, sobre el rio Medway : se pasa antes por un Pueblo llamado Sittingbourn, y ya desde Cantorberi se descubre á trechos el rio Thames, ó Thamesis, presentando con la frondosa campiña y los navíos que navegan por él el objeto mas agradable á la vista.

53 Rochester me pareció mas larga que Cantorberi; pero sus edificios son mas comunes. Una de las cosas mas notables sobre el Medway es un famoso puente, que pretenden los de esta Ciudad que es mejor que el de Londres. El Arquitecto fué el Caballero Roberto Kholls en el Reynado de Enrique Quarto. El Medway es ya bastante crecido en Rochester, y un arrabal á lo largo del rio casi se junta con el arrabal de Chatam, Ciudad que se ve á mano derecha en situacion elevada, y fuerte.

54 Chatam se hizo pueblo famoso en tiempo de la Reyna Isabel, por ser uno de los mejores parages de Inglaterra, elegido por dicha Reyna para mansion y resguardo de las Armadas Reales, en el qual anclan con seguridad los mayores navíos; tal es el caudal que allí tiene el Medway, que se comunica luego con el Thames, en el qual desagua. Chatam es tambien un famoso Astillero, donde se construyen los mas grandes navíos hasta de ciento y veinte cañones.

Los

55 Los que quieren hacer por agua el resto del viage hasta Londres, van de Rochester á Gravesend, distante seis, ó siete millas sobre la derecha y allí se embarcan en el Thames, pudiendo ir con la creciente de la marea en cinco, ó seis horas; pero yo no entiendo de caminar por agua, habiendo tierra, y tierra frondosa y amena, llena de Casas de Campo, y Lugarillos á los lados de un camino excelente. Continué pues por ella á Dartford, y de Dartford á Londres, hasta donde se cuentan treinta y dos millas desde Rochester.

56 Entré en esta Babilonia, y fuí á parar á una posada en *Suffolck-Street*, que quiere decir calle de Suffolck, en uno de los mejores quarteles de Westminster, por cuyo puente pasé el rio Thames.

57 Londres, que los Ingleses llaman London, *is the Metropolis of Great Britain, the Seat of her Monarchs, the greatest, richest, most populous, and most flourishing city in Europe*: así comienza un libro que yo tengo, y quiere decir: *Londres es la Metrópoli de la Gran Bretaña, residencia de sus Monarcas, Ciudad la mas grande, la mas rica, la mas poblada, y la mas floreciente de Europa.*

58 Este preámbulo ya le tendrá á V. impaciente, porque yo empiece á referir sus
gran-

grandezas; pero, Amigo, creo que V. se llevará chasco, y yo tambien quiero mortificarme en diferirle las noticias de Londres para mas adelante. La causa es un nuevo plan de Viage que he formado, ó por mejor decir una ampliacion del primero; pues ya que estoy aquí quiero ver algunas de las Provincias Meridionales de Inglaterra, y en ellas las Ciudades de Oxford, de Bristol, de Bath, de Porstmohut y otras. He entrado en esta curiosidad por las alabanzas, que me han hecho de dichas tierras, como las mas agradables de Inglaterra, y porque tambien lo es para mí una excelente compañía de Viage, que me ha deparado la suerte.

59 Mi primer excursion Londinense está ya hecha: dexo la segunda para la vuelta, y entónces satisfaré en la mejor forma que pueda la curiosidad de V. hablándole de Londres, y de sus inmediaciones, que no es poco empeño, de qualquier modo que yo salga de él. Todo lo emprendo con gusto por dárselo á V. que tanto estima mis fatigas. Manténgase V. bueno y mande á su constante Amigo..... Londres.....

## CARTA X.

1 Mi amado Amigo: no hay como pensar bien y executar pronto. Resuelto mi Viage Anglo-meridional, salí de Londres por el camino de Oxford, y fuí á parar á aquella Ciudad. Pasé por los Pueblos de Kingsington, Hainmersmith, Turnham-green, Brentford (á cuya izquierda queda cercano el sitio Real de Rew) Smallperrigreen, Hornslow, Hartford-bridge, Colnproock, Windsor, Maldenhead, Henli, Nettlebed, Walington, y Nanham.

2 En Hartford se pasa un riachuelo, que tiene el mismo nombre, y á su mano izquierda se descubren anchas campiñas destinadas á pastos. En Colnproock se pasa dos ó tres veces por puentes de madera el rio Coln, que divide el Condado de Midlesex: en el que está Londres, del de Buchingban, por donde se anda un corto espacio. Inmediato á Windsor se pasa el Thames por puente de madera, y se rodea un poco para ver este Sitio Real. El Thames es aquí de corto caudal, y tiene muchos Cisnes en sus aguas, y márgenes.

3 El Sitio de Winsord es en el que mas reside el actual Rey de Inglaterra Jorge Terce-

cero. Está situado el Palacio en la cumbre de un collado delicioso, y toma el nombre del adjunto Pueblo, que ha ido creciendo en aquellas orillas del Thames con motivo de la residencia de los Reyes. El Palacio actual le mandó edificar Eduardo Tercero en el siglo catorce; pero ya ántes residieron otros Reyes.

4 La Iglesia es de aquel tiempo, y una especie de gótico muy delicado. Su arquitectura se atribuye al Santo Obispo de Winchester Guillermo Vicham. Su planta es un quadrilongo, y consta de tres naves, la del medio mayor que las otras. Los pilares figuran una palma, cuyos ramos se derraman, y cruzan por la bóveda, que es muy rebaxada.

5 Aquí no ha podido exercer toda su jurisdiccion el entusiasmo de los Iconómacos, pues en el altar que consta de quatro columnas corintias, está pintada la Cena de Christo, y los Apóstoles, cuya obra tiene del estilo de Zucari; pero tratan de quitar dicha pintura, y colocar otra encargada ya al acreditado Profesor West.

6 En el Coro se celebran las funciones para crear Caballeros de la Xarretera, y sobre la sillería estan puestos los escudos de armas, y los estandartes de los Caballeros vi-

*Tom. I.*        R        vien-

vientes. Las ventanas á los pies de la Iglesia son muy grandes, y en sus vidrios se ven pintados multitud de Santos.

7 Hay en las Capillas algunos Sepulcros suntuosos, entre ellos el del Conde de Lincon, que fué Ministro de la célebre Reyna Isabel. En una está la tumba del Lord Hasteins, á quien mandó degollar Ricardo Tercero, y otra con su estatua echada es de Enrique de Somerset, Duque de Beaufort. En otra Capilla está la de Milord Monock. Esta Iglesia, que no es muy grande, se halla hoy con pavimento de mármoles.

8 Para ver el Palacio Real se sube por entre antiguas murallas, y torreones á la cumbre del cerrillo, y se entra en una gran plaza quadrada, en medio de la qual hay una estatua eqüestre de bronce, con este letrero en el pedestal: *CAROLO II. Regum optimo Domino suo Clementissimo Tobias Rustat hanc effigiem humillimè DD. anno* 1680.

9 No piense V. que esta estatua es del mérito de las nuestras, encarceladas en la Casa del Campo, y el Retiro, pues le falta mucho para ponerlas en comparacion; pero tiene la fortuna sobre aquellas, de lucirlo en un sitio muy principal, y causa el efecto que causarian las nuestras si estuviesen
en

en los parages mas públicos de Madrid, ó en sus ingresos.

10 La arquitectura del Palacio se tiene tambien por del Prelado Wicham; pero como obra hecha antes de la restauracion de esta arte en Europa, le falta la grandiosidad, y decoracion propia de la mejor arquitectura, y así mas tiene traza en lo exterior de un Castillo, que de Palacio de un gran Monarca. Interiormente es otra cosa, pues ha sido fácil hacer distribuciones propias y acomodadas.

11 Las paredes de las antecámaras de los Palacios Reales de Inglaterra comunmente se hallan adornadas de multitud de armas blancas, y de fuego, formando con ellas diferentes figuras, como círculos, óvalos, pirámides, frisos, &c. La primera vez que lo ví en el de S. James de Londres, me pareció una señal de desconfianza entre el Soberano, y los vasallos, y cosa ridícula, acaso por no haberla visto en ninguna otra parte.

12 Hay muy buenas piezas en este Palacio, adornadas de estimables pinturas. Se ven en la del Cuerpo de guardia de la Reyna varios retratos: el de Jacobo Primero es de Vandick, de Dahl el del Príncipe Jorge de Dinamarca, y de Belcamp los de los Reyes Eduardo Tercero, y Eduardo, llamado el

Negro. En las piezas de Audiencia, de Bayle, y otras hay porcion de quadros; muchos son retratos, entre ellos el de la Duquesa de Richmond, de Vandick, y algunos de Honthorst, y de Van-Somer.

13 Se ve un quadro de Guido, y representa á Judit, que corta la cabeza á Holofernes; una Magdalena de Pedro Lely, y en la pieza de dormir el retrato de la Reyna, del actual Pintor West, &c. Hay una pieza que llaman de las Bellezas, ó Hermosuras, por estar adornada de retratos de diferentes Damas, y otras mugeres muy hermosas, entre ellas las Duquesas de Somerset, de Cleveland, de Richmond, &c. Los mas son obras del citado Pedro Lely, Pintor de mediano mérito, de quien hay otra porcion de obras en varias piezas, y en la galería. En esta ví un retrato de nuestro Emperador Cárlos V. de Ticiano, parecido á los que hay en el Palacio de Madrid; un Senador Veneciano del mismo; una Cabeza de muger de Sebastian del Piombo; dos de hombre, de Cárlos Cigniani; Rinaldo, y Armida de Romanelli; nuestro Marques del Guasto, y su familia, de Ticiano; el Angel que se aparece á los Pastores, y Jesu-Christo en el huerto, de Pousin; el retrato de Manuel Filiberto, Duque de Saboya, de Antonio Moro;

un

un Salvador, y San Juan, de Vandick; un muchacho con juguetes, que me dixeron ser de Murillo; pero no lo era, ni de muchas leguas.

14 En el Gabinete del Rey hay una bella Cabeza de hombre de Rafael; otra de muger, del Parmesano; una Santa Catarina, de Guido Rheni; el retrato de un Duque de Nortfolk, de Holvein; varios retratos hechos por Pedro Lely; el de Lutero sin nombre de autor; el de Erasmo, de Jorge Pens; el de la Reyna María Enriqueta, de Vandick; y tambien se ve algo de Brughel, y Teniers.

15 En otra pieza hay una Magdalena de Carlo Dolce; una Vista de Windsor, de Wosterman; una Cabeza de hombre, de Leonardo de Vinci; un Pais con figura y caballos de Wovermans; Neron que deposita las cenizas de Germánico, de le Sueur; una Cabeza de hombre, y otra de un jóven, de Holbein; una Herodías, de Carlo Dolce: el retrato de una Condesa de Desmond, de Rembrant. En la pieza de dormir el Rey hay un retrato de Cárlos Segundo, de Vandick. En la sala pública de comer, una cacería de osos, de Basan, y otra de jabalíes de Snyders; un triunfo naval del Rey Cárlos segundo, de Verrio; un quadro con Ninfas, y Sátiros, de Rubens y Snyders.

16 En la sala de Audiencia un quadro que

representa á S. Pedro, S. Juan, y Santiago, es de Miguel Angel Caravagio; otro de Jesus delante de Pilatos, del Schiavone; otro de Lot con sus hijas, de Simon de Pesaro. En otra sala hay un Prometeo del Palma jóven; el retrato de Scoto del Españoleto, quien se valdria de otro antiguo; y el retrato del Czar Pedro de Moscovia, del Pintor Gofredo Kneller, que ha estudiado mucho en imitar á Vandick. Del mismo se ven otras pinturas en este Palacio, como tambien de Lely, de Feti, de Genaro, de Zucarelli, de Cuper, y de otros modernos.

17 Sin embargo de tan bellos ornatos y objetos agradables, sin contar la preciosidad de los muebles, el actual Rey mas gusta de residir en otra habitacion, que se ha mandado fabricar enfrente la referida, al otro lado de la plaza que mira á medio dia. La posicion del Palacio de Windsor es parecida á la del Alcazar de Toledo, en una elevacion, que mira tambien al Norte, como en Toledo, desde la qual se descubren por todos lados espaciosas llanuras y el curso del Thames, que plácidamente va caminando hácia Londres. Tiene tambien la particularidad de descubrirse desde allí veinte y tres Condados, cuyos nombres se leen en una tabla que hay puesta en aquel parage.

La

18 La magnificencia exterior de Windsor es particularmente el Parque, cercado de pared de ladrillo, que se extiende quatro ó cinco millas en contorno, con espesos bosques, donde hay mucha caza, y sirve de diversion á los Reyes. Windsor está en Berkshire, ó Condado de Berk, abundante de trigos, y ganados.

19 De Windsor á Oxford caminé quarenta y una millas: á las diez y ocho se pasa por Henly, pequeña Ciudad del Condado de Oxford, y antes atraviesa el Lugar de Maldenhead. Se entra en Henly por puente de madera sobre el Thames; pero lo estan haciendo de piedra con toda solidez y magnificencia. Se atraviesan en esta distancia grandes llanuras de pastos comunes, y algunas campiñas menos arboladas que lo regular; pero no peladas, como tantas de las nuestras.

20 Los árboles que regularmente se encuentran en estas Provincias son robles, olmos, castaños de fruta amarga, sauces, &c. Con estos, y diversidad de arbustos, como espinos, zarzas, arrayanes, boxes, elechos, oleagas, &c. alindan gran parte de sus posesiones. Este año de ochenta y tres tienen buena cosecha de trigo, cebada, avena, y de otras semillas.

21 Aunque el caserío de Henly es humil-

milde la mayor parte, y de labradores; la posada es magnifica y cómoda, como lo son casi todas donde he estado, con camas, que no dexarán envidiar las propias, por aseadas que sean, á ninguna suerte de pasageros. Se atraviesan los Pueblos de Nettlebed, Walington, y Nanham, quedando á la izquierda la Ciudad de Wallingford, y el rio Thames, que la baña.

22 Oxford, Cabeza del Condado, ó Provincia del mismo nombre, está situada en una agradable llanura, y muy frondosa, en el confluente de los rios Isis, y Cherwell, distante por camino mas recto del que yo he traido cincuenta millas de Londres. En esta Ciudad, y en la de Cambridge estan las dos célebres Universidades de Inglaterra.

23 La mayor parte de los grandes edificios de Oxford son Colegios, que llegan á veinte y seis entre grandes y pequeños; casi todos fundados en el tiempo de los Católicos, como manifiesta su antigüedad: conservan sus antiguos nombres, v. g. de Corpus Christi, de todas las Animas, de Jesus, de S. Juan, de la Trinidad, y otros con títulos de diferentes Santos.

24 A principios del siglo trece ya tenia la Universidad de Oxford gran nombre, y el Concilio de Viena en el Delfinado, celebra-

brado por aquel tiempo, la declaró por una de las quatro mas famosas del mundo, quales eran la de París, la de Bolonia, y la de Salamanca.

25 La Ciudad de Oxford es parecida en su planta, aunque mayor, á esa Ciudad de Alcalá de Henares, y se parecerian mucho mas, si la campiña de Alcalá fuese tan frondosa (que podria serlo) como la de Oxford, así como se parecen en ser Colegios sus principales edificios, en ocupar una llanura, en la vecindad de un rio, &c.

26 Al entrar en la Ciudad se pasa el Cherwell por un buen puente de piedra, y se encuentra el Colegio de la Magdalena, fundacion suntuosa del Santo Obispo de Winchester Guillermo de Wicham, de quien he hablado tratando de Windsor, y aun hablaré despues.

27 La arquitectura de este, y de los demas Colegios, que se fabricaron antes del restablecimiento de las bellas Artes, es una especie de la que llamamos gótica, mas, ó menos delicada y adornada; pero en todas partes sólida, y de construccion excelente, capaz de durar eternidades, como se ve en estos edificios. El de la Magdalena es de los mayores de Oxford; tiene varios patios con habitaciones al rededor: á la principal fachada

cor-

corresponde la Capilla, y una alta torre con varios torreoncillos adornados de escultura.

28 Hay mucho de esto en las paredes del patio principal, que son especie de geroglíficos, y en la entrada las estatuas del Fundador, de la Magdalena, y de Enrique Tercero, quien en este parage habia fundado antes un Hospital. Ademas de este patio hay otros dos, y luego se encuentra un pedazo de buena arquitectura moderna para habitaciones, que corresponde á la parte del jardin, el qual es grande y delicioso en extremo, con un arroyo que lo bordea: consta de calles de árboles, bosquecillos, prados, &c. Los célebres Cardenales Polo, y Wolsey fueron Alumnos de este Colegio, y aun el segundo desde Maestro de Grámatica que fué en otro adjunto, dependiente del de la Magdalena, llegó á la gran altura que todos saben.

29 La Capilla que es espaciosa, y de construccion gótica, la van reduciendo al gusto de la arquitectura antigua, ó Romana, como aquí dicen, y ya el retablo es en esta forma de órden corintio. Hay muy bellos vidrios pintados de diferentes asuntos en las ventanas. En el testero se ve una pintura de la Resurreccion del Señor de Isac Fuller, que floreció ciento y veinte años hace, gran imitador de la significante musculadura de Miguel Angel

pe

pero de colorido desagradable, y crudo. Un quadro de Jesu-Christo con la cruz á cuestas lo estiman por original de Guido Rheni.

30 Enfrente el referido Colegio se encuentra un Jardin Botánico, fundado ciento y cincuenta años ha por Enrique de Anvers, Conde de Dambi, que lo regaló á la Universidad. Consiste en un quadrado espacioso, abundante de plantas medicinales. La puerta principal, cuya invencion se atribuye al célebre Arquitecto Iñigo Jones, es de órden dórico con columnas almohadilladas á cada lado, triglifos, fronton triangular, nichos, &c. Tiene la siguiente inscripcion: *Gloriæ Dei Opt. Max. Honori Caroli Regis. In usum Acad. et Reip. Henricus Comes Dambi. D. D. M. D. C. XXXI*: y la misma inscripcion hay de la parte de dentro, bien merecida de un Caballero, que de este modo atendió á la salud pública de su Nacion.

31 Así el Colegio de la Magdalena como el Jardin Botánico se encuentran antes de entrar en la Ciudad. Entrando en ella se halla á la derecha el Colegio que llaman de la Reyna, el qual tiene dos grandes patios cercados de habitaciones, y el menor con ornato de una portada hácia la calle, con soportal y cupulilla encima sostenida de pilares. Se ve allí la estatua de la Reyna Carolina.

Es-

32 Este Colegio le fundó Roberto Egglesfield, Confesor de la Reyna Filipa, muger de Eduardo Tercero, á favor de sus paisanos de la Provincia de Cumberland, de donde era nativo, y dicha Reyna lo concluyó á mediado del siglo décimoquarto. Entre los ilustres Alumnos que ha tenido, se cuentan Francisco Eduardo, hijo de Eduardo Tercero, y el Rey Enrique Quinto. Despues tuvo otro, que ha hecho gran ruido en el mundo (Juan Wicleff) con su pretendido sistema de primer Reformador de Inglaterra. Este y todos los principales Colegios de Oxford tuvieron desde sus principios selectas Bibliotecas, que despues se han ido aumentando considerablemente por diferentes bienhechores.

33 Cercano al Colegio de la Reyna se halla el de la Universidad, obra de las mas considerables de la Ciudad. Su primer fundacion la atribuyen al Rey Alfredo en el siglo octavo; despues de varias ruinas y reedificaciones logró su complemento en el siglo pasado. Se entra en un espacioso patio quadrado de tres altos: en una de sus alas se eleva la portada, que consiste en cinco cuerpos de arquitectura, cada uno adornado de dos columnas pareadas por lado. En lo alto está la figura de Cárlos Primero, con la de la Fama á un lado, y una de muger arrodillada, que parece

re-

representar á la Universidad; todas de escultura, como lo son otras del remate, que es como el de una torre.

34 En el plano primero y segundo de este patio estan las aulas, donde se enseña todo género de Ciencias y lenguas, que llaman sabias. De este patio se pasa á otro mas antiguo, en donde se encuentra una gran sala, que llaman el Auditorio de Teología, con su bóveda, y lo demas de un gótico muy delicado y adornado, al modo de una Iglesia. En el segundo alto de este recinto se halla la famosa Biblioteca Bodleyana, la mejor del mundo dicen aquí, á excepcion de la Vaticana.

35 ¿Pasarán por ello los Franceses quando se trate de su Biblioteca Real? ¿Y dexarán pasar los nuestros la proposicion, acordándose de la del Escorial? Cada ollero alaba sus ollas. Lo cierto es que la Bodleyana es copiosísima y rara de manuscritos, é impresos, con la circunstancia de haberse formado á costa de zelosos patricios á beneficio público; virtud que no se puede negar á esta nacion, enamorada de su patria.

36 El Caballero Thomas Bodley, persona de singular mérito, emprendió esta obra el año de 1600, quien dexó gran porcion de libros, que habia juntado, y fondos para comprar otros, y para el mantenimiento de
un

un Bibliotecario. En reconocimiento se le erigió una estatua con este letrero, de que era muy acreedor: *Thomas Sackvillus Dorset. Com. Summus Angliæ Thesaurar. hujus Acad. Cancel. Thomæ Bodleio Equiti Aurato, qui Bibliothecam hanc instituit, honoris causa P. P.*

37 Se fué aumentando despues increiblemente por la generosidad de muchos Señores, en particular de Thomas Laud, Arzobispo de Cantorberi, que dió dos mil manuscritos en varias lenguas orientales, habiendo crecido tambien con exceso desde que se agregó la Librería de Seldeno, que constaba de mas de ocho mil libros. Al rededor se ve porcion de retratos, pintados algunos en la pared, y otros en lienzos, que representan los bienhechores, y personas de todas partes, famosas en literatura: entre ellas está el de nuestro Vives.

37 Los célebres mármoles Arundelianos pertenecientes á la Universidad han tenido diversas colocaciones: ahora estan en una ancha sala al Norte de las Escuelas: son ciento y cincuenta con corta diferencia. El Conde Thómas Arundel, Gran Mariscal, hizo increibles gastos en adquirir de Italia, Grecia y Asia dichos mármoles, de los quáles formó una curiosa coleccion en su casa de Londres, y

su hijo Enrique Howard los regaló á la Universidad. Despues de la muerte de Seldeno regalaron sus executores testamentarios otra porcion, que juntó aquel célebre literato. Consisten todos en famosas inscripciones, estatuas, bustos, aras, ó altares, columnas, sarcófagos, baxos relieves, &c.

39 Entre las estatuas hay muchas del tamaño del natural y mayores, otras mas pequeñas: las hay faltas de algunas partes, restauradas, togadas, con palio, y en trage militar, &c. Varias son conocidas, y otras no: entre aquellas señalan la de Ciceron, y la de Demóstenes, el primero en ademan de orar con un género de indignacion; un Antinoo, una Minerva, un Término, ó Pan, una Sabina, una Clio, Melpomene, Cayo Mario, Julia Camila, Germánico; varias Venus, entre ellas una como la de Médicis: tres, ó quatro que representan Emperadores Romanos, otras tantas desconocidas de mugeres Griegas. Una columna, que suponen haber sido del Templo de Apolo Délfico, con la figura de este Dios encima: diferentes cabezas Griegas y Romanas, bustos del mismo modo, y otra porcion de estatuas menores que el natural.

40 Entre todas estas antigüedades las hay de gran mérito, y muy comunes algunas en
la

la execucion. De las mas estimables son las estatuas que atribuyen á Ciceron, y á Demóstenes (algunos quieren que esta representa á Scipion Africano), la de una muger Griega; y de las menores que el natural, la de Melpomene, cuya cabeza representa á Agripina, expresada en similitud de aquella Musa : un Baco desnudo, Hércules peleando con el leon. Ademas de todos los bustos antiguos hay uno moderno de Enrique Octavo. Se encuentra una Cabeza colosal de Apolo, un baxo relieve de la toma de Troya con figuras de mucha expresion, y otros muy buenos en altares, sarcófagos, &c.

41 No es mi asunto hablar de todo menudamente. Basta lo dicho para quien sabe que hay un comentario, impreso mas de una vez, de estas antigüedades, compuesto por Humphrido Prideaux en 1674, donde pueden verse las inscripciones griegas, y las épocas memorables que señalan, como tambien otras modernas en honor de los Condes de Arundel, y de Sheldeno.

42 Dos fábricas tiene Oxford ademas de las dichas, que estan en la primera estimacion, el teatro Sheldoniano, y la que llaman Rotunda, ó Librería de Radcliffe. La situacion de ambas es cerca de las Escuelas públicas. Gilberto Sheldon, Arzobispo de Cantor-

torberi, costeó la obra del teatro, empezada en 1664, y concluida en los cinco años siguientes. Cristobal Wren, Superintendente de las Fábricas Reales, y Arquitecto de la famosa Iglesia de S. Pablo de Londres, lo fué tambien de este teatro; al qual se le dió en la planta la figura de una D, al modo de los teatros antiguos. Es un buen edificio de plano primero y segundo: sobre la linea recta, en que termina la curva de la planta, se eleva una suntuosa fachada de dos cuerpos.

43 La decoracion del primer cuerpo es de quatro columnas en el medio, y otras tantas pilastras en los extremos, de órden corintio: en el friso se lee: *Academiæ Oxoniensi, bonisque litteris S. Gilbertus Sheldon, Archiep. Cantuariensis, Cancellar. Univers. Fecit A. D. CIƆIƆCLXVIII.* El segundo cuerpo, que remata en frontispicio triangular, tiene pilastras en lugar de columnas.

44 Lo demas del teatro por defuera tiene un buen compartimiento de ventanas en el primero, y segundo piso con su decoracion de pilastras sencillas, faxas, balaustres, y sobre la cornisa del tejado se elevan unas ventanas muy pesadas por su ornato, con una pesadisima mitra sobre cada una, que afean lo demas. Al lado opuesto de la portada principal,

pal, que he referido, hay otro ingreso con el escudo de las Armas de Inglaterra encima, y este letrero: *Carolus II. D. G. Mag. Brit. Fran. et Hib. Rex. Fi. Def.*

45 La construccion interior de gradas, asientos, &c. confronta bien con la de los teatros antiguos, fuera de que este es cubierto: en funciones públicas de grados se sientan segun sus clases el Canciller, la Nobleza, Doctores, Maestros, Bachilleres, Graduados, y tambien hay lugar por los extrangeros de ambos sexôs; de todo lo qual resulta un espectáculo magnífico, segun me han asegurado, quando hay funciones que llaman *Comitia,* y *Encoenia.* En la parte exterior se ven las estatuas del Rey Cárlos Segundo, del Arzobispo Sheldon, y en la interior porcion de retratos pintados, entre los quales los de los mismos sugetos, y del Arquitecto Christobal Wren.

46 De este Arquitecto Ingles es tambien el inmediato edificio, que mandó construir la Universidad el año 1679, y se concluyó en los nueve años siguientes, habiéndole destinado para gabinete de curiosidades, de producciones raras, y de quanto puede contribuir al adelantamiento, particularmente en el ramo de Física, é Historia Natural. La fachada es suntuosa, con deco-
ra-

racion de columnas corintias, y se lee el letrero siguiente: *Museum Ashmoleanum. Schola naturalis historiæ, Officina Chymicæ.*

47 Concluido el edificio, regaló Elias Ashmoleo, Heraldo, ó Rey de Armas de Cárlos Segundo, una coleccion de curiosidades, las mas raras, que habia juntado de monedas, libros manuscritos, minerales, metales, animales disecados, ó conservados en espíritus, petrificaciones, conchas, fosiles, y otras mil cosas, que se han ido aumentando desde entónces mediante la generosidad de varias personas que las han dado. Se encuentra una gran piedra iman, dada por la Condesa de Westmorland, y levanta ciento quarenta y cinco libras, siendo ella una especie de óvalo de diez y ocho pulgadas de largo.

48 Hay una porcion de curiosidades recogidas en el Viage hecho al rededor del mundo por el célebre Capitan Cook, y dadas por el Señor Reinhold Forster, que consisten en manifacturas, vestidos, instrumentos de guerra, ídolos, &c. traidos de las Islas de O-Tahiti, y nueva Celanda. Se hallan en esta coleccion tres pequeñas Librerías: una de ellas se llama el Estudio de Ashmoleo con libros impresos, y manuscritos pertenecientes á las antigüedades, y á la Ciencia Heráldica: tambien contiene los manus-

cri-

critos del *Monasticon Anglicanum*, famosa obra de Guillermo Dugdale. La segunda es de los libros del Doctor Lister: y la tercera de varias colecciones relativas á la Ciudad, y Universidad. Hay tambien algunas pinturas de mérito, entre ellas un Christo difunto de Anibal Caraci, dos retratos de Vandick, que representan á Thomas Conde de Arundel, y á su hijo Duque de Norfolk, y un Descendimiento al Limbo, de Bruguel.

49 Al lado del Norte del teatro se encuentra la famosa Imprenta llamada de Clarendon, y es un suntuoso edificio fabricado en 1711, y costeado de lo que se sacó con la venta de la historia de la revolucion de Inglaterra, y otras del Lord Clarendon, que sus hijos los Señores de Clarendon, y Rochester dieron á la Universidad. Dicho edificio de ciento y quince pies de largo es de dos altos, con una fachada que corresponde á la calle, cuyas columnas de órden dórico comprehenden dichos dos altos: tiene tambien su portada de columnas anichadas en la parte opuesta, y en lo alto se ven colocadas las estatuas de las nueve Musas, con la del Lord Clarendon al lado de medio dia. Hay diversas piezas: en una de ellas se imprimen libros de devociones con privilegio, y á beneficio de la Universidad; en otras se encuentran

tran las prensas de donde han salido célebres obras en este siglo, y últimamente la famosa Biblia del Doctor Kenicot. En una sala bien adornada, donde tienen sus juntas los Gefes, y Diputados de esta Universidad, hay un retrato muy bueno de la Reyna Ana, pintado por Godfredo Kneller, imitador de Vandick, como queda dicho.

50 Al medio dia de las Escuelas se encuentra un espacio, cuya circunferencia forma un caprichoso espectáculo, que resulta de los edificios góticos de Colegios, Escuelas, &c. En medio de dicho espacio, ó plaza se eleva uno muy suntuoso, y es la nueva Librería del famoso Médico Doctor Radcliffe, para la qual dexó en su testamento quarenta mil libras esterlinas, y hay señaladas ciento cada año para la compra de libros, y ciento para su conservacion y reparos: todo á favor de la Universidad.

51 Sobre un cuerpo octógono almohadillado, cuyo diámetro es de cien pies, se eleva otro redondo, adornado de columnas corintias, resaltadas tres quartas partes, y pareadas entre los nichos y ventanas. Sobre el cornisamento, que está muy adornado, corre al rededor una balaustrada, y alterna con pedestales, sobre los quales hay jarrones perpendiculares á las columnas, y su cúpu-

la encima de sesenta pies de alta.

52 Las ocho puertas que tiene el cuerpo rústico dan entrada á un pórtico al rededor, en medio del qual esta el *domo*, ó pieza redonda de la Librería, muy bien adornada, y rica de libros, colocados con toda propiedad. Sobre una puerta se vé la estatua del fundador, hecha por Risbrack, y sobre otra de una de las galerías el busto del Arquitecto de esta obra, llamado Gibbs. Se empezó en 1737, y se acabó en 1749. Se guardan en esta Librería dos candeleros antiguos, que se encontraron en las excavaciones de las ruinas del Palacio de Adriano en Tiboli, y las dió á esta Universidad el Señor Roger Newdigate.

53 Si hubiéramos de hablar de todos los edificios y Colegios de Oxford, seria asunto largo, como el referir sus Bibliotecas, Capillas, Jardines, y otras curiosidades; y así iré pasando mas brevemente por estas cosas.

54 El Colegio que llaman de Todas las almas, *All souls Colledge*, es de arquitectura gótica, coronado de almenas, y piramidillas con dos torres á los lados de su ingreso: consta de dos patios, el uno muy grande, al qual corresponde la Librería, Capilla, y otras piezas, con pavimento siempre verde de yerba que cultivan. El retablo de la Capilla es de
már-

mármol. Se ve una pintura grande de la Asuncion, hecha por Jacobo Thornhill.

55 El espacio principal lo ocupa un bello quadro de D. Antonio Rafael Mengs, en que representó la aparicion de Christo resucitado á la Magdalena en el paso de: *Noli me tangere*, executado con dignidad, correccion, excelente colorido, y lo demas que distinguió á este insigne Profesor. Ví esta obra bosquexada antes de transportarla á Inglaterra, que fué el año 1771, y tuve gran gusto de volverla á ver concluida.

56 Las imágenes proscritas de los Templos y altares de Inglaterra, quando abandonaron sus moradores el Catolicismo, vuelven á ocupar sus lugares, como aquí se ve, y en otras Iglesias y Capillas. Acabado de quitar este escrúpulo de los Ministros de la Religion Anglicana, podrán esperar las Nobles Artes un gran adelantamiento y exercicio en tantas Iglesias como hay en este Reyno desmanteladas actualmente de la bella decoracion de las imágenes en pintura y escultura. Los Católicos tendrán tambien por que alegrarse al ver adoptar de sus adversarios esta santa y laudable costumbre. La antecapilla es una linda pieza de arquitectura de Christobal Wren.

57 La coleccion de libros de este Colegio

gio es de las mas copiosas de Oxford, en particular la de la nueva Librería, adornada de pilastras dóricas y jónicas, y de muchos bustos sobre los estantes de Alumnos y Bienhechores, que han sido de este Colegio. Sobre una puerta se encuentra el busto de mármol del Arzobispo de Cantorberi Chicheley, que lo fundó hácia el año de 1437, y lo intituló: *Collegium animarum omnium fidelium defunctorum de Oxon.*

58 Así como la mudanza de Religion en Inglaterra proscribió las imágenes de los altares, hizo lo mismo de las ánimas de los difuntos, del Purgatorio. ¿Quien sabe si, como han vuelto las imágenes á los altares del Colegio de Todas las almas, volverán los sufragios á favor de estas, que en él se hacian, y la fe de que hay Purgatorio? Se ven muchos retratos de Alumnos de este Colegio, célebres despues por su literatura, ó empleos, y hay una estatua del Coronel Codrington, gran bienhechor en este siglo.

59 El Colegio de Christo es de los mayores de Oxford, y mas dignos de verse. Tiene quatro patios, y la arquitectura al rededor del que llaman *Peckwater* haria su papel entre los mejores edificios modernos de Londres. El Arquitecto fué el Dr. Aldrich, no menos hábil en Arquitectura que en otros conocimientos,

tos, segun su fama. Consta el edificio de tres alas con tres cuerpos de habitaciones, y tres entradas en cada una de las fachadas. El primer cuerpo es rústico, ó almohadillado; el segundo y tercero tienen decoracion de pilastras jónicas entre las ventanas. En medio de cada una de las tres alas hay una decoracion de seis columnas de órden corintio.

60 Enfrente de la ala del medio á linea paralela hay otro suntuoso edificio moderno, adornado de ocho grandes columnas, que alcanzan desde el suelo hasta la cornisa; pero me pareció una extravagancia, que hácia su primer tercio venga á cortarlas un cuerpo dórico. En lo alto hay una magnífica Librería, tanto por sus adornos, como por la coleccion grande de libros. En el quarto baxo se encuentra en tres piezas á cada lado de su ingreso una gran porcion de pinturas, que dió el General Guise, muchas de las quales fueron de la coleccion del Rey Cárlos Primero, y me parece que pasarán de trescientas.

61 No es posible que yo le hable á V. por menor de ellas. Lo que puedo asegurarle es, que si correspondiesen exâctamente *nomina rebus*, seria esta una de las colecciones raras que podian veese; porque se trata de quadros de Rafael, de Corregio, de Vinci, del Sarto, de Buonarota, de Julio Romano, de
Pie-

Pierin, del Vaga, de Nicola del Abate, de los Caracis, Palmas, y Basanes, de Broncinu, Muciano, Arpino, Mola, Caravagio, Españoleto, Lanfranco, Pousin, Sachi, Marati, Cortona, Rubens, y de muchos de la Escuela Veneciana, especialmente de Tintoreto, y de Pablo Veronés.

62 Hay quadros de todos asuntos, y de varios tamaños; pero no muy grandes, ni muy bien bautizados muchos de ellos: van siguiendo á pesar de quien lo contradiga con los nombres que les pusieron al colocarlos. Sin embargo hay muy bellas cosas entre tanto número.

63 La parte gótica de este gran Colegio tiene que observar. El fundador fué el Cardenal Wolsey, donde estuvo el Priorato de S. Frideswide. Despues de la desgracia de este Cardenal se completó su gran proyecto del edificio, y se aumentó por Enrique Octavo, y por la Reyna Isabel. Se le dió el honor de Silla Episcopal, y á su Capilla el de Catedral del Obispado con el nombre de *Christ's Church*, Iglesia de Christo. Sobre una puerta está la estatua de Wolsey con sus hábitos Cardenalicios. Tambien hay una estatua de la Reyna Ana, otra del famoso Locke, y otras muchas memorias, y preciosidades del estilo gótico y moderno.

En

64 En la bóveda del Colegio de la Trinidad está pintada á fresco la Resurreccion de Christo por Pedro Berchert, Frances de nacion, bastante bien: hay á un lado del altar un Sepulcro antiguo de mármol con las estatuas del fundador, y de su muger, y tiene este Colegio un bello jardin.

65 La Iglesia de Todos los Santos cerca de la de Santa María tiene adorno de pilastras corintias. La torre es curiosa, y de agradable aspecto: acaba en un cuerpo redondo con ornato de columnas al modo de algunas modernas de Londres.

66 Santa María es la Iglesia de la Universidad, donde se juntan sus individuos los Domingos y dias de fiesta. En el género gótico es muy buena y bien conservada con alta y caprichosa torre. Su pórtico es obra del siglo pasado de poco mérito.

67 En el Colegio de S. Juan hay un patio de buena arquitectura con columnas corintias, executada por dibuxos de Iñigo Jones, y asimismo una puerta, ó ingreso adornado de columnas dóricas y jónicas en sus dos cuerpos, y con las estatuas de Cárlos Primero y de la Reyna, executadas en bronce.

68 Dexo de hablar de los Colegios de Worcester, de Exeter, de Jesus, de Lincom, de Corpus Christi, de Mirton, y de otros, como

mo de algunas Casas de Estudios, por no alargar mas la relacion de Oxford; pero en todos hallará el curioso algunas particularidades que notar. Gran parte de estas fábricas, en especial las mas modernas, son de piedra de Portlan: las otras, principalmente las antiguas, de ladrillo. Apenas hay Colegio que no tenga un bello jardin, y en muchos de sus patios un continuo verdor, como alfombra, mediante la yerbecilla de que estan cubiertos, y tienen gran cuidado de su conservacion y cultivo. Los jardines Ingleses son en extremo caprichosos, y agradables, no como los *Parterres*, cuya falta de plantas crecidas, y uniformidad fastidia en cierto modo. Estos van siempre serpeando: alternan las plantas baxas con las altas: estas ocultan, agrupadas como suelen estar, la diversidad de flores, y figuras, que succesivamente va descubriendo quien pasea por los tales jardines. El mismo órden hay en los Botánicos, que son muchos, así del Público, como de particulares.

69 Pocas, ó ninguna Ciudad he visto yo hasta ahora, que como esta, aunque pequeña, presente tan á cada paso igual variedad de objetos arquitectónicos, mediante los muchos Colegios, Casas de Estudios, Iglesias, &c. que casi ellas solas forman calles y plazas, y parecen escenas teatrales, con una

ca-

caprichosa alternativa de lo gótico de diferentes tiempos, y de lo moderno.

70 En las principales salas de los Colegios, y en sus Bibliotecas [1] hay multitud de retratos de sus fundadores, bienhechores, é ilustres Alumnos que han tenido, así por la literatura, como por sus empleos, y dignidades. Una gran parte son pintados, y otra de escultura en estatuas, bustos, medallas, &c; y prescindiendo ahora del mérito artístico de dichas obras, digo, que la costumbre es óptima, digna de ser imitada, y yo quisiera saber por que en nuestra Universidad de Salamanca, y en todas las demas, como tambien en los Colegios, no habian de exîstir los retratos de todos los célebres literatos, y bienhechores que han tenido.

71 Acaso fué este el secreto mas eficaz, y poderoso que los Griegos y Romanos encontraron para incitar al valor, á las letras, á la sabiduría, y á todo género de acciones memorables. Tenian seguridad de que al verdadero mérito seguiria infaliblemente la gloria de estas memorias, y habian estudiado quan vi-

[1] Un Escritor moderno se burla de tantos libros, y librerías como se han referido, considerando inútiles dichas colecciones, proponiendo trasladarlas á Londres, donde habria quien se aprovechase mejor que en la pequeña Oxford.

vivamente tocan en el corazon del hombre generoso.

72 Varias Iglesias y Colegios de Oxford fueron de Regulares antes de la revolucion en el Reynado de Enrique Octavo, y habia porcion de Conventos dentro, y en los contornos de la Ciudad, que fueron suprimidos. Hay memoria de que en el Reynado de Enrique Tercero llegaron á treinta mil los Estudiantes en esta Ciudad, y que no obstante las guerras civiles, que turbaron la paz de aquel Reynado, todavía subsistian quince mil: ahora creo que no pasarán de dos mil.

73 Demasiada detencion ha sido esta, segun el plan de mi viage. Amigo, me ha gustado la tierra por su situacion, frondosidad, y lo demas que queda referido. Continué mi ruta hácia Bristol; pero aun tengo que decir como á la salida de Oxford queda sobre la mano izquierda al Norte de la Ciudad un buen edificio, nombrado la Enfermería, ú Hospital de Radcliffe, útil para los pobres enfermos, y escuela al mismo tiempo para los Estudiantes de Medicina.

74 Cerca de este hay otro nuevo edificio, y es un Observatorio Astronómico, adornado su primer cuerpo, é ingreso de pilastras, y columnas: el segundo es un octógono tambien con decoracion de co-
lum-

lumnas corintias; y el tercero es sencillo con un terrado al rededor, obra celebrada y del Arquitecto Wiat.

75 De Oxford á Woodstock hay ocho millas de muy buen camino. Junto á dicho Pueblo está la famosa posesion, ó Casa de Campo, llamada de Blenheim, que es una costosísima máquina de piedra, cuyo Arquitecto de mal gusto fué Juan Vambrug: tiene la Casa, ó Palacio una larga fachada, coronada de balaustres, y estatuas. En medio sobre la entrada se ve un busto de Luis XIV. quitado de una puerta de la Ciudad de Tornai. La expresada frente del edificio va formando lineas curvas y rectas, entradas y resaltos, pórticos interrumpidos, balaustres, columnas, y ventanas de varia forma y carácter, y en medio de esta ensalada queda formada una plaza espaciosa.

76 Este costosísimo monumento, sea como quiera su decoracion, es una soberbia memoria de la batalla que el Duque de Malboroug Juan Churchill le ganó á la Reyna Ana, de quien era sumamente favorecido, el año quinto de este siglo contra los Franceses, y Bávaros, junto al Lugar de Blenheim en Baviera á orilla del Danubio. Fué esta posesion en señal del reconocimiento del público, que se juzgó debida al mérito de dicho General.

Se

77 Se entra en un gran salon, donde está el busto del mismo Duque, y varias estatuas, entre ellas dos copias en mármol del Fauno y de la Venus de Médicis en el Museo del Gran Duque de Toscana. La bóveda es una composicion alegórica de la victoria de Blanheim, executada á fresco por el Pintor Jacobo, ó James Thornhill. En otra pieza que sigue se ve un *capo d'opera*, como dicen los Italianos, que la traxo el Lord Roberto Spencer, hermano del Duque de Malboroug, y fué comprada en 1768 de la Capilla de los Ansideos en Perugia. Representa á nuestra Señora con el Niño Dios, á S. Juan, y á S. Nicolas. Habla Vasari de dicha obra en estos términos: *Ritornò Raffaele à Perugia, dove fece nella Chiesa de Frati de Servi, in una tavola, alla Cappella degli Ansidei, una nostra Donna, S. Giovani Batista, é S. Nicola*. No sabemos si el desapropio de esta pintura habrá sido efecto de la necesidad, ó buen gusto de aquellos Padres, ó de los dueños de la Capilla: lo uno y otro puede ser prueba del poco aprecio que de ella se hizo.

78 Encima de las puertas hay un S. Gerónimo de Giorgione, una muger desnuda del Schiavone, y una batalla de Wovermans. En ella se encuentran tambien una Asuncion de

de Tintoreto, una nuestra Señora de Leonardo de Vinci, &c. y sirve tambien de ornato una tapicería, en que se expresa la batalla de Blanheim, y otros hechos militares del Duque de Malborough.

79 En otra sala se ve una figura de Academia de Vandick, un quadro de Ester y Asuero de Pablo Verones, una Santa Familia de Rubens, la Circuncision del Salvador de Rembrandt, un Niño en el regazo de nuestra Señora, que corona dos Santas mártires, de Ticiano; algunos retratos, y otras cosas de menor importancia.

80 En otra sala hay un bellísimo quadro de Vandick, que representa la Duquesa de Buckinghan y sus hijos, y del mismo es otro retrato de una Reyna de Inglaterra, el de una Marquesa de Havre, y el de María de Médicis, Reyna de Francia. De Ticiano es un retrato de Felipe Segundo, Rey de España, y otra Cabeza de hombre: de Rubens un Bacanal, una Andrómeda, la adoracion de los Reyes Magos: hay algunos retratos de Kneller, Reynolds, &c. y últimamente una Anunciacion estimada por de Corregio. Sobre una chimenea una muger con un muchacho, de Rubens, que se la regaló la Ciudad de Bruselas al guerrero Duque de Malborough quando estaba en el auge

*Tom. I.* T de

de sus victorias: tambien hay un Angel, que estiman de Corregio; un Cárlos Primero de Inglaterra, de Vandick; una Sacra Familia, que se decia de Rafael, regalada al expresado Conquistador por la Ciudad de Gante.

81 En un Gabinete grande hay los quadros siguientes: de Rubens una Cabeza del mismo Artífice, una huida á Egipto, una Sacra Familia, la Caridad Romana, y la salida de Lot con sus hijas de Sodoma. Esta pintura tambien fué regalo que le hizo al expresado Duque la Ciudad de Anvers, ó Antuerpia. Los expresados dones prueban bien el gusto del citado Señor en la Pintura, y que era el medio de tenerlo propicio quando pasaba por dichas Ciudades con sus victoriosas tropas.

82 Hay tambien en este Gabinete una nuestra Señora sobre un globo, acompañada de Angeles, de Cárlos Marati. De Ticiano S. Gregorio Papa con una Santa Mártir. De Luis Caraci una Sacra Familia. De Carlo Dolce una Magdalena. A un lado de la pieza se ve Isac, que bendice á Jacob, de Rembrandt, y del mismo una muger desnuda: de Vandick el Tiempo, que corta las alas á Cupido; y varias Cabezas de este Autor, de Pablo Veronés, de Dolce, y de otros.

83 Se encuentran asimismo otras estimables

bles pinturas, entre ellas Jesu-Christo, y la Virgen en un trono de nubes, y un Santo en adoracion, de Aníbal Caraci: otro asunto de la Virgen, y nuestro Señor en gloria, de Tintoreto; una Santa Familia de Luis Caraci; dos paises de Gaspar Pousin; Dorotea, Duquesa de Sunderland, de Vandick. En otra pieza adjunta se ven tres retratos del expresado Autor, entre ellos una Duquesa de Richmon, con una muchacha que le presenta sus guantes. Mas adelante en otra pieza hay un quadro de Castiglone con ovejas y figuras; un Bacanal de Vandick; Lot con sus hijas, de Rubens, y del mismo Venus y Adonis; un bello pais de Claudio Lorenés; el Rapto de Europa de Pablo Veronés, &c.

84 En un gran salon adornado de mármoles se ven representadas diferentes naciones con sus trages, y en la bóveda hay una pintura alegórica relativa á las victorias del Duque de Malborough, obras de un tal Guerre: hay tambien un busto de Caracala, y otro de un Consul Romano: en otra pieza inmediata un retrato de Barrocio, que representa un Caballero de Malta, la Adoracion de los Pastores, y la de los Reyes, de Lucas Jordan, la Virgen con el Niño de Nicolas Pousin, y del mismo una Sacra Familia, y una Atalanta de Rubens. Tambien se hallan

en otra pieza de dormir una pintura de Jordan, que representa á Séneca desangrándose, al modo de la que hay del mismo Autor en ese Palacio de Madrid: un retrato del Rey Eduardo Sexto, de Holbeins; vistas de Arquitectura de Panini, &c.

85 La Librería es una grande y magnífica sala, adornada de mármoles, con decoracion de pilastras, y columnas, &c. Fué destinada para galería de pinturas; pero el último Duque quiso que fuese para Biblioteca, donde puso veinte y quatro mil libros: cosa bien inútil en aquel parage, segun el parecer del citado Censor de las de Oxford. Hay allí una estatua de la Reyna Ana con una inscripcion, que expresa estar dedicada á la memoria de dicha Reyna, en señal de gratitud por haberle hecho donacion al Duque de la grandiosa posesion de Blenheim, &c. A. D. MDCCXXVI.

86 Sirven tambien de adorno á esta Librería varios retratos pintados de la familia del Duque, algunos bustos de mármol, y entre ellos uno antiguo, que se tiene por de Alexandro. En la Capilla, que tambien es suntuosa, se ve en el altar un quadro de Jordaens, y representa á Jesu-Christo con la cruz á cuestas. Hay asimismo un monumento alegórico dedicado á la memoria de los antiguos Duques, executado por Risbrack.

87 No es asunto de detenernos mas en Blenheim, cuyos jardines son espaciosos y agradables en el declive hácia un canal, sobre el qual hay un magnífico puente de piedra de un solo arco, á imitacion del de Rialto en Venecia. Este canal forma un grande y profundo lago, acompañado al rededor de valles, y otros objetos, que en esta linea es considerado el primero de Inglaterra.

88 El Parque tiene once millas de circunferencia, y presenta varias escenas de las bellezas del campo que resultan del agua, bosques, valles, &c.

89 Junto al Lugar de Bostoock está la principal entrada de esta gran posesion, donde se forma una especie de arco triunfal con columnas corintias de arquitectura mala, como la del Palacio: se presenta luego en la gran calle una columna de ciento y treinta pies de alto, sobre la qual se puso la estatua del Duque, y á un lado del pedestal hay un largo letrero ingles, que en Español quiere decir: *Este Castillo, ó Palacio de Blanheim fué fundado por la Reyna Ana el año quarto de su Reynado, y de la Era Christiana* 1705: *monumento destinado para eterna memoria de la singular victoria obtenida sobre los Franceses, y Bávaros cerca del Lugar de Blanheim, orilla del Danubio, por*

Juan

*Juan Duque de Marlborough*: *héroe no solo de la nacion, sino de la presente edad, cuya gloria fué tan grande en el consejo como en las armas: su discernimiento, justicia, y candor reconcilió varios y muy opuestos intereses: adquiriendo una influencia, que no se la dió el rango, la autoridad, ni la fuerza, sino su superior virtud, siendo un importante centro donde se unieron en causa comun los principales Estados de Europa. Por el conocimiento militar, é irresistible valor abatió el poder de la Francia quando estaba mas alto, y exâltado. Libró al Imperio de desolacion: aseguró y confirmó la libertad de Europa.* Grande pudo ser el mérito del Duque de Marlborough; pero otro mas alabado y recompensado no sé yo que tenga exemplo.

90 Sin embargo del favor y recompensas, que recibió de la Reyna Ana, al fin perdió su gracia, dicen, que por la altanería de la Duquesa, que se hizo insoportable á la Reyna. La Duquesa ya viuda propuso una suma considerable en premio del que hiciese mejor epitafio á su marido, en que se exercitaron muy buenos ingenios, y al fin se tuvo por mejor el que ella misma le compuso y es: *Aquí yace Juan Duque de Marlborough, quien jamas dió batalla que no gana-*

*nase: jamás sitió Ciudad que no tomase, ni jamás entró en negociacion, con la qual no saliese. Qualquiera que seas, si la Europa es libre, y tú lo eres, dále las gracias á Juan Duque de Marlborough.* Con todo este gran Capitan acabó lleno de afliccion de ánimo por los freqüentes ataques apopléticos, y reducido algunos años antes de su muerte al estado de casi insensato.

91 De Boodstock á Burford hay quince millas, y se pasa por el Lugar de Wigtney, en donde se emplean los mas del Pueblo en fabricar mantas de camas; así como en Boodstock se ocupan en hacer guantes. La última guerra ha despoblado en gran parte á Burford, por haber decaido las fábricas de lanas, florecientes antes de ella. En este dia atravesé campiñas bastante peladas respecto de las pasadas; pasé por los Lugares de Fayford, y Weibry, y llegué á Cirencester, Ciudad famosa en lo antiguo, y decaida al presente. Los Romanos la llamaron *Corinum*: las ruinas de sus murallas manifiestan el aprecio en que la tuvieron. En varios tiempos se han encontrado baxo tierra medallas, piezas de escultura, pavimentos de mosaico, &c. y actualmente hay una excavacion en medio de unas huertas, que fuí á ver, y algo se encuentra. La Iglesia es gótica con caprichosa tor-

re y portada. Me dixeron que habria quatro mil vecinos (creo que quatro mil almas), y hay manufacturas de lana.

92 El territorio hasta Tetbury, que es de diez millas de camino, se parece al anterior, poco frondoso, pero muy cultivado de granos. El camino de Tetbury á Petitfrance es bello y frondoso de arboledas: se pasa por el Lugar de Didmerton, en cuyo término tiene una famosa Casa de Campo el Duque de Beauford. Tambien es frondosísimo el territorio que se atraviesa de Petitfrance á Bristol, cuya distancia es de diez y ocho millas: se pasa por Sodbury, y á mitad del camino se hallan minas de carbon de piedra, que me acerqué á ver: hay otras en aquellas cercanías de Bristol. Desde Burford hasta aquí se camina siempre por el Condado de Glocester.

93 Bristol se reputa por la mayor Ciudad de Inglaterra despues de Londres, sin embargo que le falta mas de la décima parte de habitantes para llegar á la poblacion de aquella, pues me aseguran, que podrán llegar á ochenta mil.[1] Parte de la Ciudad está

en

---

[1] En un papel impreso se le da mucho menor poblacion á Bristol de lo que dice esta carta, y el Autor ha concebido; pero atendida la extension de la Ciudad, su comercio, y otras circunstancias, es verosimil el cómputo que expresa.

en territorio del Condado, ó Provincia de Glocester, y parte en la de Sommerset; pero ella por sí forma un Condado separado. Logra la ventaja de dos rios navegables, el uno el Avon, y el otro Froome: aquel va por dentro de la Ciudad, dividiéndola en dos partes con un espacioso y bello puente de comunicacion; y este la baña por el lado de norte y occidente desaguando en el Avon, que unidos caminan al mar cinco millas distante de aquí.

94 Buena porcion de la Ciudad tiene calles estrechas, torcidas, y fangosas; pero no faltan otras muy buenas con edificios suntuosos; y respecto de haberse fabricado desde principio de este siglo quatro mil casas nuevas, se puede creer que mejorarán enteramente lo demas.

95 Los Ingleses con su industria, comercio, y superioridad en los mares han sido dueños de los tesoros de todas las Naciones. Han sabido fixar sus riquezas en grandes edificios, excelentes caminos, perfecto cultivo de las tierras, Casas de Campo por todas las provincias, &c. que es lo que yo llamo hacer estables las riquezas; porque de otro modo ellas desaparecen, pasando de una mano á otra, y de Reyno en Reyno, sin dexar rastro de que tal hubo. Hubiérase
he-

hecho así en España desde que se extendió inmensamente la Monarquía en el nuevo Mundo, como se ha hecho, y se hace baxo el felíz Reynado del gran Cárlos Tercero: hoy seria la parte de Europa mas magnífica, la mas abundante, freqüentada, y acaso la mas rica; pero habiendo dado otro destino á los caudales, fué en decadencia, sin quedar señal de que les hubo; antes muchas y muy claras de pobreza.

96 Entre los nuevos edificios de Bristol los hay destinados para servicio del Público, entre los quales se cuenta la Casa de Contratacion, ó la Bolsa, que se abrió en 1743, y tuvo de coste cincuenta mil libras esterlinas: tiene ciento y diez pies de frente y ciento quarenta y ocho de profundidad, con un perístilo de órden corintio; todo ello de piedra: *Custom-house*, la Aduana, con decoracion de pilastras jónicas, y una pieza que tiene pocas iguales en todo el Reyno, donde se hacen grandes negocios: la Asamblea *Assembly-room*, edificio de piedra de sillería destinado para bayles y conciertos; sobre cuyo basamento almohadillado se eleva un órden de columnas corintias, en cuyo friso se lee: *Curas Cithara tollit*: *Council-house*, Casa de Ayuntamiento: *Marchants Hall*, Casa de Comerciantes; y otras muchas, que
prue-

prueban la opulencia del presente siglo en Bristol, y su buen empleo.

97 Tiene la Ciudad diez y nueve, ó veinte Iglesias de la Religion Anglicana, y sobresalen de ellas once torres, que hacen agradable objeto desde lejos. Una de las mas altas que dicen que hay en Inglaterra, es la de Santa María. Ademas hay particulares Iglesias, ó Capillas para los Metodistas, Anabaptistas, Presbiterianos, Moravianos, y Hugonotes: los Quakers tienen tres. Los Católicos en Bristol ascienden á mil y quinientos, y tienen su Capilla bien servida.

98 La desigualdad del territorio en las inmediaciones de la Ciudad causa una alternativa pintoresca de altos y baxos, todos frondosos, y con muchas Casas de Campo, por lo regular de estos Comerciantes. A cosa de una milla distante de la Ciudad, en la ribera del rio hay una roca bien elevada, y á su pie una fuente mineral de agua caliente, no desagradable al gusto, como lo experimenté. Se tiene dicha agua en gran estimacion para diversas enfermedades, ya sea bebida, ó tomada en baños. En su recinto se ha hecho una casa con toda propiedad, y con varias divisiones para comer y divertirse. Quise subir á lo alto de la roca parecida en su corte casi perpendicular á la de la Fuencisla

en

en Segovia, y desde allí se descubre gran porcion de tierra de la Provincia, de los Condados de Sommerset, y de Wilts, y aun de Monmouth al Poniente, por donde viene al mar uno de los mayores rios de Inglaterra, que es el Sewerne, formando un gran canal, en el qual entra el Avon. Basta de Bristol, de donde voy á salir, para encaminarme á la costa marítima, y de lo que observe por el camino escribiré á V. como hasta ahora.....

Bristol...... 1785.

## CARTA XI.

1 Amigo: mi pensamiento era no escribir á V. hasta volver á Londres, y contestar de paso á alguna Carta suya, que las espero con grande ansia, y confio encontrarlas en dicha Ciudad. No puedo ponderarle quanto me aumenta el gusto de esta caminata la buena compañía que se me agregó desde Londres: iría gozoso con ella, y satisfecho hasta el cabo del mundo; pues á su amable trato se junta la circunstancia de una conversacion instructiva, sin salir de los asuntos predilectos que V. sabe. Le aseguro que es una de las aventuras mas gustosas que he tenido en mis viages.

Des-

2 Despues de haber exâminado las cosas mas notables de la Ciudad de Bristol, fuí caminando hácia Oriente por el Ducado de Somerset hasta llegar á Bath, que es la principal Ciudad de la Provincia, y la mas curiosa que he visto, ni espero ver en este Reyno, junto con la increible magnificencia de las costosas obras, que se han hecho en ella en este siglo, y que prueban tanto, ó mas que las del mismo Londres adonde ha llegado en él la inglesa opulencia.

3 Desde Bristol á dicha Ciudad hay catorce millas, siempre por excelentes caminos, alineados de árboles, y entre campiñas frondosas, y bien cultivadas. Se pasa por Col-Aslon, y otros Lugarejos, y se atraviesa á mediado camino el rio Avon, por puente. *Bath* en ingles es lo mismo que baño en español, y son estos los mas famosos de toda Inglaterra, desde los tiempos mas remotos, en que estuvieron consagrados á Minerva. Uno de estos Baños se denomina del Rey, otro de la Reyna, otro el Baño Caliente, y otro de la Cruz, por una cruz que tenia antes en el medio. Todos están tenidos con el mayor aseo, y propiedad, trabajados en piedras sillares, y con porcion de gradas hasta el fondo, de donde salen las aguas á borbollones.

4 Dichas aguas son calientes en unos mas

que

que en otros: su olor es desagradable, como de betun; pero el gusto no es ofensivo, aunque del todo insípido. Todas las semanas se limpian una vez; y junto á ellos hay unos quartitos ó nichos para los que quieren que les caiga sobre sus cuerpos el agua con alguna violencia, lo que se hace mediante unos caños con su llave y una máquina, que hace subir el agua del baño.

5 Son estas aguas eficaces para recobrarse de muchas dolencias, segun la larga experiencia que se tiene. Su calor se atribuye á cierta tierra caliza, de que abundan los contornos de Bath. Esta tierra hace fermentar de tal modo el agua fria, que echándola dentro de ella, al instante toma gran calor. Dicen que la virtud de dichas aguas es emoliente, y disolvente, y buena para úlceras, temblores, paralisias, y para otras enfermedades.

6 El concurso de Londres, y de toda Inglaterra es increible, particularmente en invierno y primavera: la mayor parte solo va á gozar de los objetos de diversion, que en Bath se han establecido. Ha crecido mucho su ámbito, y caserío de medio siglo á esta parte por dicha razon; y no es facil atinar adonde llegaría el número y suntuosidad de los edificios, si los Ingleses continuasen como hasta ahora. La mayor parte de la Ciudad

es-

está en el declive de una frondosa colina á la derecha de la corriente del rio Avon, navegable hasta Bristol, y lo demas en el valle, y al mismo lado de la corriente.

7 En esta parte del llano se encuentra la Catedral, y cerca de ella uno de los edificios destinados para las Asambleas de conciertos de música, bayles, y otras diversiones, con algunos mas enfrente, que forman tres manzanas en el parage llamado la parada, donde hay un largo y espacioso paseo enlosado con balaustres y antepechos, que dan á diferentes jardines. La Catedral es un edificio considerable en su término gótico, con grandes vidrieras, y tres naves; pero sin mas ornatos en lo interior, que el de algunos sepulcros, y una torre muy curiosa y delicada. Hay otras Iglesias y Capillas dedicadas á diferentes Santos, como Santiago, S. Miguel, S. Juan, la Magdalena, todas hechas de nuevo, ó reedificadas en el siglo presente. Pertenecen á la Religion Anglicana, que es la dominante. Las hay de Presbiterianos, Quakers, Anabaptistas, Morabianos, Metodistas, y tambien Capillas de Católicos.

8 Vamos á los edificios modernos, que atraen mas la atencion de los forasteros, y dan á conocer el espíritu de quien los promovió, y concibió. Estos son una plaza cir-

cular, que llaman *King's-circus*, Circo Real, situada hácia el norte de la Ciudad: todas las casas son uniformes, con tres altos, cuya decoracion entre las ventanas y puertas es de columnas resaltadas, del órden dórico, jónico, y corintio, y conté hasta seiscientas, y quarenta y ocho todas de piedra. Encima hay una especie de ático con sus pedestales y sobre ellos los Acroterios, que figuran bellotas. Esta plaza, y sus calles contiguas se añadieron á lo que ya se habia hecho, segun el plano del Arquitecto Vood; y luego despues de su muerte en el año de 1754 se hizo la referida plaza, á la qual concurren muy bellas calles, y al rededor de aquella hay un espacioso andito enlosado.

9 Cerca de la Plaza Real, en lo mas alto de la Ciudad entre poniente y norte, hay otra que llaman *Royal Crescent*; esto es, Real media luna, por su figura de semicírculo, nada inferior á la circular referida. Los edificios tienen tres altos, y sobre el basamento almohadillado, que comprehende el primero, queda decorado el segundo y tercero de columnas jónicas dos tercios resaltadas entre las ventanas. El número de las columnas, si no me equivoqué al contarlas, es de ciento diez y seis.

10 En los lados donde termina la media
lu-

luna hay sus dos fachadas de á seis columnas cada una, y todo el semicirco queda ceñido de un enlosado, como el del Circo Real con sus verjas de hierro. Esta plaza tiene su natural alfombra de yerba fina, como acostumbran los Ingleses en semejantes espacios, y no puedo menos de decir, que desde este *Royal crescent* se presenta un frondosísimo espectáculo de las colinas cubiertas de árboles al otro lado del Valle de Bath, y de la Ciudad misma, &c.

11 Despues de la muerte del Arquitecto Wood ha crecido el espíritu de fabricar en esta Ciudad; y atendiendo á su uniformidad, aseo, y buen órden, no dexan de tener alguna razon los que la ponderan como sin igual en Europa. La situacion no puede ser mas proporcionada para la piedra de todos los edificios públicos, por haber muchas canteras en estas colinas, de donde la transportan á Bristol, á Londres, y á otras muchas partes de Inglaterra, mediante la comodidad de los canales: su color es al modo del de un ante claro.

12 Desde que se acabó la obra del *Royal crescent*, se emprendió otro suntuoso edificio, y es el que llaman: *Catharine-place*, plaza de Catarina. Lo es asimismo en lo baxo de la Ciudad el *Guild-Hall*, y es la Ca-

sa del Ayuntamiento, ó de Cabildo, cuyo primer cuerpo almohadillado sirve de basamento al segundo, y principal adornado en el medio de quatro columnas de órden jónico, con dos grandes ventanas á los lados: sobre el frontispicio triangular hay una estatua alegórica de la Justicia, &c. Pocos años hace se deshizo otra casa antigua executada con planes del célebre Iñigo Jones por considerarse de corta capacidad, y embarazar en el parage donde estaba. La actual es grande, y muy propia, obra del Arquitecto Thomas Baldwin, con espaciosas salas, adornadas de estucos, columnas, &c. Se conserva en ella una bella, y antigua Cabeza de Minerva en bronce, que se encontró en Bath en este siglo.

13 El teatro, obra del Arquitecto de esta Ciudad Mr. Palmer, es digno de verse por sus comodidades, y decoracion: la de la fachada exterior consiste en columnas de órden dórico y jónico; y en dicho teatro se representan Comedias, &c.

14 *Old Assembly-Rooms*, y *New Assembly-Rooms*, que quiere decir: Salas de la antigua y nueva asamblea, son dos edificios modernos, cuyas piezas sirven para bayles, conciertos de música, juegos, y otros divertimientos: cada una tiene su Maestro de Cere-

remonias, y hay leyes prescritas, y muy curiosas para el buen órden, y lo demas que debe observar cada clase de personas. *Pump-Room* es otro edificio situado al norte del Baño del Rey, empezado en 1704, y aumentado en 1751, donde se juntan Señores, y personas ricas para beber las aguas minerales por las mañanas, y entre tanto gozan de conciertos de música. Hay allí una estatua de mármol, que representa al Escudero Ricardo Nash, baxo cuyo gobierno se levantó la Ciudad de Bath al esplendor presente. Estas obras, y otras se han costeado con caudales recogidos de subscripciones que se han hecho para ellas entre personas ricas.

15 El Hospital general para todos los pobres del Reyno, que acuden á Bath con el fin de recobrar su salud, es tambien obra digna de observarse, particularmente por su buen gobierno encargado á personas de distincion. Hay varios Hospitales, Cafees, Casas de juego, Escuelas, Tiendas de todo género, donde nada falta de lo que se pudiera comprar en Londres. En la Escuela de Gramática se lee este letrero: *Auspicato surgat hocce domicilium ad humaniores litteras, bonasque Artes disseminandas, bene ac sapienter designatum. Hoc jecit fundamentum Franciscus Hales hujus Urbis Prætor mensis Maii die* 29

A. D. MDCCLII. *Annoque Regnantis Georgii Secundi* 25.

16 En honor del Príncipe de Orange, que antes de casarse con la Princesa Real de Inglaterra recobró aquí la salud á beneficio de estas aguas, se erigió un obelisco por obra del Escudero Nash, con esta inscripcion: *In memoriam sanitatis, Principi Auriaco, aquarum termalium potu, favente Deo, Ovante Britannia, feliciter restitutæ* MDCCXXXIV. Se halla en el paseo, junto á la Iglesia de la Abadía, *Abbeychurch*.

17 Otro obelisco hay en la plaza que llaman de la Reyna, fundada tambien muy entrado este siglo hácia el año de 30; cuya plaza, ademas de sus edificios, tiene jardin en medio, de donde se eleva el obelisco, de setenta pies de altura, con inscripcion en Ingles, que en Español quiere decir: *En memoria, y por gratitud de los beneficios concedidos á esta Ciudad por las Reales Altezas de Federico Príncipe de Gales, y de su Real Consorte, en el año* 1738 *fué erigido este obelisco por el Escudero Ricardo de Nash*, &c.

18 No quiero detenerme mas en la relacion de otros edificios de personas ricas, y Señores; en el vario aspecto de las calles, y comodidad de los anditos enlosados para las
gen-

gentes de á pie; en la mucha comodidad de posadas, Cafees, y otros recintos semejantes; en un delicioso jardin público al otro lado del Avon, y en un curioso puente en aquella parte sobre el rio, adornado en cada uno de sus lados de una especie de templecillos ó pabelloncitos con su cupulilla y fachada de quatro columnas dóricas, &c.

19 Por fin en esta Ciudad, que es bien original, parece que han ido estudiando todos los medios de gastar el dinero; pero siempre con el objeto de atraer con estos caudales otros mas considerables, que dexan los concurrentes á ella, cada dia mas apasionados á esta mansion deliciosa y libre.

20 Algunos atribuyen la fundacion de Bath á un Rey antiquísimo, ochocientos, ó mil años antes de la Era Christiana, llamado Bladud. Se da por cierto que la reedificó el Rey Alfredo, y fundó sus murallas en el siglo IX. No hay duda que los baños eran conocidos mucho antes, y Ptolomeo les llama: *Aquæ sudatæ, aquæ solis*. En uno de ellos han puesto una estatua, en que han querido representar al expresado Rey Bladud, octavo de los Reyes Bretones, con una larga, y voluntaria inscripcion. Despues de haber visto la curiosa Ciudad de Bath, proseguí con la amable compañía á la de Salys-
bu-

buri, caminando treinta y dos millas que hay hasta Malborough, y atravesando varios Pueblos; es á saber, Bathford, Hastford, Melksha, &c. los quales son de la Provincia, ó Condado de Wilts: se atraviesan luego los Lugares de Devices, y Beckampton, y largas campiñas destinadas para pasto, que llaman Dunas, cuya palabra parece que se puede derivar de *Down*, llano, ó llanura en ingles.

21 La mitad de este camino, empezando desde Bath, es sumamente frondoso y divertido; de suerte que todo él parece un jardin; lo demas son las campiñas que se ha dicho peladas, pero con verdor, como en este mes de Agosto se experimenta.

22 Aunque Malborough no es Villa de mas poblacion, que de dos, ó tres mil almas, tiene una posada, que no la he visto mejor, ni mas magnífica en Inglaterra. Piense V. quanto quiera de aseo, de abundancia, de delicadez en camas, muebles, mesa, &c. siempre se quedará corto para lo que realmente es. Me dixeron que la tal posada habia sido Palacio de un Duque; pero yo digo que todavía lo es para quantos vayan á ella.

23 En las referidas Dunas, que atravesé este dia, se ven de trecho en trecho montones

nes de tierra, algunos muy grandes, y otros no tanto. En latin se llaman *cumulus*; y nosotros decimos tambien cúmulo, de donde puede venir la palabra *túmulo*, que quiere decir sepulcro; y se tiene por cierto que estos montones de tierra fueron sepulcros en tiempo de los antiguos Bretones, ó de los Druidas.

24 En el jardin de la famosa posada de Malborough hay uno de estos cúmulos, pero muy grande, y todo él está convertido en un agradable y bellísimo objeto de frondosidad, siendo la parte mas bella del jardin, todo cubierto de árboles y flores, y con una espaciosa senda para subir á lo mas alto; de suerte que se me figuró un modelo del Parnaso.

25 Desde Malborough á Salysburi hay veinte y ocho millas. Se camina un gran trecho por Dunas, las quales, como las arriba dichas, se suelen cultivar en algunos parages de trigo, y otras semillas. Se pasa por los Pueblos de Everly, Natherharem, &c. que tienen muy frondoso, y cultivado su término, y junto al último se atraviesa el rio Born.

26 Antes de llegar á Salysburi nos desviamos un poco del camino para ver un antiquísimo monumento que llaman *Stonehenge*, y quiere decir piedras suspendidas. Actualmente consiste en dos, ó tres docenas de grandes piedras,

dras, que se mantienen unas perpendiculares, otras inclinadas, y otras caidas, en disposicion de conocerse al instante, que eran parte de un edificio circular; conviniendo los doctos, que el tal edificio, como otros muchos semejantes, cuyas ruinas, parecidas á estas, que exîsten en varias partes de Inglaterra, Escocia, é Irlanda, eran Templos, en que los Druidas exercitaban su culto religioso.

27 Se ve, por el estado en que las piedras se mantienen, que el edificio consistia en dos círculos exteriores, y en dos óvalos en el medio, uno dentro de otro. Algunas de dichas piedras me parece que tendrian cerca de treinta pies de alto, la mitad de circunferencia, y seis, ó siete de ancho. Es de notar que todos aquellos contornos son de tierra arenosa, y sin canteras.

28 Sobre estas altas piedras, cuya figura es plana, están puestas otras, que hacen papel de arquitrabes, tambien de una pieza como las demas. El célebre Iñigo Jones formó la planta, y alzado de este edificio, segun se persuadió que seria quando estaba en su ser, y los Antiquarios, particularmente el Doctor Stukeli, han discurrido con profundidad, y erudicion acerca de él. Nada menos le dan que mas de tres mil años de anti-

tigüedad, y quieren que corresponda al tiempo de Hércules Tirio.

29 Todas estas piedras, ó pilares estaban separadas corriendo por encima el arquitrabe que se ha dicho, y todas eran de un trabajo rústico, y sin el menor ornato. El edificio estaba descubierto, como se colige, y denota la restauracion de Jones, incluido dentro de una area, que cercaba un foso tambien circular: hoy está cegado el foso por el concurso de los coches, y de los curiosos que van á aquel sitio.

30 Las piedras de esta antigualla parecen especie de mármol basto: anduve la circunferencia de las que aun guardan en parte la figura circular, y conté ciento y cincuenta pasos: á un tiro de pistola de dicha circunferencia se encuentran otras piedras, que indican haberse puesto para formar el ingreso de este lugar sagrado, si es que tal fué. En estas llanuras de Salysburi, y cerca de *Stonehenge* hay diferentes cúmulos de tierra, como los referidos, y en algunos de ellos, dicen que se han encontrado armas, huesos, y otras cosas. Aquí quieren que esté enterrado Aurelio Ambrosio, gran Capitan y defensor de su Patria contra los Saxones, quando invadieron á Inglaterra, hallándose ya el Imperio Romano en su decadencia.

Con-

31 Continuando por las dunas, ó llanuras de Salysburi llegamos á Wilton-Hause, que es una de las mas magníficas, y curiosas Casas de Campo que hay en Inglaterra perteneciente al Conde de Pembrokc, cerca del Lugar de Wilton, en el qual me dixeron que habia fábrica de tapices.

32 Muchas de las preciosidades del Palacio, ó Casa de Campo de Pembrokc fueron compradas de las colecciones del Cardenal Mazarini, y del Cardenal Richelieu, y buena parte de la coleccion de Arundel. No es cosa de ir contando lo que hay en cada patio, en cada sala, gabinete, y pasadizo de esta casa: solo diré lo que he ido viendo empezando desde la puerta del primer patio, y me ha parecido digno de la noticia de V.

33 Se encuentran, pues, fuera de la habitacion un busto antiguo de Lucila *junior*, una columna de granito blanco Egipcio con Venus encima, quatro estatuas en nichos, dos de Venus, una de Adonis y otra del Otoño. Sobre un altar, que parece dedicado á Baco, el busto de Domicio Aenobardo.

34 Desde el ingreso del vestíbulo se encuentran muchos bustos, entre ellos de Anibal, de Milciades, de Pescenio nigro, de Hadriano, Albino, Calígula, Junio Bruto, Marcia Octacilia, Octavia, Popea, &c. En medio de

de dos columnas de mármol morado se ve una bella estatua de Apolo, que fué de la Galería Justiniani en Roma.

35 Penetrando por las habitaciones de esta singularísima casa, ó por mejor decir Museo de las Artes, ví un *Signum Pantheon* con la cabeza de Apolo, y otro de Diana de Efeso, con símbolos relativos á diferentes Deidades: las estatuas de un Fauno, de Antinoo, de Didia Clara, de Euterpe [1], de Porcia muger de Bruto, una Amazona, Mercurio, Esculapio, Meleagro: un grupo de Sileno y Baco, una bellísima Flora, regalada por un Duque de Toscana á Felipe Conde de Pembroke; Constantino Magno; Libia muger de Augusto sentada, y con patera en la mano: Faustina muger de Antonino; un Hércules colosal; seis que estan en sus nichos dentro de la caxa de la escalera, y representan á Saturno, Júpiter, Mercurio, Baco, á un Pastor tocando la flauta, y otro con bonete frigio, que puede ser París.

---

[1] Esta parece ser la estatua que falta en la Coleccion de las Musas, que se conservan en el Real Palacio de S. Ildefonso. Fué restaurada por el célebre Escultor Alexandro Algardi, y de ella hay un buen yeso en la Academia de S. Fernando. No fueron tan felices como la de esta, las restauraciones que se hicieron en las ocho compañeras de S. Ildefonso.

36 Continuando por las piezas y salas, se ven las estatuas de Clio, Adonis, Hércules sufocando las sierpes, Marco Aurelio, y otra eqüestre del mismo Emperador en pequeño, estimada por obra de Artífice Griego, que pudo dar motivo, ó ser como modelo de la grande de bronce, que se admira en la plaza del Capitolio de Roma: una Ninfa echada, que parece representar alguna fuente, ó rio, Diana Efesia ó *Pantheon*, cuya cabeza, manos y pies son de mármol negro, y lo demas de blanco, con muchos símbolos; un Sacerdote con bonete frigio sacrificando un puerco á Isis; Pándora, Sabina, Caliope, &c.

37 No tienen número los bustos repartidos por los salones, salas y otras piezas. Los hay de Píndaro, Sofocles, Pompeyo, Bruto, Cleopatra, Neron, Coriolano, Asinio Polion, Marco Aurelio, Dolabela, Lucila, Julia Mamea, Anacreonte, Isócrates, Anacarsis, Tito Livio, Sócrates, Aristóteles, Séneca, Homero, Berenice, Antonia muger de Druso, Julia de Tito, Ania Faustina, Alexandro Severo, Volusiano, Marcelo, Vespasiano, Trajano, Metelo, Marco Bruto, Cayo Cesar y Julio Cesar, Pirro, Horacio, Ciceron, Marco Aurelio, Lucano, Augusto, Prusias Rey de Bitinia, Vitelio, Caracala, Scipion, Alcibíades, Magon Cartagines (cuya

ya obra de Agricultura quiso asegurar Scipion antes de pegar fuego á Cartago ) y otros muchos.

38 ¿Pues qué diré á V. de los vasos, sarcófagos, baxos relieves, de sacrificios, y de mil asuntos fabulosos, con representaciones de Tritones, Nereidas, Centauros, Victorias, y otros singulares mármoles, que en esta casa se guardan? Entre ellos son muy particulares un baxo relieve de Galatea en una concha tirada de Delfines; otro de Teseo, Atalanta y Meleagro, y encima Hércules vencedor de Acheloo; otro de Teseo, y Ariadna; y se guarda tambien una Silla *Curulis*, ó Consular.

39 En quanto á pinturas apenas hay artífice de fama, de quien no se encuentra algo en esta gran coleccion, así de asuntos sagrados, y devotos, como de históricos, fabulosos, profanos, alegóricos, de paises, bambochadas, &c.

40 Hay un gran número de retratos de diferentes Autores, y entre ellos de Holbein, y Vandick. De este son particularmente los de la familia del Conde Felipe de Pembrokc en un gran quadro historiado, y de figuras enteras. Habrá V. de contentarse por ahora de saber los nombres de los Autores cuyas obras se ven aquí; porque el ir refiriendo
los

los asuntos, y las demas qualidades de ellas no es posible ahora, y es mejor dexarlo para quando podamos entablar largas conversaciones.

41 Hay, pues, quadros de Salviati, de Nicolas y Gaspar Pousin, del Mola, de Güercino, de Tempesta, de Polidoro Caravagio, de Guido Rheni, de Cárlos Marati, de Sachi, de Alexandro, y Pablo Veronés, de Arpino, de los Zúcaris, de los Caracis, de Cárlo Dolce, de Chiari, de los Procacinis, del Parmegiano, D'Obson, que llaman el Tintoreto Ingles, de Crespí, del Barrocio, del Españoleto, del Alvano, de Rubens, de Vandick, de Van-eyk, de Romaneli, del Schedone, de Rafael, de Regio, de Primaticio, de Pedro, Testa, Solimena, Jordan, Pablo de Mateis, Luti, Viviani, Rici, Panini, y otros muchos, así de Pintores Italianos, como de Flamencos, Ingleses, y de otras naciones. Varios asuntos de cacerías, de fruteros, paises, &c. de Vernet, de Vateaux, Salvador Rosa, Bath, &c.

42 Hay quadros de Murillo, que representan las Estaciones; y en quanto á los Autores de primer órden, enseñan una nuestra Señora con el Niño en brazos de Rafael; otra semejante con S. Juan: asimismo la Virgen con Christo difunto, una Asuncion de la mis-

ma nuestra Señora, y tambien el retrato de Leon X: del Corregio un quadro de Santo Domingo: otro de una muchacha con un perro, y un dibuxo: de Ticiano su propio retrato, y una Magdalena: de Miguel Angel un Crucifixo, que dicen fué de Enrique Segundo, Rey de Francia, quien lo regaló despues á Madama de Valentinois, y por fin vino á parar á esta coleccion [1].

43 Generalmente tienen los Ingleses mucha predileccion por las pinturas de Guido Rheni, y se puede decir que á competencia las han comprado en Italia, y donde las han hallado vendibles. Es muy bella la Caridad con tres Niños que hay en la referida Casa de Pembroke, y entre los dibuxos hay uno del martirio de S. Andres del mismo Guido: los hay de Corregio, y de otros muchos Autores. Algunas de las salas estan adornadas con notable suntuosidad, prescindiendo de las obras de pintura, y escultura. Acompañan igualmente los muebles de todas especies, entre los quales ví mesas de diferentes piedras duras,

[1] Las Obras de Rafael, y las de Corregio han sido excelentemente copiadas por famosos Pintores, y así no es de extrañar que los dueños de grandes colecciones tengan por originales algunas que son copias solamente; pero que solo las distinguirá quien tenga gran práctica y conocimiento de dichos artifices.

ras, y de lapis lázuli, con exquisitas labores.

44 En fin en todo se observa, que los Señores de esta Casa han pensado regiamente, y con gusto muy particular en adornarla: no falta en ella Armería, Biblioteca, y lo demas que se encuentra en los Palacios de los Soberanos, como tambien suntuosa Capilla, cuyas vidrieras están muy bien pintadas.

45 Salgamos de aquí para marchar á Salysburi, con la imaginacion bien llena de pinturas y esculturas, que son los muebles mas dignos de los grandes Palacios, y que mejor prueban el gusto de sus dueños. No pondré yo las manos en la lumbre por sostener la identidad de todas las obras referidas, digo de que todas sean tales como se dice en quanto á los Autores; pero no se puede negar que es una soberbia coleccion, en la qual se hallan muchas cosas de primer órden en las Artes.

46 Me he detenido en la relacion de esta Casa de Campo para que V. forme algun concepto de lo que son otras muchas, adornadas por el mismo estilo en las varias Provincias de este Reyno.

47 Semejante gusto se ha introducido generalmente en todos los grandes Señores, que á competencia han traido de todas partes á su
pa-

patria quanto han podido encontrar, sin pararse en gastos, particularmente en Italia, relativo á los monumentos de la antigüedad, y de las bellas Artes; y quando no han podido con las obras originales, han hecho copiarlas por los Artífices mas acreditados.

48 El gusto que estos Señores tienen en los Jardines es increible, y lo mismo digo de los varios objetos con que les adornan, diferenciando á cada paso estos objetos entre la diversidad de las plantas, flores, praderías, &c. El canal que corre por este serpeando, es sumamente caprichoso: sobre él hay un puente hecho por dibuxo de Paladio; otro sobre rocas puestas de propósito, del acreditado Arquitecto llamado Chambers. Se ve un arco triunfal, que hace punto de vista con una estatua eqüestre encima de Marco Aurelio: un fronton, que se ideó para una gruta, es invencion de Iñigo Jones. En fin hay tantas cosas de este género, que no es posible especificarlo, ni detenerme mas en la descripcion de lo dilatado de este Jardin, de sus bosques, y variedad de árboles traidos de muchas partes.

49 Salysburi es Ciudad, segun me han dicho, y lo que me ha parecido, de solo seis, ú ocho mil almas; pero no falta nada para el regalo y comodidad de la vida. El edifi-

cio mas considerable es la Catedral gótica del siglo trece. La portada principal está comprehendida entre dos curiosas torres, y adornada de algunas estatuas de Santos, todavía del tiempo católico: tiene tres resaltos á cada lado, y sobre el crucero se eleva una torre aun mas caprichosa y alta que las de la portada, rematando todas en especie de aguja circular muy prolongada. Es singular el claustro en sus labores, y sobre todo la Sala Capitular, que forma un octógono con grandísimas vidrieras. Baxo de estas, y sobre los asientos se conservan todavía pintadas en la pared historias devotas; pero dicha pieza está muy mal cuidada.

50 La situacion de Salysburi es en un frondoso valle, ribera del rio Avon: tiene varios canales que atraviesan las calles, y sirven para regarla, y para su limpieza. Hay fábrica de Lanas de diversas suertes, de Espadas, y de Tixeras: se hacen estas con la mayor perfeccion, y de todos precios; es á saber, desde el precio de un schelin hasta el de cinco guineas por un par, como si dixéramos, desde cinco reales hasta casi quinientos, que es lo correspondiente á dichas monedas.

51 Hay otras cinco, ó seis Iglesias, y ademas Capillas de varias sectas, como en las otras Ciudades referidas. Aunque la poblacion
de

de Salysburi se reduce á lo que queda dicho, tiene á proporcion gran comercio con sus manifacturas, tiendas de todas suertes, Cafees, Teatro, Casa de Asamblea para sus diversiones, y lo demas, propio de Ciudades mucho mas grandes.

52 Ademas de *Wilton-House*, ó Casa de Pembrokc, distante dos millas de Salysburi, de que hemos hablado, hay en el término de la Ciudad otras muy famosas, pertenecientes á varios Señores: entre ellas es muy celebrada la del Lord Arundel por su grandeza y situacion. Tambien lo es la del Duque de Queensburry, y la llamada *Longford-House*, &c. segun me han contado.

53 Todo el Condado de Wilts es tierra muy abundante de trigos y ganado, criándose estos con el beneficio de las dilatadas Dunas que he dicho, las quales producen una yerba corta, y muy fina: de la lana, que es mucha, sacan los Ingleses tanta riqueza como todos saben en la manifactura de muchos géneros de telas que llevan á todo el mundo. Continúan estas Dunas hasta la Ciudad de Wincester, de que voy á hablar. No se encuentran en el camino altos cerros, sino collados baxos, ó lomas. Concluyo las noticias de Salysburi con decir, que se llama *Sarum* en latin, y Saro llaman hoy dia á un Lugarejo poco distante.

54 Desde esta Ciudad á Wincester cuentan veinte y cinco millas. Está situada en el Hamp-shire, ó Condado de Hamps, tierra parecida á la de Wilts en sus pastos y abundancia de trigo. Se pasa por el Lugar de Stockbridge, que lo atraviesan muchos arroyos, abundantes de truchas, y otros peces en aquellas cercanías. Este Lugar, como otros de los que atravesé, se reducen principalmente á una calle orilla del camino real: muchas casas estan cubiertas de paja; pero puesta de modo que suele tener casi un pie de grueso la tal cubierta, y no será facil que haya goteras jamas, renovándola antes de que se pudra enteramente.

55 Por pobres que sean las habitaciones, así en las Ciudades, como en los Lugares y Casas del Campo, apenas ví una ventana sin vidrieras. Esta falta en nuestros Lugares, mas se debe atribuir á desidia, que á pobreza; pues aun los menos acomodados podrian poco á poco lograr esta conveniencia.

56 Wincester, ó Winchester está situada en un ameno valle entre dos colinas. Es Ciudad considerable por su antigüedad y Silla Episcopal. Aquí es donde á Constantino le proclamó Emperador su Exército. Fué gran teatro de sucesos, tanto en tiempo de los antiguos Bretones, como de los Romanos,

Sa-

Saxones, y Normandos. Se encuentran en Wincester varios edificios de consideracion, entre ellos sus murallas, el Castillo, la Casa de Ciudad, y sobre todo la Catedral. Tiene la conveniencia de dos brazos del rio Itching, que sirven para todos los usos y comodidades del Pueblo.

57 Ademas de la Catedral hay seis ó siete Parroquias; pero hablaré de aquella, que es donde hay algo que contar. Me dixeron que el actual edificio es arquitectura del célebre Prelado de esta Iglesia Guillermo de Wickham, de quien hablé á V. tratando de Vindsor: fundó tambien un Colegio, que se mantiene unido á la Catedral. Los Católicos tienen á dicho Obispo por Santo; y sin embargo del abandono de nuestra Religion en este Reyno, todavía es muy estimada su memoria, y permanece su suntuoso Sepulcro al lado derecho de la nave mayor, entrando en la Iglesia. Consiste en una urna elevada con estatua de pontifical sobre su cama, al modo de tantas como hay de Prelados en nuestras Iglesias: junto á la cabeza hay dos figuritas de Angeles, y á los pies otras dos figuritas de Clérigos: todo de bellos mármoles; y aunque es obra anterior á la restauracion de las Artes, la cabeza y las manos son excelentes. Me parece que será así

co-

como me dixeron, que esta obra se traxo hecha de Italia en el siglo catorce.

58 En el Coro estan colocadas varias urnas con las cenizas de diferentes Reyes, y Reynas, que han florecido en varios siglos, así Ingleses, como Saxones y Normandos; es á saber, Egberto, Adulfo, Endredo, Edmundo, y Canuto, y dicen que está enterrado tambien el Rey Lucio, que pretenden fuese el primero de los Soberanos de Europa, que abrazó el Christianismo en el segundo siglo de la Iglesia.

59 Se encuentra asimismo un Sepulcro suntuoso del Cardenal Beaufort, con su estatua vestida de púrpura, y lo demas perteneciente al trage Cardenalicio. Hay tambien otras memorias sepulcrales de diferentes tiempos: en algunas se ven figuradas las imágenes de los que están enterrados, no solamente desnudas, pero descarnadas, y casi esqueletos, como si hubieran de servir para estudios anatómicos.

60 La arquitectura de la Iglesia es de estilo gótico; pero alterado con renovaciones: se ven en ella grandes vidrieras pintadas con imágenes: consta de tres naves y en las paredes hay muchas lápidas sepulcrales, distinguiéndose las de los Católicos en que tienen una cruz.

Sa-

61 Salimos de Wincester para Portsmouth, hasta donde dixeron que habia veinte y seis millas. Varios trozos de dicho territorio son Dunas como las pasadas, con destino á pastos, y siembra de granos: otros hay sumamente frondosos de árboles y tales son las inmediaciones del Lugar de Walten, por donde se atraviesa, cuya amenidad se extiende algunas leguas. Se pasa tambien por los Pueblos de Wicham, y Seet.

62 A la vista de Portsmouth se baxa una colina, formándose despues una llanura como de una legua de ancho, en cuyo término tiene su situacion este puerto, y famoso arsenal. Desde luego descubrí un bosque de Navíos en el puerto, y canal, y antes de llegar se encuentran muchas Casas de Campo, y una larga y dilatada calle, donde vive gente de mar. Dicha Ciudad está en la Isla de Portsey, que se une al continente por un puente al lado del Norte. Hay otras dos Islas contiguas mas al Oriente, y son Haling, y Thorney.

63 La Ciudad, segun me dicen, consiste en un vecindario de seis, ó siete mil almas; pero este número crece indeciblemente en tiempo de guerra. Como hace poco que nos hemos puesto en paz con los Ingleses, y todavía subsiste en su vigor la

órden de no permitir á ningun extrangero la entrada en el arsenal, he tenido que contentarme con ver desde fuera parte de la arboladura de los Navíos que estan en el astillero. Hemos ido con un barquillo paseándonos por el puerto y acercándonos á muchos, y grandes Navíos de guerra, que estan anclados; pero me contenté con ver desde lejos algunos de los que perdimos en dicha última guerra.

64. Cabalmente me hallo en Portsmouth quando se trata de sacar el Real Jorge, que se fué á pique meses ha, como V. sabe. Para esto ha inventado una forma de bronce un Maquinista llamado Tracey, dentro de la qual se debe él, ú otro poner, y baxar al suelo del mar, donde debe manejarse para abrazar con una cadena, que está dispuesta, todo el Navío al rededor. Esta forma es al modo del Maniquí, de que usan los Pintores para hacer estudios de ropas, pudiéndose mover y doblar los brazos, las piernas, &c. mediante ciertos pedazos de cuero que bien atado suple en dichas partes. En la de la cara tiene un cristal muy recio para ver algo en aquella profundidad; y para renovar el ayre, y poder vivir, salen de la misma parte dos conductos tambien de cuero, que deben llegar sobre la superficie del mar. Es-
tan-

tan formados en linea cinco, ó seis grandes Navíos, á fin de operar con gruesos cables, y otras maniobras á un tiempo. Ultimamente todo está dispuesto para dar al Público uno de los mayores espectáculos, que se habrán visto, y que sin duda podrá ser de gran satisfaccion para la nacion Inglesa.

65 Si le he de decir á V. la verdad, bien que no lo entiendo, he concebido desde luego, que ha de salir mal esta empresa, considerando los muchos meses que está sumergido el Navío, su porte de mas de cien cañones, y otras circunstancias de la operacion, que se ha de hacer debaxo, y encima del agua. Oigo que dentro de ocho dias se dará este espectáculo, y en efecto ya vienen de Londres, y otras partes muchos curiosos para verlo: pero yo no me quiero esperar, porque los ocho dias acaso serán quince, y porque segun lo que he visto, no ha de tener efecto, ni es cosa de estarse uno aquí tanto tiempo pudiéndolo emplear mejor.

66 La Isla de Portsey, donde está Portsmouth, es de quatro, ó cinco leguas de circunferencia: se tiene por mal sana y no es buena el agua. La Plaza es fortísima, y en este siglo le han añadido varias obras para su mayor seguridad: se hace mucho comercio, y la mayor parte de su poblacion es gente

de

de mar, como en la Isla de Wight, que está enfrente, distante cosa de dos millas. Me he contentado con ver lo que desde aquí se puede alcanzar, y con saber que tiene unas veinte millas de largo, y doce de ancho: que está muy poblada, bien cultivado su terreno, y por consiguiente abundante: que gran parte hácia el Norte es donde mas pastan sus ganados por la copiosa yerba, y que la lana se estima como de la primera calidad entre las de Inglaterra: que sus principales Pueblos son Newport, Cowes, y Yarmouth. La que llaman Rada de Spithead está entre Portsmouth, y la Isla de Wight, y es donde comunmente se unen las grandes flotas y expediciones. Dicha Isla está muy fortificada por la naturaleza, y el arte, pues la mayor parte tiene rocas que la defienden, y en donde no, Castillos y otras defensas. Estoy disponiendo mi marcha, pues aquí no hay tanto que ver para mí como hay para un hombre de guerra, quien seguramente hallaría mucho que admirar y aprender, mayormente siendo de los destinados al servicio marítimo. Los navíos, fragatas, y demas buques de guerra, ó de comercio, son los muebles mas importantes de este Reyno, y en que principalmente estriba su poder y riqueza.

67 Esta Nacion tan mirada en llevar á
la

la mayor perfeccion los otros muebles, ya sean domésticos, ó de qualquiera especie en todo género de Artes, y manifacturas, vea V. quanto estudiará para poner cada dia mas en el último grado de perfeccion los que tanto les importan.

68 Yo soy de dictámen, que en el intervalo desde una guerra á otra es infinito lo que se estudia este punto; y efectivamente quando se presentan á sus contrarios, siempre es con alguna novedad en el aparejo, y disposicion de sus buques, en la calidad y modo de manejar las armas, ó en otras particularidades relativas á la ligereza de los navíos, &c. que han ignorado sus contrarios hasta verlas poner en práctica. Esto debia dar mucho que pensar á las otras Naciones, y servir de estímulo para imitar á la Inglesa.

69 No puedo menos de decir á V. en alabanza de los Ingleses, el buen trato de las posadas, el aseo y abundancia que he observado aun en las de los Lugares mas cortos, por donde he pasado en esta caminata: la limpieza, y aun la delicadez de las camas, la perfeccion de los caminos, la atencion de los postillones. A ninguno he oido hasta ahora descomponerse con malas palabras, ni usar la menor impertinencia con las personas que lleva, ni enfadarse con los caballos, ni aun
can-

cantar, como hacen los nuestros y los de otros paises, que no seria lo peor, si no prorrumpiesen algunas veces en disparates, y palabras descomedidas, como V. sabe.

70 Esta Nacion no sufre semejantes impertinencias: las castigan las leyes, y una cierta crianza se dexa ver en las mas personas de la plebe. No gastan afectaciones, ni muchas palabras quando se trata de agasajar al pasagero, quien se ve precisado, como yo me veo, á alabar estas buenas costumbres; y aunque en la realidad sean muy caras las posadas, acordándose uno del buen trato que experimenta, no le queda accion para rebaxar de la cuenta que le presentan.

71 Voy á dar fin á esta Carta, porque acaso habrá buena ocasion para dirigirla á España, pues van á partir algunos bastimentos. Si no la hubiere de mi satisfaccion, la llevaré conmigo á Londres, adonde pienso llegar dentro de tres, ó quatro dias, y desde allí la enviaré. No hay ahora tiempo para mas. En dicha Ciudad será otra cosa, y mas si encuentro cartas de España, que las deseo, en particular las de V.............

Portsmouth.........1783.

## CARTA XII.

1 Amigo: mi viage desde Portsmouth á esta Ciudad de Londres ha sido tan felíz como el de Londres á Portsmouth, aunque mas corto, por no haber hecho el gran rodeo que en el otro, con el fin de ver las tierras, y Ciudades que he referido á V. Hay, pues, desde Portsmouth hasta aquí por la via recta setenta y dos millas.

2 Despues de atravesar la llanura en cuyo extremo está dicha Ciudad, se sube la misma cuesta que dixe al baxarla, la qual ni es mucha, ni penosa, mediante la perfeccion del camino. Los postillones y carruageros Ingleses no hay que temer que violenten, ni apresuren á los animales en las subidas, por cortas que sean; y qualquiera que lo pretendiese se cansaría en valde: los mismos postillones se apean en dichas subidas, aunque sean de nada; y los caballos les pagan este buen trato quando se acaba la cuesta, pues sin arrearlos van que vuelan.

3 Así dicen, que los postillones Ingleses son amigos de sus caballos, y los Franceses verdugos. En efecto hay grandísima diferencia de los unos á los otros; pero tambien la hay en que los dueños de los carruages

ges de posta y caballos son en Inglaterra los de las posadas, y los postillones criados, hijos, ó dependientes de las mismas, y por tanto les interesa mas el cuidado de su hacienda.

4 Despues de la cuesta, que dixe, se entra en una bella y frondosa campiña, cubierta de pastos, y de árboles, particularmente robles, con muchas Casas de Campo por toda ella. Hasta Petersfields se caminan diez y ocho millas, y se atraviesan antes dos, ó tres Lugares pequeños, y luego grandes y dilatadas Dunas.

5 Antes de Petersfields se pasa por un estrecho valle por donde va el camino entre dos sierras elevadas, aunque en comparacion de las nuestras menos que medianas; porque en Inglaterra hay muy pocas cordilleras, y son cortas, y sin elevacion considerable, y esto ha facilitado mucho la construccion de canales, y caminos. Estas, que yo atravesé, estan hechas una alfombra verde todo el año, aun ahora que es lo fuerte del Verano, y se unen con las llanuras, ó Dunas de Wincester, Salysburi, &c. que son las mas abundantes de ganado lanar, como tengo dicho á V.

6 Aunque en estas Provincias de Inglaterra hay menos árboles que en las otras, recrea mucho el continuo verdor del suelo, causado de las freqüentes lluvias de todas las esta-
cio-

ciones del año, al modo de lo que vemos en Vizcaya, Galicia, y Asturias, donde rara vez se pierden las cosechas por falta de agua, y muchas por la abundancia y continuacion de las lluvias.

7 Desde Petersfields hasta Godalming cuentan veinte millas, y se entra en el Condado de Surrey: va alternando el camino que siempre es bueno, entre frondosas arboledas, tierras de labor y de pasto. Se pasa por el Lugar de Sippock. Casi todos los Pueblos que yo he visto vienen á reducirse á una calle á lo largo del camino real: todos, aun los mas pequeños, forman un agradable aspecto por la belleza de las arboledas que les acompañan: desde luego en las mismas lineas del camino se descubren las insignias de las hosterías, que suelen ser objetos de bulto, y algunos se ven un quarto de legua antes de llegar.

8 Godalming se halla en un vallecito entre dos colinas, lo mas bien situado, y frondoso. La hostería, en la qual hicimos noche, es de lo mejor que he visto, atendiendo al aseo, propiedad, y quanto puede apetecerse: se encuentran otras de la misma calidad en dicho Pueblo, desde el qual hasta Londres se regulan treinta y tres millas. Se pasa por Guildford, Pueblo considerable y rico á causa de su trá-
fi-

fico. El rio, que creo se llama **Wey**, es navegable desde Godalming, y hasta el Thames, por el qual se lleva mucha madera á Londres. La situacion de Guildford es en el declive de un collado corto y suave, y todos sus contornos son frondosos. Se pasa por otro Pueblo llamado Riply, despues por el de Coban, junto al qual está el célebre Jardin, Parque y Casa de Campo del mismo nombre.

9 Por Coban atraviesa el rio Mol, que quiere decir Topo, porque en su carrera se esconde baxo tierra, y vuelve á salir á manera de nuestro Guadiana en Extremadura, y de algunos riachuelos que yo he visto en otras partes de España. Este rio entra en la Casa de Campo referida, y contribuye grandemente á hacerla deliciosa. Lo es en efecto quanto puede darse : la desigualdad del terreno, variado de lomas, y vallecitos, de llanuras, y sitios escarpados, dieron motivo al que formó este plan de poner en obra cosas caprichosas, y en distancias proporcionadas, agradables puntos de vista. Uno de ellos es una especie de pabellon construido á la gótica, con sus muebles, como sillas, bancos, &c. del mismo estilo gótico.

10 En otro parage elevado como el anterior sirve de punto de vista un Templecito

to de estilo griego de figura quadrangular, con decoracion dórica, y consiste en dos pórticos sostenidos de seis columnas en las fachadas de la latitud, y en las de la longitud otras columnas resaltadas, con sus triglifos y metopas en el cornisamento, y en los frontispicios hay ornatos de escultura.

11 Parece que han querido imitar un Templo dedicado á Baco; pues en medio de la pieza interior de este templecito, ó *Sacellum*, como llamaban los antiguos, hay sobre su pedestal una bellísima estatua antigua de Baco. Las paredes al rededor estan grandemente adornas, siendo lo mas particular de este ornato doce cabezas de Emperadores Romanos igualmente antiguas, por lo menos la mayor parte de ellas.

12 En otra de las eminencias está puesta una gran tienda, á imitacion de las que usa el Gran Turco, ó el Gran Visir quando estan en campaña. Es de una fortísima tela estucada encima, y me dixeron que se tiene la curiosidad de renovarla, y volverla á estucar, pintar, y dorar cada ocho años. En los sitios mas baxos hay otros objetos de distancia en distancia, no menos caprichosos que los antecedentes.

13 Entre otros está figurada de piedras, y otros materiales verdaderos la ruina como de un arco triunfal con sus casetones

en lo que se figura exîstente del arco, y varios nichos en los pilares, con urnas sepulcrales en ellos, algunas verdaderamente antiguas, y otras á imitacion de aquellas.

14 A esta ruina aparente no le falta circunstancia para que parezca verdaderamente antigua, como las que permanecen en Roma, y en otras partes de Italia; pues al modo que en aquellas, tambien en estas han crecido arbustos entre las piedras, han serpeado yedras por ellas, y nacido raices: de modo que la naturaleza ha concurrido admirablemente para hacer mas graciosa esta invencion del arte; y para que no falte nada á la ilusion, se ven por el suelo piedras y pedazos, como si se hubieran caido del edificio.

15 En otro parage se representa de fábrica una casa gótica, ademas de la referida, arruinada en parte. Sobre el rio, ó canal se ve un puente graciosamente ideado, cuya materia son piedras pomez, litófitos, y otras mariscas muy curiosas, recogidas para este efecto. Sobre todo es dignísima de ver la gruta artificial, compuesta interiormente de piedras cristalizadas, de mucha suerte de petrificaciones, como conchas, caracoles, de los que llaman cuernos de Amon, y de otras mil cosas: sus caprichosos ingresos, sus espacios interiores, senos, y manantiales de agua, que
des-

destila y corre de diferentes modos, no pueden excitar la menor idea de que todo aquello sea una obra artificial: es menester saberlo, y mas habiendo nacido sobre la misma gruta, y en la circunferencia árboles de varias suertes.

16 Hay en esta Casa de Campo su canal con abundancia de pesca, y cisnes: grandes arboledas, que alternan con prados; y hasta una viña ha tenido su dueño el gusto de plantar, que es cosa singular en Inglaterra. Algun año me dixeron, que se habia sacado vino. Está resguardada de los vientos mas frios, y en un escarpado hácia el medio dia. Entre las plantas de árboles y arbustos hay un gran número de extrangeros traidos del Asia, América, y de las otras partes del mundo, de suerte que en quanto á esta clase tiene mucho de Jardin Botánico. Hay infinito plátano y de diversas hojas, cedros, pinos de Noruega, de Terranova, y otras partes, sin embargo de que no he visto, ni tengo noticia de que en Inglaterra haya pinares.

17 Tambien se encuentran aquí los árboles de América, que dan la cera en granitos: diversidad de encinas, entre ellas una que llaman Santa, cuyas hojas son mayores que las nuestras, y estan contornadas de una especie de bordado de otro color diverso del

verde. Hay otros grandes árboles, que llaman tulipanes, los quales dan por Junio flores semejantes á los tulipanes de nuestros jardines. Entre los arbustos hay uno, que llaman *Hipericon*, que atrae, y estrecha ordinariamente en sus raices la tierra; excelente para fortificar las márgenes de las riberas, siendo por otra parte frondoso, como lo son los sauces que llaman lacrimosos; cuyas hojas son largas, y siempre inclinadas perpendicularmente hácia el suelo, ó hácia el agua en los rios, y canales, haciendo muy graciosa vista. En Aranjuez hay ya de estos árboles.

18 La disposicion como estan distribuidas y agrupadas tanta diversidad de plantas, así del pais, como extrangeras, es digna de toda alabanza, y lo mismo los Jardines de flores: las calles entre los objetos y puntos de vista que he referido, por lo regular són lineas tortuosas, que de trecho en trecho interrumpen la uniformidad, lo que observan igualmente los Ingleses en los canales, escondiendo en lo posible sus términos y fines con las mismas lineas. Esto se ve practicado en caminos reales; y con eso no solamente apartan de la imaginacion la fastidiosa idea de haber de caminar una linea recta de leguas, que se descubre de una vez, sino que la vista se recrea en registrar á menudo nuevos objetos.

Es-

19 Este delicioso, y casi encantado sitio es del Caballero Hockins, segun lo que allí me dixeron, cuyo gusto ya puede V. inferir qual será por lo que le he contado; y si habrán reparado en gastos dicho Señor, ó los que han reducido este sitio al estado que tiene [1]. No entré en la habitacion, ó Palacio por falta de tiempo y proporcion, y principalmente porque me dixeron que no era de gran consideracion lo que habia en materia de bellas Artes.

20 Cada uno de estos Señores tiene su particular aficion en sus Casas de Campo: quien á las Artes, quien á perfeccionar, y aumentar el cultivo de las plantas y flores. En ellas suelen tener excelentes Bibliotecas, Monetarios, y otras curiosidades. Pasan en ellas gran parte del año, particularmente en las vacaciones del Parlamento. Las perfeccionan, extienden, y hermosean con emulacion, y á competencia. Dueños de grandes riquezas, que la industria y el comercio ha traido á este Reyno, han procurado fixarlas en este modo, comprando en todas partes adonde llega su vastísima navegacion, quanto han po-

---

[1] El Caballero Hockins compró esta amena posesion por veinte mil libras esterlinas pocos años hace á Mr. Hamilton.

dido haber de exquisito y estimable.

21 De dichas Casas de Campo me han asegurado algunos que hay un millar en sola Inglaterra, repartidas en los sitios mas amenos de todas sus Provincias; y aunque V. rebaxe mucho de este número, siempre quedará muy excesivo. Resulta que yendo y viniendo sus dueños continuamente, dexan sus caudales en los tránsitos, y los esparcen en los territorios donde se hallan dichas Casas de Campo.

22 Me ha parecido solamente, que siendo tantas, ocupan un terreno muy considerable del Reyno, que pudiera ser mas útil destinado á la labranza, y por consiguiente á la poblacion; pero es de advertir, que en los grandes recintos de dichos lugares de recreo se mantiene infinito ganado; pues hay porciones considerables destinadas á prados. Tambien los hay para siembra de granos: se logran grandes ventajas de la madera, &c.

23 Sea como quiera excesiva esta parte del Reyno destinada al placer, veo que él está muy poblado. La circunferencia de la Casa de Coban, que he referido, es de quatro millas. Ademas de las cercas suelen hacer los Ingleses fosos en la parte exterior de sus Parques y Jardines, lo que hace mucho mas dificil el asaltar las paredes.

24 Seguimos nuestro camino á Londres, pasando primeramente por un Pueblo llamado Esher, en cuyas inmediaciones está una Casa de Campo y Parque perteneciente al Caballero Enrique Pelham. En este parage tuvo la suya el Cardenal Wolsey, adonde se retiraba muchas temporadas durante su privanza con Enrique VIII. Luego se pasa junto á las cercas de los Jardines de Kingston, habiendo entrado en el Condado de Surri. De estos Jardines hablaré algo mas adelante, y de las frondosas riberas del Thames desde aquí, y desde mas arriba hasta Londres, que dista doce millas.

25 Todo este espacio es una continuacion de arboledas, de Lugares, y Casas de Campaña muy cercanas entre sí, y á los Pueblos. Se dexan tambien á un lado del camino las cercas de Richmond, Jardines pertenecientes al Rey, cuya circunferencia me aseguraron que llegaba á seis millas, y estan contiguas al Sitio Real de Kew, que pienso ver, y referir á V. lo que encuentre de particular en él.

26 Despues se atraviesa el Lugar de Putney, bellamente situado en la ribera del Thames, que se pasa por puente de madera y luego se atraviesa tambien otro Pueblo dividido del anterior solo por el rio, el qual se lla-

llama Fulham, y en ambos hormiguea la gente. Se pasa luego por el Lugar de Brompton, y últimamente por Kingtbridge, que es un arrabal de Londres, no viéndose por todos lados en estas millas últimas sino Casas de Campo, y otras, que á poco mas que se unan se incorporarán con esta desmedida Ciudad.

27 Aunque llegué á ella con firme propósito de describírsela desde luego á V. en la forma que es posible hacerlo, segun mi plan, habiendo gastado ocho dias desde que vine sin cesar de ver y escribir, y mas de otros treinta antes de emprender el viage que acabo de contar á V. no me quiero todavía empeñar en ello; y antes le diré algo de lo que he observado en varias expedicioncillas por estos alrededores, en donde tanto como en el mismo Londres he visto cosas dignas de la noticia de V. Una de estas caminatas ha sido á tres Sitios Reales, que son los de Kensington, Kiw, y Hamptoncourt.

28 Kensington es Pueblo situado dos millas al Poniente de Londres, en donde se encuentra un Palacio Real, hasta el qual hay abierto un camino por el Parque de S. James, y por Hide Parc, que estan unidos. Dicho Palacio es pequeño, con vistas al jardin, y no tiene particular decoracion; pero dentro de él hay buena porcion de estimables

pin-

pinturas. En dos de las primeras piezas ví dos obras de Cárlos Cignani, y son un carton, que representa á Cupido, y otro el rapto de Europa. En otra pieza un Cupido de Vandick, un hombre, y una muger de Giorgione. Se encuentran tambien en ella varios quadros, y retratos de Pintores modernos. En otra sala el retrato de Thomas Moro, de Holbein; una cabeza de muger de Tintoreto; otra de Basan por el mismo. Mas adelante se ven diferentes retratos, entre ellos una cabeza, que tienen por de Tintoreto.

29 En la pieza de vestir la Reyna hay obras de Woverman, de Durero, de Wosterman, Bambocio, y de otros. En una galería los retratos de Enrique Octavo, y de Catarina de Aragon su muger, de Holbein; la Reyna Isabel de Inglaterra, de Zúcaro, Cárlos Primero, de Vandick; tres, ó quatro de otras Personas Reales, de Keneller; otros de Peter-Leli; y dos bellísimos del tamaño del natural, y cuerpo entero de Velazquez, los quales representan á nuestros Reyes Felipe Tercero, y á su muger la Reyna Doña Margarita.

30 En otra gran sala hay un S. Bartolomé del Españoleto; una Sacra Familia del viejo Palma; una Venus estimada por de Ticiano; y otra con Cupido, de Miguel An-

Angel: quatro asuntos fabulosos de Cignani; algo de Basan, y de Pintores Flamencos, &c. En un Gabinete se encuentra entre otras cosas, una Herodías con la cabeza del Bautista, de Leonardo de Vinci, una Lucrecia de Caraci, y un emblema de la Religion de Güercino. En otro Gabinete hay pinturas de Holbein, del Parmegiano, de Julio Romano, de Schiavone, de Ticiano, de Basan, de Pablo Veronés, de Giorgione, de Seghers, de Bril, de Roterhamer, y de otros, que no especifico por no alargar.

31 Tambien hay una galería llena de quadros, los mas retratos, y entre ellos uno del Duque de Alva Fernando Alvarez de Toledo por Ticiano: los hay de Keneller, de Holbein, de Pourbus, de Rembrant, de Tintoreto, de Vandick, &c. y tambien un dibuxo en grande por un tal Casanova, que conocí en Roma, del famoso quadro de la Transfiguracion de Rafael de Urbino.

32 El Sitio Real de Kiw, unido al de Richmond estos años últimos, distante de Londres unas ocho millas, nada ofrece de particular por lo que toca al Palacio, pues es pequeño, de ladrillo, sin decoracion exterior, con pasillos, y piezas de bastante angostura: sin embargo pasa allí el Rey algunas temporadas. Tampoco es de consideracion el nú-
me-

mero de las pinturas con que está adornado interiormente. Una gran parte son vistas de Londres, de Venecia, Nápoles y otras Ciudades: algunas ideales: cantidad de Paises: se ven los Retratos de Rey y Reyna actuales, de Benjamin West, Pintor de mérito, que está á su servicio: un bello retrato de Vandick: Jesu-Christo cenando en casa del Fariseo, de Pablo Veronés, &c.

33 Lo mas notable de este sitio es su amenidad, el dilatadísimo Parque, y Jardines, que se han formado de veinte y cinco años á esta parte, hallándose en ellos quanto ha podido imaginar de vario y agradable el gusto de los Ingleses en esta materia. No ha faltado entre ellos quien ha criticado muy bien esta gran adquisicion. Hay una infinidad de bosquecillos, que cada uno forma un todo hermoso; y pasando de un espacio á otro, se halla uno, sin advertirlo, con otro objeto igual, pero totalmente diverso de lo que acaba de ver.

34 De trecho en trecho se elevan entre los árboles, haciendo puntos de vista, edificios caprichosos, y de puro ornato: entre ellos un templecillo redondo dedicado al Sol, con ocho columnas de órden corintio sobre zócalo al rededor. Me dixo quien lo enseñaba, que era tomado de las antigüedades de Balbek.

bek. En otro parage se eleva una torre octógona chinesca de cerca trescientos pies de altura, y dividida en diez partes, ó zonas con aleros en cada una, y especie de dragones en sus esquinas. En el plano de tierra hay una sala y pórtico al rededor, sostenido de columnas sobre el mismo estilo.

35 Otro punto de vista es una imitacion de edificio arabesco: me dixeron, que de la Alhambra de Granada, pero si es así no tiene semejanza ninguna. Andando por aquellos *viales*, ó caminos, casi siempre tortuosos, se tropieza con un fingido pórtico, ó arco antiguo, que se figura arruinado por el tiempo, y contribuyen infinitamente á la ilusion los trozos de fábrica caidos en el suelo, las hendeduras de lo que está en pie, y los arbustos, y yerbas nacidas, como se ve en las verdaderas ruinas.

36 Continuando al rededor del gran Parque entre estos bosquecillos, se da con un templecillo dedicado á Arethusa, el qual tiene su pórtico rectángulo con doce columnas de órden corintio, imitacion de arquitectura griega. Se ve tambien en distinto parage imitado un Pagoda, ó templo chinesco.

37 En otros sitios se encuentran otros dos templecillos, el uno de la Fama con pórtico de diez columnas dóricas, adornado el friso

so de morriones, vasos, pateras, &c: el otro de la Victoria sobre una elevacion facticia de tierra amontonada para este solo efecto, y está adornado de diez columnas de órden jónico. Todos estos templecitos son como grandes modelos: algunos de madera pintada imitando perfectamente el mármol, y otras piedras, segun pide el caso.

38 Tienen por lo regular en medio una pieza, ó pabellon redondo, ó quadrado, que cómodamente puede servir para el divertimiento de muchas personas que quieran juntarse á comer, ó á jugar. Sus dimensiones son varias; pero me parece que el mas pequeño será igual á lo que llaman la Glorieta en ese Sitio del Retiro cerca de la puerta de Alcalá; con la buena diferencia, que aquí se ha tomado de Vitruvio, y de la antigüedad lo que han hecho, y ahí en todo se pensó menos en elegante arquitectuta.

39 Es dilatadísimo el espacio entre tanto bosquecillo, calles de árboles, y lo demas que he referido á V. formando una esplanada con cierta desigualdad, que tambien contribuye á que no parezca fastidiosa, y lo mismo resulta de su natural alfombra de yerba casi siempre con verdor. Este espacio, en el qual no hay árboles, lo disfrutan pastando en él manadas de ovejas, muchas vacas, y ca-

cabras. Las sendas y calles por donde se anda estan macizadas con arena y guijo de modo que parecen hechas de cal y canto.

40 De tanta variedad de objetos extraños resulta, como V. puede considerar, cierta satisfaccion para qualquier persona de gusto, y se aumenta con la vista de un canal facticio, que atraviesa lo largo del Parque, serpeando al modo de las calles, y jardines, y ocultando siempre su principio y su fin, en cuyo canal divierten tambien los cisnes que se ven en él, y en sus orillas.

41 Mucho tendria yo que añadir á la descripcion de Kiw, si me hubiera de detener en el Jardin Botánico cercano á la habitacion Real, en la infinidad de sus plantas, en la disposicion, y órden como estan puestas, y separadas las flores, los árboles, y arbustos, agrupados en parte, y en parte alineados, &c. en los invernáculos, y en lo demas perteneciente á semejantes sitios.

42 Ví una máquina de agua á un lado del referido Parque, que viene á ser un cubo de fábrica, con una especie de caracol, ó rosca en medio, que chupa el agua de una profundidad de doce, ó mas varas al nivel del Thames, que pasa muy cercano de este sitio.

43 Toda la máquina del medio, de la
qual

qual salen espigones de hierro, la mueve mediante algunas ruedas un caballo, subiendo la cantidad de un muslo de hombre, alternando aquellas roscas, ó caracoles en vomitar el agua el tiempo de un minuto, y la suministran á la ria, ó canal del Parque, á los Jardines, &c. Todas las inmediaciones de este sitio estan pobladas de varias Casas de Campo.

44 Para ir de Kiw á Hamptoncourt pasé por los Lugares de Richmond, y de Twichenham, y por delante de una Casa de Campo, donde me dixeron que habia trabajado sus obras el famoso Poeta Pope. No puedo explicar á V. la frondosidad de arboledas, la multitud de Casas de Campo, excelencia del camino, concurso de gente que transita por todas partes, de suerte que todo parece una población.

45 Llegué á Hamptoncourt, cuyos jardines terminan por el lado de medio dia en la ribera del Thames. Este es uno de los mayores Palacios del Rey de Inglaterra, sin embargo de que no me pareció correspondiente á la fama que tiene, ni á la grandeza de su dueño. Su fachada carece de decoracion, alternando en ella, y en el primer patio ciertos torreones, ó cubos de quando se fundó, siendo toda esta obra de ladrillo. Se ven algunas cabezas puestas en las paredes

de

de estos torreones, baxo de las quales se leen los nombres de lo que representan: algunas son de Emperadores, entre ellas de Trajano, Adriano, &c. pero en sitios donde no vienen al caso, ni sirven de ornato. En un lado del segundo patio hay un pórtico rectángulo de catorce columnas, por donde se entra al Palacio.

46 La escalera carece de cierta magnificencia en su caxa, revestida la mayor parte de maderas: se ven pinturas de los doce Césares, y varias historias Romanas, executadas por Verrio, acreditado Pintor Italiano en tiempo de Guillermo Tercero. Una de las primeras antecámaras tiene en sus paredes gran porcion de armas distribuidas con cierta simetría, y dicen que hay bastantes para poder armar mil hombres. Se ven allí varios retratos, que representan Almirantes de este Reyno.

47 No se puede negar que lo interior de este Palacio es grande y espacioso, mas de lo que se concibe por defuera, adornado de buena porcion de quadros, y otras cosas. Gran parte de aquellos son retratos; el de Guillermo Tercero es de Mitens, imitador de Vandick. Se ven diferentes buenas copias de quadros singulares, aunque algunas las quieren hacer pasar por originales, parti-

ticularmente del Corregio, entre estos una Santa Familia con Santa Catarina. Del Schiavone es una nuestra Señora con el Niño dormido: de Vandick un excelente retrato del Rey Cárlos Primero.

48 En un dormitorio ví un gran quadro con figuras del natural, de Horacio Gentileschi, y es la historia de Josef y Putifar: en un Gabinete de paso dos quadritos del Güercino, y ambos representan á nuestra Señora con el Niño; un Descanso con figuras del natural del Doso; una figura de muger de medio cuerpo de Sebastian del Piombo; un retrato tambien de muger de Rembrandt; algunas cosas del estilo de Vinci; un S. Francisco de Guido; y un retrato de Cárlos Segundo hecho por Vandick.

49 En el quarto de la Reyna hay una bóveda pintada á fresco, de Tornill, que representa la Aurora: otras muchas de este Palacio estan igualmente pintadas, y algunas son de Verrio. En dicha pieza se ven quadros de Mitens, y de Rici. En otra se conservan nueve famosos Cartones originales de Andres Mantegna, ó del Sarto, como se entiende vulgarmente. Estan pintados sobre lienzo de aguadas, y son diferentes asuntos de la historia Romana. Del citado Rici se ven algunos quadros repartidos por estas piezas, y en una de

*Tom. I.* Z ellas

ellas hay un bacanal de Ciro-Ferri, una gran copia de la Galatea de Guido, y un retrato de Antonio Corregio, que lo estiman original del mismo.

50 Hay en otras salas retratos de diferentes Autores, entre ellos el de D. N. de Guzman, Embaxador de España á esta Corte, muy bien hecho, los de Felipe Tercero, y de Alexandro Farnesio executados por Pantoja, y diferentes retratos de Mitens. El principal ornato de una de las salas consiste en ocho quadros, que representan la destruccion y ruina de la armada de Felipe Segundo, llamada *la invencible*, que pereció en estos mares por causa de una furiosa tempestad.

51 Se encuentran tambien en estas últimas salas un quadro de Veronés, y es Bersabé en el baño; una Sibyla, de Artemisa Gentileschi; el retrato de un Duque de Notingham, de Zúcari; y en la gran sala que llaman del Consejo, hace gran papel en uno de los testeros, el gran Duque de Alva D. Fernando Alvarez de Toledo, figura á caballo pintada por Rubens. Está adornada la misma sala de otras muchas pinturas de Schidone, de los Basanes, de Tintoreto, que representó las Musas; y de Palma el viejo es la Adoracion de los Pastores, &c.

52 No me detengo en otras menudencias

cias por ño cansar á V. Una de las cosas que dieron mas fama á este Palacio fueron los célebres Cartones de Rafael, en que representó los Actos Apostólicos para texerlos en Flandes de órden de Leon X; pero ya no están allí, y estos años últimos se trasladaron al Palacio de la Reyna junto á esta Ciudad, de los quales hablarémos despues.

53 El desgraciado Cardenal Wolsey, quando lograba la privanza de Enrique Octavo, hizo edificar el Palacio de Hamptoncourt, que despues aumentó notablemente, y adornó de jardines el Rey Guillermo Tercero. Me dixeron por cosa particular, que el Palacio consta de setecientas piezas, y mas quise creerlo que contarlas.

54 Ví en una de ellas un modelo de madera para un suntuoso Palacio, que acaso querrá edificar el presente Soberano. La Capilla de Hamptoncourt es medio gótica, sin cosa notable de que hablar. Un patio moderno del Palacio es de costosa, pero mala arquitectura. Mucho mejor es la fachada, tambien moderna, que corresponde á los Jardines, y consiste principalmente en quatro columnas corintias sobre un cuerpo rústico con frontispicio triangular adornado de escultura.

55 Los Jardines son como otros, que ya he referido sobre el estilo Ingles, y forman

una media estrella algunas de sus calles, terminando en la ribera del Thames, descubriéndose desde allí un frondoso territorio. Hay tambien en dichos Jardines estanque, y canal, que vá hácia el rio, y algunas estatuas de bronce, copias del antiguo.

56. Volví á Londres por camino diverso, pero igualmente bueno, y poblado que el anterior, y fué con el ánimo de ver algunas Casas de Campo de las muy celebradas que se encuentran en esta ribera de Poniente del Thames, que es ciertamente la mas bella y frondosa, que se puede dar. Dicho rio no es aquí una sombra de lo que es en Londres, sino muy mediano, y de aguas cristalinas.

57. Atravesé los Pueblos de Isleworth, Brentford, y otros, hallándose cercanos los de Kinghtsbridge, Kensington, Brompton, Chelsea, Hammersmith, Fulham, Twickenham, &c. que con las muchas caserías parece que forman una continua poblacion hasta Londres. Llegué, pues, á la Casa de Campo del Duque de Northumberland, llamada *Sion-House*, distante siete ú ocho millas de Londres.

58. Fué antiguamente Convento fundado por Enrique V. para Monjas de Santa Brígida, reducido despues á Palacio, y sitio de
re-

recreo: el primer ingreso está adornado de muchas y delicadas labores con dos columnas de órden dórico á cada lado de la puerta. Se suben unas quantas gradas para entrar en las salas; y delante la puerta, en la mesilla que se forma se ve executado en bronce el Gladiador moribundo por el original que se conserva de mármol en el Capitolio de Roma.

59 En la primer pieza hay tres excelentes estatuas Consulares antiguas de mármol. Tambien está allí un modelo del Apolo Pithio; y creo que si el Duque hubiera podido comprar el original, no lo hubiera dexado por dinero, segun su aficion á las Artes, y á otras cosas de luxo, y magnificencia.

60 Se entra en una pieza quadrada con adorno de doce columnas, y otras tantas pilastras de verde antiguo, y en la parte superior sobre el vivo de las mismas, doce estatuas copiadas del antiguo, entre ellas la Venus, el Antinoo, el Apolo, el Fauno, &c. y varios trofeos dorados en los entrepaños de las paredes: la riqueza del pavimento, y del techo es correspondiente, como un baxo relieve antiguo sobre una chimenea famosamente trabajada. Otra sala con especie de recesos, ó gabinetes en los testeros está curiosamente adornada con seis estatuas de mármol

enfrente las ventanas, copiadas de las mejores del antiguo: las paredes se ven pintadas de claro y obscuro sobre el gusto de los baxos relieves, y encima la chimenea estan las tres Gracias con otros mil ornatos de escultura.

61 No cede á ninguna de las otras en la riqueza de sus ornatos la sala inmediata, cuyo techo está pintado á imitacion de las Termas de Tito, de donde se han tomado muchos asuntos, y de las pinturas del Herculano. No me detengo en contarle á V. los ricos muebles de mesas, espejos, &c. y solo diré que entre las mesas hay dos de mosaico antiguo extraido de las Termas de Tito, que se compraron de la coleccion del Abate Furrieti en Roma, á quien conocí en aquella Ciudad, quando hizo vaciar hácia el año de 1759 las mas preciosas obras de escultura antigua.

62 Sigue una galería adornada de retratos pintados de todos los Condes, ó Duques de Northumberland, algunos bien hechos, y otros no.

63 En linea de quadros hay poco en esta Casa de Campo; pero los hay muy excelentes en la que este Señor tiene en Londres, de que hablarémos. Lo que se guarda en Sion-House es una Librería selecta, y Jardi-

dines muy correspondientes á la magnificencia y gusto de su dueño; los quales terminan en la ribera del Thames, y tienen, segun la costumbre, su canal, que serpea por ellos, y los separa de los Jardines de Richmond.

64 El gusto del Duque á la Botánica le ha empeñado en excesivos gastos, mandando traer y plantar árboles extraños de todas las partes del globo, formando con ellos calles y paseos; y aquí es, segun dicen, donde primero prevaleció la verdadera planta del Té de la China.

65 Continuando desde Sion-House por la ribera del rio entré á ver una de las mayores Casas de Campo de estos contornos, la qual perteneció al Banquero Child: el Parque es grandísimo, de algunas millas en contorno, con mucha caza de venados, cisnes, &c. dilatados prados, arboledas y canales. El Palacio es quadrado con torres en sus ángulos, y un pórtico sostenido de doce columnas, que es el ingreso del primer patio. No fué posible poderlo ver interiormente, y lo sentí mucho, pues me aseguraron que está adornado de buenas pinturas.

66 Entré despues en la célebre Casa de Campo del insigne Arquitecto Conde de Burlington, junto al Lugar Chiswick, cuyos

yos Jardines y arboledas se han reducido al gusto que aquí reyna, contribuyendo la desigualdad del terreno á formar agradables puntos de vista. Los Ingleses naturalmente aborrecen la uniformidad de las plantas, y el órden de colocarlas en lineas rectas prolongadas : por tanto en este, y generalmente en otros Jardines, se ven mezclados árboles de mil especies, entre ellos laureles, álamos, olmos, cipreses, sauces, y fresnos de diversas suertes, robles, sabinas de América, y otros de diferentes regiones, sin contar los recintos donde tienen las huertas de frutales.

67 En el primer ingreso se presenta luego un obelisco, y algo mas adelante un templecito redondo con portada de columnas jónicas istriadas. Un poco mas allá se encuentra el estanque y canal, caprichosamente formados. El Palacio no es muy grande, pero de excelente arquitectura. La escalera exterior, que es parte de la fachada principal, tiene varios derrames hasta el plano, donde acaba su primer cuerpo almohadillado. Allí se forma un pórtico de diez columnas de órden corintio. A los lados hay dos estatuas del tamaño del natural, que representan á los insignes Arquitectos Iñigo Jones, y Andres Paladio, muy bien executadas.

68 Se entra en la primera pieza, que
es

es ochavada, y adornada de quadros. Los hay igualmente en la segunda, entre ellos una Magdalena de cuerpo entero, copia de Guido Rheni, hecha por Cárlos Marati: de este son originales una nuestra Señora de medio cuerpo con el Niño, y una representacion del Sacrificio de Noe al salir del arca: del Dominiquino es una Virgen tambien con el Niño de medio cuerpo; un S. Gregorio de Schidone; un retrato del Papa Inocencio Décimo de nuestro Velazquez; el del Cardenal Baronio, de Federico Barrocio; tres retratos de Vandick, uno de Rubens, otro de Rembrandt. La fábula de Salmacis, y Hermafrodito en figuras del natural, aunque no enteras, del Albano.

69 Se entra despues en otra sala igualmente adornada de quadros, entre los quales hay una Cabeza de Guido, que representa la Magdalena; un Nacimiento del Señor, de Cárlos Marati; una oficina de Alquimista, de David Teniers; un retrato de Iñigo Jones, de Opson; un quadrito de Pousin, y otras cosas. Pasando adelante se ven en otra pieza, primeramente una figura de muger plebeya de medio cuerpo, de D. Diego Velazquez; la Tentacion de S. Antonio, de Caraci; una Cleopatra del estilo de Vinci; los Viejos acechando á Susana en el baño, de Pablo Ve-

ronés; una Oracion de Christo en el Huerto, del Güercino; una Venus dormida, del Albano; dos, ó tres retratos, de Vandick, un Belisario atribuido á dicho Autor. De Cortona hay un Rómulo y Remo con la loba, &c. y del mismo es un quadrito de Santa Inés adorando á nuestra Señora y al Niño: de Jordan un asunto alegórico. Se ven tambien allí varios paises de Salvator Rosa, Vistas de Panini, y alguna otra cosa mas de Cárlos Marati, particularmente una nuestra Señora enseñando á leer al Niño.

70 En frente de la fachada opuesta al Palacio hay tres bellas estatuas antiguas Consulares, y otras, que son copias del antiguo, varias esculturas en mármol de leones y otros animales, jarrones, términos, &c. Sobre una columna está puesta una copia de la Venus de Médicis. Hay una puerta de órden dórico, y es de un recinto del Jardin, invencion de Iñigo Jones. Está notado en el friso el año de 1621.

71 El Lugar de Chelsea, en donde se encuentra un famoso Hospital de Inválidos con destino á la tropa de tierra, es uno de los sitios mas agradables en los contornos de Londres. La fábrica de dicho Hospital se eleva enfrente á una gran plaza frondosa de arboledas. Su decoracion consiste en una porta-

tada, que se levanta sobre dos, ó tres gradas, adornada de quatro grandes columnas dóricas sobre zócalos, triglifos y metopas en el arquitrabe, y frontispicio triangular, que no me pareció correspondiente al resto de la fachada. Desde la portada se extienden á uno y á otro lado dos grandes alas de edificio, cuya linea va alternando en altura, pues á veces es baxa, y á veces alta. Se parece en esto al Palacio de las Tuillerías de París, donde se halla la misma interrupcion; pero esto lo hallo contrario á cierta uniformidad, y carácter en obras suntuosas. Supongamos que la portada del patio grande del Escorial se hubiera hecho con la altura que ahora, y que á toda aquella extension de linea se le hubieran dado seis, ó siete elevaciones diferentes, como las hay en este edificio de Chelsea, me parece que perdería mucho de su grandiosidad: lo mismo digo del Palacio de Madrid, y de los mas célebres de Italia.

72 Tampoco me pareció bien aquí una torrecilla sobre la portada con quatro columnas en los ángulos para sostener una bola del remate. La portada opuesta en el lado del Jardin es como la expresada. Entre ambas se forma un vestíbulo de catorce columnas pareadas á cada lado, y otras en los extremos. En el friso de este lado se lee: *In subsidium et*

*et levamen Emeritorum, Senio, belloque frac-torum, condidit Carolus Secundus, perfecere Guilielmus, et Maria, Rex, et Regina anno MDCXCII.*

73 El Parque, ó patio interior está cerrado por los tres lados del edificio, y termina con verjas de hierro, que lo separan de un Jardin, del uso del Comandante.

74 En medio de dicho patio hay una estatua pedestre del Rey Cárlos Segundo vestido á la heroyca, que no es gran cosa. Me pareció de plomo, dada de un color amarilloso, con idea de imitar al bronce. En la extension del edificio hay oficinas, y habitaciones para sirvientes, y Oficiales; y el número de los Soldados que aquí encuentran su descanso, y buen trato, es de quinientos, ó seiscientos. Ademas del mantenimiento, y vestido, les dan paga un dia á la semana para sus diversiones, ó necesidades. No acaban de ponderar la limpieza de los Refectorios, y otras oficinas. El Arquitecto fué Wren, el mismo que el de S. Pablo.

75 Inmediato al Hospital de Chelsea está la máquina de agua, ó la famosa *Pompe á feu*, como dicen los Franceses, porque con el fuego hacen subir el agua del rio inmediato ciento y treinta pies, y va por canales á diferentes quarteles de Londres hasta lo mas

elecelevado de la Ciudad, haciendo mansion en varios depósitos; de donde se distribuye en los barrios, y casas.

76 Ranelagh llaman á un sitio cercano en esta misma ribera del Thames, que es una casa de diversion cercada de agradables Jardines. Su figura es circular, sin decoracion exterior y su diámetro podrá ser como esa plaza de los Toros de Madrid. En el medio se eleva hasta el techo un trocito de arquitectura de muy poco gusto, y dentro hay otro adaptado á chimenea, con que dan calor á toda la circunferencia. En redondo, y al piso del suelo hay quartos para comer, y beber los que quieren durante las funciones de bayles, orquestras de música, y otras diversiones, que se tienen allí en la temporada de invierno, pagando cada uno para entrar el valor de dos, ó tres pesetas. Hay un gran órgano en parage propio, y lugar elevado para la orquestra.

77 Cerca de aquí, y mas inmediato á Londres está el Palacio llamado de la Reyna, que dexo para incluirlo en la narracion de aquella Ciudad, pues antes quiero que nos divirtamos un poco mas en sus alrededores hácia la parte de medio dia, y oriente, despidiéndonos de esta de poniente con decir, que uno de los terrenos mas caprichosos, frondosos y agradables al otro lado del rio es la campiña, que lla-

llaman de Werbridge, en parage alto, y escarpado, de donde se descubre un largo pedazo de la ribera del Thames, y grandes praderías. En este parage hay gran número de Casas de Campo graciosamente situadas, y pertenecen á Señores, y á todos los demas que pueden tenerlas. Todo está lleno de bosques, y bosquecillos, como si hubieran nacido por casualidad, atrayendo la vista á diferentes puntos en aquella desigualdad de terreno.

78 Poniéndonos ahora en Londres, y pasando el rio por el puente de Westminster á mano derecha, como á la distancia de dos millas se llega al Vaux-Hall. Este es un dilatado Jardin de calles de árboles, que iluminan en las noches de verano con mas de tres mil faroles. Pagando un schelin, que corresponde á cinco reales, entra quien quiere á pasearse y divertirse. En el medio hay un edificio grande, como un templo, para los conciertos de música; y para pasearse, en caso de llover, hay un gran cobertizo, y dos salas á la mano izquierda de la entrada. Sus paredes estan cubiertas de pinturas, que representan victorias, y conquistas de esta nacion durante la penúltima guerra. Una representa la toma de Quebec, con el retrato de cuerpo entero del General Hamerst, recibiendo con humanidad á los Canadienses, que vienen

nen á implorar su piedad, y presentarle algunos míseros tributos. Se ve tambien el General Wolff espirando en brazos de algunos Oficiales.

79 En otra parte se expresa la toma de Bengala por el famoso Lord Clive: en otra la toma de Manila por el General Drapper, que se vió precisado á abandonarla luego. Se ven asimismo algunos triunfos conseguidos en Alemania por Milord Gramby: varias acciones navales con las medallas, y nombres de los Almirantes victoriosos.

80 ¿Quien ha de negar, que estos testimonios del valor, que se exponen á la vista de todos, son unos incentivos para que otros se inflamen á conseguirlos por medio de arduas empresas? Los Ingleses imitan en muchas de sus acciones á los antiguos Romanos, que conocian mejor que otras Naciones los admirables efectos de estas honras, y así las decretaban á los varones de particular mérito en todas lineas; pero señaladamente á los Militares.

81 Nuestra Nacion, que se pica tanto del honor, ¿que no haria, ó que no harian los particulares, si viesen que en llegando á un cierto grado de heroycidad, habia de eternizarse su memoria con mármoles, y con colores? El Rey de Francia, como escribí á V. desde París, manda hacer á su costa es-
ta-

tatuas de los grandes hombres en letras, armas, &c. que se han singularizado en servicio de la patria, para colocarlas en la gran galería del Louvre. Aquí no esperan á que lo haga el Soberano, sino que se anticipan los particulares, y los cuerpos en tributar estas honras.

82 Todo el Vaux-Hall al rededor está lleno de quartos al modo del Renelagh para comer y beber quien quiere por su dinero. El sitio de la orquestra está bastante elevado del suelo, y hace una comparsa muy particular, con su grande órgano dorado en el remate.

83 Es notable el golpe de música de todo género de instrumentos, que la mayor parte de la noche, á excepcion de cortos intervalos para descansar, divierte á los concurrentes con mil géneros de conciertos; y no es creible la gente que se junta de todas clases en las noches destinadas á estos divertimientos, cuyos gastos necesariamente han de ser excesivos; pero considerando la multitud de los que concurren á él, como lo experimenté en una noche que me llevaron á ver este espectáculo, debe corresponder muy bien la ganancia.

84 Todo el mundo se apea para entrar en este delicioso recinto, y observé al salir, que los coches llegaban en el camino hasta mas de

de una milla de distancia en dos, ó tres hileras.

85 A cierta hora en uno de los extremos del Jardin suele darse el espectáculo de un artificio de fuego, con fingida *cascada* de agua, que parece naturalísima. Le confieso á V. que el todo de este sitio de diversion me sorprendió, y conocí adonde llega el entusiasmo y luxo de los Ingleses, quando tratan de alegrarse.

86 Partiendo de aquí, y siguiendo la orilla meridional del Thames, se encuentra otro edificio de recreacion, que llaman *Circus Regius*, cuya figura exteriormente redonda, es en lo interior un teatro de representaciones, al modo de las que nosotros llamamos *Folla*; alternando dichas representaciones de diferentes piezas, que executan muchachos, y muchachas de diez á doce años (como si fuera un Seminario de Representantes), con el manejo de caballos, para lo qual queda desocupada la *platea*, ó el patio. Los animales están tan enseñados, que mas no puede ser. Los montan mugeres y hombres, y hacen habilidades estupendas, poniéndose de dificiles posturas, mientras corren al rededor.

87 En las cercanías de todos estos sitios hay tambien cantidad de Jardines, y Casas de Campo; pero no es posible contarlo to-

do, y mejor es que V. me siga á ver uno de los edificios mas suntuosos de Inglaterra, seis millas distante de Londres hácia el lado de Oriente, adonde fuí, habiéndome embarcado en el rio, junto á Westminster, con el ánimo de ver y considerar tambien desde él toda la extension, y varios aspectos de esta desmedida Ciudad.

88 El insinuado edificio es el Hospital de Greenwich, junto á un Lugar que le da este nombre, á la mano derecha de la corriente del Thames, y á la misma orilla, cuyo primer aspecto mas es de Palacio de un gran Monarca, que de Hospital, y así no da idea la obra del fin para que se hizo; á no ser que, considerando los Ingleses, que su verdadera grandeza se la deben á las fuerzas marítimas, pensasen corresponder agradecidos á los brazos que las sostiene, con este edificio, destinado á los Marineros inválidos, cuyo número asciende á dos mil regularmente, alojados aquí con toda propiedad y aseo.

89 Los hijos de los Marineros, que han muerto en defensa del Estado, son mantenidos á expensas de este Hospital, y despues de seis años de estudio que emplean en la marina, les envian á Portsmouth, donde salen dos veces cada semana á exercitarse en plena mar. Vamos al edificio. Se eleva este en
lla-

llano al pie de una colina : consiste en dos grandes alas dobles prolongadas, y paralelas á la corriente del Thames, y las separa un dilatado espacio quadrilongo, que forma plaza.

90 Las fachadas que corresponden al Norte, ó al rio, tienen cada una dos resaltos de á quatro columnas corintias anichadas con su frontispicio triangular, y las esquinas para dar vuelta á la plaza estan adornadas de quatro pilastras, dos en cada lado. En el medio de la longitud, que corresponde á la plaza, tiene cada una de estas alas su portada, que consta de quatro grandes columnas corintias, y frontispicio. Terminan en una calle recta, y luego sigue el edificio con uniformidad al anterior, y sus portadas, y galería baxa sostenida de mas de sesenta columnas dóricas por banda, á que corresponden pilastras en la pared, con su antepecho y balaustres al piso, que me pareció gasto bien superfluo. En este segundo cuerpo de fábrica se avanzan hácia el quadrilongo de la plaza las partes mas suntuosas y adornadas, que son el paflon, ó salon pintado á fresco, y la Capilla : uno y otro con su cúpula, cuyo cerramiento, y cornisa la sostienen tambien columnas dóricas pareadas. Mas arriba termina la escena en un Palacio Real, que hace muy buen punto de vista.

91 La fábrica es suntuosa quanto puede darse, espaciosísima, y cómoda; manteniéndose en ella, á lo que me dixeron, cinco mil consumidores, contando sobre el número de Inválidos que he dicho; pero en quanto á la decoracion, aunque profusa, hay mucho que poder criticar, si se compara con las obras que guardan la rigurosa razon del arte.

92 Lo que mas van á ver los aficionados en el Hospital de Greenwich son las pinturas de la Capilla. Se entra primeramente en una pieza con su cupulita, en cuyo centro hay un compas, y se representan los quatro principales Vientos con sus insignias alegóricas. Sobre tres puertas hay unos tableros con los nombres de los que han dado ciento, ó mas libras esterlinas para la fundacion de esta obra; en cuyos catálogos hay notadas grandes cantidades; y solo la de un Caballero, llamado Roberto Osbolston, ascendió á veinte mil libras esterlinas. Todo el mundo que entra tiene que pagar un schelin, de cuya cantidad hay algo destinado para el portero, y lo demas es para mantener ciento y cincuenta muchachos de Marineros que hayan sido muertos, ó estropeados en la guerra.

93 Entrando en la gran sala se ve representado en la bóveda dentro de un óva-

lo y baxo un pabellon el Rey Guillermo Tercero, y la Reyna María, con varias figuras alegóricas, del Amor, de la Concordia, de la Paz, Libertad, &c. que tienen á los pies la Tiranía, y Poder arbitrario. Hay cerca de el trono otras figuras de Hércules, Palas, &c. que destruyen la Envidia, la Calumnia, y otros vicios.

94 Al rededor se figuran los signos del Zodiaco, encima las quatro Estaciones, y Apolo en su carro, tirado por quatro caballos blancos, con las Horas, que le acompañan en su carrera. Varias figuras y grupos de trofeos marítimos se representan como sosteniendo el expresado óvalo. En los extremos del pañon se manifiesta una perspectiva con balaustres, y figuras colosales sustentando las arcadas elípticas, que forman las galerías, donde se representan las Artes, y Ciencias relativas á la Navegacion.

95 En diversos sitios se ven personalizadas la Ciudad de Londres, los rios Thames, Isis, Severne, Tine, y otros, con los principales pescados que se crian en ellos. A un lado está la figura de Tycho Brahe, la de Copérnico, con su sistema en la mano, y un Viejo en trage de Filósofo, como enseñando algunas demostraciones matemáticas del Caballero Isaac Newton. En los quatro ángulos se ven

representados los quatro Elementos, como ofreciendo sus benignidades al trono. En el friso al rededor de la sala se lee: *Pietas augusta, ut habitent securè, et publice alantur, qui publicæ securitati invigilarunt Regia Grenovici, Mariæ auspiciis, sublevandis Nautis destinata, regnantibus Guilielmo, et Maria MDCXCIV.* En las paredes al rededor de la sala estan pintadas las Virtudes sociales, como la Humanidad, Bondad, Hospitalidad, &c. Hay ornato de pilastras istriadas, conchas, peces, &c.

96 Se entra en otra sala superior en cuyo techo se representan en su trono la Reyna Ana, y el Príncipe Jorge de Dinamarca sostenidos por varias Virtudes. Todas las Deidades gentílicas, todas las alegorías de mares, rios, elementos, &c. estan aquí ocupados en servir á estos Príncipes. Neptuno, con sus Tritones, Amphitrite, el Ayre, ó Juno, las Calmas de las aguas, y todo lo alusivo al mar hace aquí el principal papel, entretanto que las quatro partes del Mundo representadas en los ángulos estan admiradas del poder marítimo de Inglaterra.

97 A un lado y otro se figuran imitando á baxos relieves el desembarco del Príncipe de Orange, y el del Rey Jorge. No hay virtud imaginable, ni deidad que no se haya querido

re-

representar: unas tienen alusion á las personas de uno y otro sexô de la Real Familia, al Comercio, Navegacion, &c. pero todo ello se ve que está executado con el fin de estimular á la misma navegacion, y comercio, excitando el valor y pericia de la Naútica para sostener las guerras, que para mantener uno, y otro en su auge se ven precisados á sufrir, y costear los Ingleses.

98 El Autor de todas estas pinturas fué Jacques, ó Jacobo Thornhill, que aquí llaman el Rafael Ingles, sin duda Pintor de mucha práctica y facilidad para máquinas; pero inferior en muchos grados á la de nuestro Jordan, cuya obra del Cason del Retiro le lleva notables ventajas á esta, y lo mismo digo de la bóveda de la escalera del Escorial, y de otras. Supuesto lo dicho, vendrá V. en conocimiento, quanta distancia podrá haber del Rafael Ingles al Italiano.

99 El Parque Real en Greenwich es bien grande; se extiende con calles de árboles por una colina arriba, y tiene abundante caza mayor. A un lado está sobre la cumbre de un montecillo el Real Observatorio, donde habita el Astrónomo del Rey. No fuí allá por falta de tiempo; pero me han asegurado, y lo creo, que está surtido de los mejores telescopios, que se pueden hallar en parte alguna.

Des-

100 Desde aquellas eminencias se logra una vista, que sorprende, como es toda la extension de la Ciudad de Londres, de los Lugares y Casas de Campo cercanos, que parecen formar un solo cuerpo, muchas millas de la corriente del Thames, y navíos en gran número sobre sus aguas.

101 Dos millas mas abaxo de Greenwich está el puerto, y Arsenal de Woolwich, en donde se han construido, y se construyen navíos de guerra del mayor porte, y no es inferior á los Puertos de Portsmouth, Plymouth, y Chatham, que son los mas nombrados de este Reyno. Ya puede V. considerar qual será la profundidad del Thames, entrando navíos de cien cañones y mas, hasta casi el mismo Londres; pues se han hecho, y llegan á Deptford, que solo dista tres millas de dicha Ciudad.

102 Mas abaxo de Wolwich está Gravesend, en donde obligan á anclar á todos los navíos que salen del Thames para paises extrangeros, y los visitan para ver si ocultaron algo de lo que se debe pagar derechos en la primer Aduana, y si llevan géneros de contrabando. Ya dixe, y vuelvo á decir, los muchos navíos que se ven sobre el Thames. En la distancia de veinte millas desde el puente de Londres hasta el mar;

me

me aseguraron que se cuentan por millares, y por los que yo he visto en estas cercanías no me parece que exâgeran. Los hay de todas las Naciones comerciantes, y es un inmenso acarreo desde aquí á todo el mundo. Voy á dar fin á mi Carta, y á pensar por donde empezaré la siguiente, que ha de tratar de lo que hay de mas particular y notable en esta verdadera Babilonia. Procuraré hacerlo con el órden y brevedad posible. No sé como saldré; pero en todo caso suplirá la buena voluntad de agradar á V. y á todos quantos V. haga partícipes de mis noticias.

Londres..........1783.....

## FIN DEL TOMO PRIMERO.

IN-

# INDICE

## DE LAS COSAS MAS NOTABLES
de este Tomo primero.

### CARTA PRIMERA.

Algunas noticias recientes de Toledo, 1 hasta 12.

Otras de diferentes paises en la ruta desde Madrid á Bayona, 4, y siguientes.

De los pueblos de Villacastin, Martin Muñoz, y Olmedo, 17 hasta 22.

Algunas cosas notables desde Olmedo hasta Burgos, y desde allí á Briviesca, y obras de las nobles Artes en esta última Villa, 25 hasta 36.

Otras noticias de Briviesca, 33.

Quando y en donde empezaron á llamarse Príncipes de Asturias los Primogénitos de nuestros Reyes, n. 38.

De la Provincia de Alava, y de su Capital Vitoria, con varias particularidades sobre las Artes, policía, y obras que se han hecho en dicha Ciudad últimamente, 42 hasta 63.

De la Villa de Vergara, y de los estudios establecidos en ella por la Real Sociedad Bascongada, 64 hasta 71.

Con-

# INDICE.

Continuacion hasta Bayona en Francia, 72 hasta 76.

## CARTA SEGUNDA.

DE la Ciudad de Bayona, y sus cosas mas notables, 1 hasta 6.

Lugares donde se mudan las Postas hasta Burdeos, y noticias de esta Ciudad, de sus edificios, comercio, vinos, &c. 10 hasta el fin.

## CARTA TERCERA.

ITinerario desde Burdeos hasta Angulema, y algunas particularidades de esta Ciudad, 1 hasta 5.

De la Ciudad de Potiers, y sus cosas notables, 6 hasta 9.

Continuacion desde Potiers á Tours, 10 hasta 21.

Itinerario desde Tours hasta Blois, y noticias de esta Ciudad, 25 hasta 28.

Continuacion hasta Orleans, y sus particularidades, 29 hasta 37.

Territorio desde Orleans á París, 38 hasta el fin.

CAR-

## CARTA QUARTA.

Idea general de la grandeza de París, de su situacion, &c. 1 hasta 3.

De la Catedral de París, intitulada *Notre Dame*, y de sus preciosidades, 4 hasta 21.

Del *Hotel-Dieu*, ù Hospital general, y del de los Niños expósitos, 22 hasta 25.

Del edificio del Parlamento, de la Santa Capilla, y de sus preciosidades, 30 hasta 43.

Del puente nuevo, y estatua eqüestre de Enrique IV. con otras noticias, 46 hasta 40.

De la prision llamada *Gran-Chatelet*, y de otras cosas notables, 50 hasta 54.

Del Palacio del Louvre, de sus ornatos, grandeza, y otras particularidades, 54 y siguientes.

Pasage de Filibien hablando de dos Pintores Españoles, que llama Cleante, y Velasque, &c. 65 hasta 73.

Algunas salas del Louvre y sus ornatos, 74 hasta 76.

Del salon donde cada dos años se hace la exposicion de las obras de pintura y escultura, y de la que se hizo el año de 1783, 77 hasta 97.

De la Galería del Louvre, 98, y 99.

Iglesia, y Casa de los PP. del Oratorio del Salvador, 101.

Del

# INDICE.

Del *Palais Royal*, Palacio Real, perteneciente al Duque de Orleans, 103 hasta 109.
Del Palacio de las Tuillerías, 111 hasta 119.
Jardines de dicho Palacio, 120 hasta 123.

## CARTA QUINTA.

DE la plaza, y estatua eqüestre de Luis XV. 1 hasta 7.
De la Parroquia de S. Roque, y obras de las Artes, que contiene, 8 hasta 11.
Noticia de otras Iglesias cercanas á la referida, 12 hasta 14.
De la Plaza de Luis el Grande, de su estatua eqüestre, y otras curiosidades, 15, y 16.
De la Plaza de las Victorias, y monumento erigido á la gloria de Luis XIV. &c. 19. hasta 24.
De la Real Biblioteca, 25 hasta 27.
De diferentes Iglesias, y obras de escultura, y Pintura, que hay en ellas, 28 hasta 31.
Fuente de los Inocentes muy celebrada, 32.
De la puerta llamada de *Saint Denis*, y de algunas Iglesias, 33 hasta 39.
De la puerta de S. Martin, 41.
De la plaza de Greve, y Casa de Ayuntamiento, &c. 42, y 43.
De la celebrada portada de S. Gervasio, y
Pro-

Protasio, y de su Iglesia, 45 hasta 47.

Magníficos Sepulcros en la Iglesia que fué de los Celestinos, 49 hasta 54.

De otras Iglesias, de la Plaza Real, y estatua eqüestre de Luis XIII, 55 hasta el fin.

## CARTA SEXTA.

DEL quartel de S. Antonio, de sus Iglesias y otras cosas, 1 hasta 10.

Del Jardin Botánico, y Real Gabinete de Historia natural, 11 hasta 14.

De otras Iglesias, Abadías, y Colegios, 15 hasta 18.

Monumento á Luis XIV. en la puerta de S. Bernardo, y otras noticias curiosas, 19 hasta 25.

Iglesia, y Monasterio de PP. Predicadores, 26, y 27.

Abadia de Santa Genoveva, y su antigua Iglesia, &c. 29 hasta 34.

Nueva y grande Iglesia que se está edificando á honor de dicha Santa, 36.

De otros edificios sagrados, entre ellos de una Iglesia de Carmelitas Descalzos, 38 hasta 41.

Célebre Monasterio de *Valde Grace*, Valle de Gracia, fundado por la Reyna Doña Ana de Austria, y de las cosas mas notables en su Iglesia, 42 hasta 45.

Pen-

Pensamiento curioso sobre la fundacion de la Academia de Pintura en París, 46 hasta 50.

Observatorio Astronómico, 51, y 52.

Del Colegio de la Sorbona, de sus ornatos, Sepulcro del Cardenal Richelieu, y otras particularidades, 55 hasta 59.

Academia de Cirugía, 60, y 61.

Del Convento *des grandes Cordeliers*, ó de S. Francisco, 62, y 63.

De *S. Andres des Arcs*, y de otras Iglesias y Conventos, 64 hasta 67.

Del Palacio de Luxêmburgo, decoracion arquitectónica, y otras particularidades, 68 hasta 76.

De la Iglesia de la Cartuxa, y de algunas otras, 77 hasta 81.

Del Palacio de Borbon perteneciente al Príncipe de Condé, 82 hasta 84.

De la Iglesia Parroquial de S. Sulpicio, y de sus dispendiosos adornos, 85 hasta 91.

Del Seminario enfrente de dicha Iglesia, 92.

## CARTA SEPTIMA.

Curiosa pregunta de un amigo del Autor de este Viage, 1 hasta 3.

Pasage gracioso de un libro moderno, donde se describe un Parisino del vulgo, que no ha salido de su patria, 6 hasta 19.

## CARTA OCTAVA.

DE la antigua Abadía de S. German *des Prez*, de los Prados, y de lo que allí hay, 1 hasta 5.

Del Hospital de Inválidos, de las qualidades de este gran edificio, y de otras cosas, 6 hasta 15.

De la grande obra, que llaman la Escuela Militar, del Campo de Marte, 16 hasta 20.

Del Colegio de las quatro Naciones, de su Iglesia, y del Sepulcro del Cardenal Mazarini, 22 hasta 26.

Nueva Casa de la Moneda, y sus adornos, 29 hasta 33.

Algunas Casas principales, y del Guardamuebles de la Corona, 34 hasta 36.

Noticia de varias Tapicerías, que se guardan en dicha casa del Guardamuebles, 37, y 38.

Algunas particularidades relativas á París, de sus diversiones, paseos, teatros, &c. 40 hasta 47.

Otras noticias de París, y de sus puentes sobre el rio Sena, 49 hasta 51.

De las Fuentes de París, 52, y 53.

De las bombas en el Sena, y del agua que

se

# INDICE.

se bebe en París, 54 hasta 46.
De las cercas de París, de sus ingresos, y comparacion con los de Madrid, 58.
Juicio de un Escritor Frances sobre el estado actual de la arquitectura en Francia, 59 hasta el fin.

## CARTA NONA.

Itinerario desde París á Calais, y de varios Pueblos de esta ruta, 1 hasta 7.
De la Ciudad y Monasterio de S. Dionisio, ó S. Denis, de los Sepulcros de los Reyes, y de las preciosidades que se guardan en dicho Monasterio, con otras noticias curiosas, 8 hasta 20.
Juicio de la Arquitectura antigua, y moderna del Monasterio de Saint Denis, 21, y 22.
Noticia del ameno sitio de Chantilli, 23 hasta 29.
De la Ciudad de Amiens, 31 hasta 34.
De las Ciudades de Abbeville, Boulogne, y Calais, y de las rutas intermedias, 35 hasta 39.
Paso de Calais á Dowres, 40.
Notable diferencia que se advierte entre Calais y Dowres en la distancia de 7 leguas de mar, 41, y 42.
Territorio entre Dowres, y Cantorberi, ó Cantua-

*Tom. I.*        Bb

tuaria, y algunas noticias curiosas de esta Ciudad, 45 hasta 51.

Continuacion hasta Londres por Rochester Sittingbourn, Dartford, &c. 52 hasta el fin.

### CARTA DECIMA.

Viage por algunas Provincias de Inglaterra, y primeramente desde Londres al Sitio Real de Windsor, 1 hasta 4.

De la Iglesia de Windsor, del Palacio, de su coleccion de Pinturas, &c. 5 hasta 18.

Continuacion desde Windsor á la Ciudad de Oxford, 19 hasta 21.

De la Ciudad de Oxford, de sus Colegios, y otros notables edificios, de las Librerías, colecciones de antigüedades, y de pinturas, con otras noticias curiosas, 22 hasta 43.

Continúan las noticias de Oxford, 44 hasta 74.

De la famosa Casa de Campo de Blenhein, perteneciente al Duque de Malborough, 75 hasta 90.

De la Ciudad de Bristol, y Pueblos que se encuentran antes de llegar á ella, 91 hasta el fin.

# ÍNDICE.

## CARTA UNDECIMA.

De algunos Pueblos desde Bristol hasta la Ciudad de Bath, y particularidades que se encuentran en esta, 1 hasta 11.

Continuacion de las noticias de Bath, de sus baños, y suntuosos edificios, 12 hasta 20.

Itinerario desde Bath á Salysburi, 20 hasta 25.

De una singular antigualla cerca de Salysburi, que llama *Stonehenge*, 26 hasta 30.

De una célebre Casa de Campo perteneciente al Conde de Pembroke, y de las obras de las Artes que hay en ella, 31 hasta 48.

De la Ciudad de Salysburi, de sus fábricas, y otras particularidades, 49 hasta 52.

De la Ciudad de Vincester, de su Catedral antigüedades, &c. 56 hasta 60.

De la Ciudad marítima de Portsmouth, de su gran puerto, vecindario, navíos, &c. 61 hasta 63.

Disposiciones, y medidas que se tomaban para sacar el Real Jorge, navío de tres puentes, que se habia sumergido, 64, y 65.

Otras noticias de Portsmouth, y de sus contornos, 66 hasta el fin.

## ÍNDICE.

### CARTA DUODÉCIMA.

Viage desde Portsmouth á Londres, en que se da noticia de varios Pueblos, 1 hasta 8.

De una famosa Casa de Campo junto al Lugar de Coban, con otras particularidades, 9 hasta 23.

Se continúan las noticias de diferentes Pueblos hasta Londres, 24 hasta 26.

De los sitios y Palacios Reales de Kensington, Kew, Hamptoncourt, &c. 32 hasta 55.

Varias Casas de Campo, y amenos sitios en las riberas del Thames, y de la casa llamada Sion-House, 56 hasta 64.

Continuacion de otras Casas de Campo, 65 hasta 70.

Del Hospital de Chelsea, y otras particularidades, 71 hasta 75.

Del Ranelagh, y del Vaux-Hall, sitios de diversion, y recreo, 76 hasta 85.

Otras noticias de los contornos de Londres, 86, y 87.

Del célebre Hospital Greenwich, y de las cosas mas notables que contiene, 88 hasta 98.

De otros parages cercanos á dicho Hospital, 99 hasta el fin.

**FIN DEL ÍNDICE.**

www.ingramcontent.com/pod-product-compliance
Lightning Source LLC
Chambersburg PA
CBHW060932230426
43665CB00015B/1915